T0267161

La madre del ingenio

Katrine Marçal

La madre del ingenio

Cómo se ignoran las buenas ideas
en una economía diseñada
para hombres

TRADUCCIÓN DE
CRISTINA RIERA CARRO

PRINCIPAL

Primera edición: enero de 2022
Título original: *Mother of Invention*

© Katrine Marçal, 2021
© de la traducción, Cristina Riera Carro, 2022
© de esta edición, Futurbox Project, S. L., 2022
Todos los derechos reservados.

Ilustración de cubierta: © Graham Samuels
Corrección: Carmen Romero

Publicado por Principal de los Libros
C/ Aragó, 287, 2.º 1.ª
08009, Barcelona
info@principaldeloslibros.com
www.principaldeloslibros.com

ISBN: 978-84-18216-37-4
THEMA: NHTB
Depósito Legal: B 1370-2022
Preimpresión: Taller de los Libros
Impresión y encuadernación: Liberdúplex
Impreso en España — *Printed in Spain*

Para Guy

Índice

INVENTOS

1

En el que inventamos la rueda y, al cabo de cinco mil años, por fin la añadimos a una maleta

Bernard Sadow era un padre de familia de Massachusetts que trabajaba en la industria del equipaje. Era alguien que recibía un sueldo por sentarse ante su escritorio, día sí y día también, y pensar sobre el comercio de las maletas.[1] A sus cuarenta y tantos, se había convertido en el vicepresidente de US Luggage y no se le daba mal su trabajo.

Corría el año 1970 y Sadow volvía a casa tras unas vacaciones con su mujer y sus hijos en Aruba. En los meses de invierno, esta isla holandesa del Caribe recibía la visita de numerosos estadounidenses acomodados en busca de un clima más cálido.

Sadow salió del coche a las afueras del pequeño aeropuerto y agarró las maletas de su familia. Una maleta de setenta centímetros podía contener alrededor de doscientos litros de equipaje y pesar hasta veinticinco kilos, así que con una en cada mano apenas podía equilibrar el peso y avanzar atropelladamente hacia los mostradores.

Esto ocurrió en la época en la que aún era posible presentarse en la terminal veinte minutos antes del despegue. Los treinta y tantos secuestros de aviones que se producían al año en Estados Unidos no habían desencadenado aún la introducción de los detectores de metal o la contratación de personal destinado a evitar que uno embarcara en el avión con una pistola en el bolsillo trasero.[2]

Ahora bien, el problema que Sadow afrontaba en este viaje de vuelta a casa era otro, un problema al que gran parte de los aeropuertos más importantes del mundo dedicaban muchos trabajadores. Los pasajeros sudaban como pollos, molestos por tener que arrastrar las maletas de un lado a otro de las salas de embarque y a través de unas terminales en constante expansión.

Pero había ayuda a su disposición: por una módica suma, los botones se ocupaban del equipaje y la única alternativa era una compleja red de carritos. Los botones, sin embargo, no eran ni mucho menos omnipresentes y, para poder acceder al sistema de carritos, uno primero tenía que encontrarlo, así que Sadow optó por la opción a la que recurría la mayoría de la gente: cogió las maletas de su familia y las llevó él mismo.

Pero ¿por qué?

Esta es la pregunta que Sadow se plantearía ese día y cambiaría su sector para siempre.

Mientras hacía cola ante la aduana, Sadow se fijó en un hombre que supuso que trabajaba en el aeropuerto.[3] Estaba moviendo una máquina pesada sobre una tarima con ruedas. Mientras el trabajador se movía rápidamente junto a él, el hombre de negocios se fijó en las cuatro ruedas que se deslizaban por el suelo del aeropuerto. Sadow bajó la vista a sus propias manos, con los nudillos blancos de agarrar las maletas, y, de pronto, dijo a su mujer: «Ya sé lo que necesita el equipaje: ¡ruedas!».

Cuando llegó su casa en Massachusetts, desenroscó cuatro ruedecitas de un armario y las incorporó en una maleta. Entonces añadió una correa al artilugio y lo paseó, pletórico de alegría, por casa. Era el futuro.[4] Y lo había inventado él.

Todo esto ocurría cuando apenas hacía un año que la NASA había mandado a tres astronautas al espacio en el mayor cohete que se había construido nunca. Con millones de litros de queroseno, oxígeno e hidrógeno líquidos como combustible, el Apolo 11 se había liberado de la fuerza gravitacional de la Tierra. Disparados al espacio a una velocidad de unos 32 000 kilómetros por hora, los astronautas habían penetrado la órbita, más débil, de la Luna; navegado el oscuro vacío y dado los primeros pasos de la humanidad sobre un polvo lunar que olía a fuegos artificiales usados.

Con todo, cuando Neil Armstrong, Buzz Aldrin y Michael Collins volvieron a la Tierra, agarraron las maletas por las asas y cargaron con el equipaje de la misma manera en que se había hecho desde el nacimiento de la maleta moderna a mitad del siglo XIX. La pregunta, entonces, no es cómo se le ocurrió a Bernard Sadow que las maletas deberían tener ruedas. La pregunta es: ¿cómo no se nos había ocurrido antes?

La rueda se considera uno de los inventos más fundamentales de la humanidad. Sin la rueda no hay carros, coches ni trenes, no hay ruedas hidráulicas para aprovechar la energía hidráulica, ni tornos cerámicos en los que elaborar jarras para acarrear dicha agua. Sin la rueda no tenemos ruedas dentadas, turbinas de avión ni centrifugadoras, ni sillas de paseo, bicicletas ni cintas transportadoras. Pero antes de la rueda llegó el círculo.

El primer círculo del mundo seguramente se dibujó en la arena con un palo. Tal vez alguien había visto la luna o el sol y decidió reproducir su forma. Corta el tallo de una flor y tienes un círculo. Tala un árbol y encontrarás sus anillos anuales. Lanza una piedra a un lago y verás las ondas que se generan en la superficie. El círculo es una forma que surge una y otra vez en la naturaleza: desde células hasta bacterias, desde pupilas hasta cuerpos celestiales. Y en el exterior de cualquier círculo siempre puedes dibujar otro. Esto, en sí mismo, es el principal misterio del espacio.

Para el cuerpo humano, sin embargo, el círculo no es natural.[5] Tu dentista te dice que te laves los dientes con pequeños movimientos circulares, pero no lo haces: te los cepillas de un lado a otro. El brazo humano prefiere líneas rectas. Esto se debe al modo en que están dispuestos los músculos y el sistema de tendones y uniones musculares que los conecta a nuestros huesos. No hay ninguna parte del cuerpo humano que sea capaz de rotar trescientos sesenta grados: ni la muñeca, ni el tobillo, ni el brazo. Inventamos la rueda para lograr lo que nuestro cuerpo no puede hacer.

Durante mucho tiempo, los historiadores han afirmado que la primera rueda del mundo se inventó en Mesopotamia. Era un torno de alfarero, es decir, que no se usaba para el transporte. Pero ahora hay especialistas que creen que hubo mineros que sacaban carros de mineral de cobre por los túneles de los montes Cárpatos mucho antes de que los mesopotamios empezaran a hacer vasijas en discos circulares.[6] La rueda más antigua del mundo que aún sobrevive data de hace cinco mil años. Se descubrió en Eslovenia, a unos veinte kilómetros al sur de Liubliana.[7] En otras palabras, para resolver su problema con el equipaje, Bernard Sadow se percató de que podía utilizar una tecnología que tenía al menos cinco milenios de antigüedad.

La patente de su invención llegó dos años más tarde, en 1972. En la solicitud, escribió: «El equipaje se desliza, en realidad […]. Cualquier persona, independientemente de su tamaño, fuerza o edad puede tirar con facilidad del equipaje sin esfuerzo ni denuedo».[8]

De hecho, ya existían patentes similares de maletas con ruedas, pero Bernard Sadow no lo sabía al principio, cuando se le ocurrió la idea. Fue la primera persona que convirtió la idea en un producto con éxito comercial y, por lo tanto, se lo considera el padre de la maleta con ruedas.[9] Pero el motivo por el cual fue necesario que transcurrieran cinco mil años para llegar a este punto es más difícil de explicar.

La maleta con ruedas se ha convertido en un ejemplo arquetípico de cómo la innovación puede ser un proceso muy lento. Aquello que es tan evidente «que salta a la vista» puede estar ante nuestras narices una eternidad antes de que se nos ocurra hacer algo al respecto.

Robert Shiller, ganador del premio Nobel de Economía, ha sugerido que muchas invenciones tardan tiempo en consolidarse precisamente porque no basta solo con una buena idea.[10] La sociedad también debe percibir la utilidad de la idea. El mercado no siempre sabe lo que más le conviene y, en este caso en concreto, la gente no le veía sentido a ponerles ruedas a las maletas. Sadow presentó su producto a los encargados de compras de casi todos los grandes almacenes más importantes de Estados Unidos y, al principio, todos declinaron su propuesta.[11]

No se trataba de que creyeran que la idea de una maleta con ruedas fuera mala.[12] Simplemente, no pensaban que nadie quisiera comprar este producto. Una maleta estaba hecha para cargar con ella, no para arrastrarla sobre unas ruedas.

«Me rechazaron en todos lados donde me presenté» contaría él más tarde. «Me tomaban por loco».[13]

Un día, el nuevo producto llegó a oídos de Jerry Levy, vicepresidente de la cadena de grandes almacenes Macy's. Lo arrastró por su despacho y luego hizo llamar al encargado de compras que lo había rechazado y le ordenó que lo comprara.[14] Demostró ser una sabia decisión. Pronto Macy's empezó a promocionar la nueva maleta usando las mismas palabras de la solicitud de patente de Sadow: «La maleta que se desliza». Y hoy en día es imposible imaginarse un mundo en el que las maletas con ruedas no sean la norma.

Robert Shiller argumenta que es muy fácil decirlo ahora, en retrospectiva. El autor señala que el inventor John Allan May había tratado de vender una maleta con ruedas cuatro décadas antes que Sadow. May se había dado cuenta de que, a lo largo de la historia de la humanidad, los humanos habían puesto ruedas a una variedad de objetos cada vez mayor: cañones, carritos, carretillas; en definitiva, cualquier cosa que pudiera considerarse pesada. Una maleta con ruedas era, simplemente, la evolución natural de esta lógica. «¿Por qué no hacer pleno uso de la rueda?» preguntó, cuando presentó su idea a más de cien grupos distintos de personas. Pero nadie se lo tomó en serio.

De hecho, se rieron en su cara. ¿Hacer pleno uso de la rueda? ¿Y por qué no poner ruedas a las personas? Entonces, ¡podríamos rodar nosotros! Qué práctico, ¿no?[15]

John Allan May nunca llegó a vender ninguna maleta.

Los economistas suelen trabajar partiendo de la asunción de que los humanos actúan de forma racional. Pero en realidad nos sobreestimamos y a menudo damos por sentado que todos los buenos inventos ya existen. Por extensión, solemos rechazar las nuevas ideas que nos parecen algo demasiado «simple» o «evidente». Imaginamos que la tecnología que tenemos al alcance de la mano es la mejor que puede haber ahora mismo, un supuesto razonable en nuestro día a día. Si las neveras se abren desde enfrente y los coches se controlan con el volante, debe ser por una buena razón, creemos. Sin embargo, este es el mismo modo de pensar que hace que se nos pasen por alto cosas evidentes, como ponerle ruedas a las maletas.

Robert Shiller no quiere dejar el tema; lo retoma una vez tras otra en su obra. En su libro *Narrative Economics (El relato de la economía)*, el famoso economista sugiere que nuestra resistencia a las maletas con ruedas puede explicarse por la presión de grupo, que a menudo juega un papel en el escepticismo que suscitan las ideas «modernas».[16] Asumimos que si nadie más (sobre todo nadie que creamos que tiene éxito) está haciendo algo al respecto, tiene que haber una razón racional y profundamente arraigada que explique por qué no debemos hacerlo tampoco nosotros. ¿Y si es perjudicial… o incluso peligroso? En definitiva, más vale malo conocido que bueno por conocer. Si nadie más lleva ruedas en la maleta, entonces no tiene sentido que lo intentemos. Esta forma de pensar nos impide avanzar. Shiller, no obstante, no estaba del todo satisfecho con esta explicación. El problema de la maleta con ruedas es peliagudo: ¿por qué íbamos a insistir en cargar con nuestro equipaje cuando hacerlo rodar es mucho más fácil?

Nassim Taleb es otro ensayista de fama mundial que se ha preguntado sobre el misterio de la maleta con ruedas. Tras haber cargado con maletas pesadas por aeropuertos y estaciones de tren durante años, quedó estupefacto por su propia aceptación ciega del *statu quo*. Analizó este fenómeno en su libro *Antifrágil: las cosas que se benefician del desorden*.[17]

Taleb considera que nuestra incapacidad de poner ruedas a las maletas es una parábola de la frecuencia con la que solemos ignorar las soluciones más simples. Como humanos, aspiramos a lo más difícil, grandioso y complejo. La tecnología de poner ruedas a una maleta puede parecer muy evidente *a posteriori*, pero eso no significa que fuera evidente antes.

Del mismo modo, nada garantiza que se haga uso de la nueva tecnología solo porque se ha inventado. Al fin y al cabo, hemos necesitado cinco mil años para ponerle ruedas a una maleta, un periodo de tiempo demasiado largo en contexto, quizá. Pero en el ámbito de la medicina, por ejemplo, es habitual que transcurran décadas desde el momento en el que se realiza un descubrimiento y el momento en el que el producto resultante llega al mercado.[18] Entre muchos otros factores, ver el potencial de una nueva tecnología exige que la persona adecuada esté en el lugar adecuado en el momento adecuado. En muchos casos, ni siquiera el inventor es plenamente consciente de las implicaciones que tiene lo que ha inventado. A menudo es necesario que venga otra persona y lo vea para descubrir cómo podría aplicarse, alguien con la capacidad instintiva de ver cómo la nueva tecnología puede transformarse en un producto.

Y si no aparece nadie con este tipo de habilidad, lo más probable es que la invención no sirva para nada. Muchas cosas asombrosas pueden quedarse «a medio inventar» durante siglos, sugiere Taleb. Puede que tengamos la idea, pero no sepamos qué hacer con ella.

«¿Por qué no estáis haciendo nada con esto? ¡Pero si es una genialidad!», gritó un Steve Jobs de veinticuatro años después de ver cómo se movía el puntero por la pantalla de un ordenador por primera vez.[19] Esto ocurría en Xerox Parc, un centro de investigación comercial de California que fue la cuna de algunos de los mejores ingenieros informáticos y programadores del mundo en la década de 1970. Jobs había logrado que lo invitaran a una visita turística por el legendario centro a cambio de ofrecerle a Xerox la oportunidad de comprar 100 000 acciones de Apple por un millón de dólares. Resultó ser un mal negocio. Para Xerox.

La causa de la emoción de Jobs era un artilugio de plástico denominado «ratón», que uno de los ingenieros de la visita había usado para mover un puntero por la pantalla de un ordenador. En la pantalla, aparecían «iconos» que abrían y cerraban «ventanas». La clave estaba en que el ingeniero no hacía funcionar el ordenador con órdenes escritas, sino con clics. En otras palabras, Xerox había inventado tanto el ratón como la interfaz gráfica de usuario moderna.[20] El único problema es que no veían el potencial de lo que habían creado.

Jobs, en cambio, sí.

Jobs se llevó la idea del ratón y la interfaz gráfica de usuario a Apple y el 24 de enero de 1984 la compañía lanzó su Macintosh, la máquina que llegaría a definir lo que hoy denominamos «ordenador personal».

Con el simple clic de un ratón, podías meter cosas en «ficheros» que veías en la pantalla con forma de iconos. Los Macintosh de Apple costaban 2495 dólares la unidad y cambiarían el mundo. La agudeza de Jobs consistió en darse cuenta de que el ratón que Xerox le había mostrado era mucho más que un simple botón con un cable: era el dispositivo que permitiría que la gente normal empezara a usar los ordenadores. Si Jobs nunca hubiera visitado Xerox ese día, quién sabe, tal vez hubiésemos tenido que esperar cinco mil años para la invención del ordenador moderno. Esto es justo lo que defiende Taleb: las innovaciones no son tan evidentes como lo parece después, en retrospectiva. Steve Jobs fue una persona bastante excepcional, al fin y al cabo: no hay mucha gente que posea su capacidad de ver cómo la nueva tecnología puede usarse para crear nuevos productos.

De una forma parecida, solemos pensar que la invención de la rueda revolucionó el mundo de inmediato, ya que la rueda es, sin duda, la obra de un genio. Con ella, las personas pudieron reducir la fricción, hacer palanca y transportar lo que antes había sido inamovible.

Nos imaginamos que alguien, hace todos esos miles de años, tuvo un momento repentino de iluminación, volvió corriendo a su aldea y, preso de la alegría, explicó a sus compañeros la genial idea que había tenido cuando había visto cómo los troncos de árboles rodaban por el bosque. Sus vecinos debieron de quedarse anonadados y maravillados mientras esa persona les describía su idea, conscientes de que, desde ese momento en adelante, nada en sus vidas volvería a ser igual. Todo iría sobre ruedas.

Pero las cosas no fueron exactamente así. De hecho, durante mucho tiempo, la rueda fue una de esas ideas brillantes que eran maravillosas en teoría, pero no tanto en la práctica.

Como las medias a prueba de roturas.

En el apogeo del Imperio romano, los legionarios romanos, con escudos y cascos con penacho, marcharon desde Roma hasta Bríndisi y desde Albania hasta Estambul, cruzando un imperio conectado por sus calzadas de piedra. Las calzadas romanas eran ideales para que los hombres desfilaran en sandalias. Sin embargo, no lo eran tanto para el transporte sobre ruedas.

Esto se debe a que, cuando construyeron las calzadas, los romanos colocaron grandes losas planas sobre capas de hormigón que a su vez descansaban sobre piedras pequeñas y sueltas. Cuando los carruajes tirados por caballos avanzaban pesadamente por las calzadas, sus ruedas con montura de hierro dejaban surcos en las carísimas losas del emperador, para gran disgusto de este. Así que las autoridades hicieron lo que suelen hacer en situaciones como esta: regularlo. El emperador fijó límites de carga para los carruajes con ruedas, y no fueron generosos.[21]

Con el paso de los siglos, poco a poco se le dio la vuelta al sistema romano y las grandes losas soportaban las piedras más pequeñas y redondas encima. Esto significó que, de pronto, los vehículos con ruedas podían pesar mucho más sin destruir la estructura de las calzadas por las que transitaban. Pero este sistema no estaba exento de problemas. Cuando las ruedas de un carruaje rodaban por su superficie, empujaban las piedras pequeñas hacia los lados de las calzadas. Por eso había que tener un mantenimiento constante, que era a la vez caro y problemático. De pronto, nuevos procesos, como los sistemas de mantenimiento de las calzadas, eran muy necesarios para que todo funcionara, pero ¿quién iba a asegurarse que se hacía el mantenimiento?

No fue hasta el siglo XVIII, cuando el inventor escocés John McAdam se dio cuenta de que las piedras pequeñas podían ser angulares, que la rueda vivió su gran avance en Europa. A diferencia de las piedras redondas que las ruedas de carros echaban hacia fuera, las piedras angulares estaban comprimidas y gracias a eso las calzadas de McAdam no perdían su forma llana.

Sin embargo, había un pero. Lo cierto era que las piedrecitas de su sistema tenían que ser de la medida exacta para que se mantuviera el efecto. Por consiguiente, se colocaron peones a lo largo de los extremos de las calzadas y se les encomendó que rompieran las piedras en piezas de la forma justa y adecuada. Gran parte de estos trabajadores eran mujeres y niños. Para que la rueda revolucionara el mundo, el mundo primero tuvo que adaptarse a la rueda. Y eso requirió tiempo. Eso sin mencionar todos estos trabajos, que precisaban de mucha mano de obra.

A veces ni siquiera valía la pena intentarlo. En Oriente Medio se preferían los camellos a las ruedas como método de transporte. Se trataba de una decisión económica: los camellos eran mucho más baratos de usar: marchaban a diario con cargas de doscientos cincuenta kilos, alimentados por un puñado de ramitas espinosas y hojas secas que masticaban durante horas y horas. Sus rutas no tenían que pavimentarse con piedrecitas con la angulosidad precisa, porque los camellos se movían con libertad por la arena. Esto es lo que suele ocurrir con la innovación: puede que la nueva tecnología sea una absoluta genialidad, pero no siempre es económica. Con todo, cuesta imaginar una explicación económica de este tipo sobre el motivo de que las ruedas no se unieran a las maletas hasta 1972.[22]

Durante mucho tiempo, los viajes de ocio fueron una actividad reservada solo para la clase alta. Los nobles jóvenes colocaban sus posesiones en baúles tan grandes como armarios y partían en un viaje formativo que los llevaría a París, Viena y Venecia. Por supuesto, cuando uno disponía de sirvientes que cargaran con todos sus bienes, no le hacía mucha falta una maleta con ruedas.

Los viajes en sí también eran muy distintos. En *The Emigrants (Los emigrantes),* una serie de novelas de Vilhelm Moberg sobre una familia sueca que no tenía un duro y partió hacia América en busca de una vida mejor, los protagonistas meten todos sus bienes materiales, vestimenta y herramientas de carpintería en enormes bultos de metal, madera y cuero. Estos «baúles americanos», como llegaron a conocerse en Suecia, se fabricaban para que pudieran soportar largos viajes en barco, no para facilitar su transporte. Además, las ruedas servían de poco si regresar a Suecia no era una posibilidad.

De hecho, lo que hoy denominamos «maleta» no comenzaría a existir hasta finales del siglo XIX, con el despertar del turismo de masas moderno. Fue con los silbidos de los trenes y los bocinazos de los barcos de vapor que la gente empezó a viajar por placer, y lo hizo con un nuevo tipo de bolsa. La innovación de esta bolsa se erigía en la parte superior, donde todo el mundo la podía ver: el asa. Eso es lo que distinguió la maleta moderna de sus predecesoras: que podía agarrarse con solo una mano.

Cuando viajar empezó a popularizarse, las principales estaciones de ferrocarril de Europa se inundaron de botones, que ayudaban a los pasajeros con su equipaje. Pero, a mitad del siglo XX, el número de botones era cada vez más reducido, así que, con mayor frecuencia, los pasajeros llevaban su propio equipaje o usaban carritos.[23]

En el año 1961, la revista de sociedad británica *Tatler* publicó un artículo sobre esta problemática. A su parecer, los productos que había en el mercado no eran adecuados para los objetivos de esta nueva era y la industria del equipaje debía idear algo nuevo. Al fin y al cabo, vivían en una era y una economía en las que las personas (sí, incluso los lectores de *Tatler*) tenían que cargar cada vez más con sus propias maletas. Ibas a sudar como un cerdo antes de llegar siquiera a la aduana de Madrid, anunciaba la revista.[24] Había que hacer algo al respecto.

Muchas de las maletas que había en el mercado tenían asas hechas de cuero de alta calidad, pero de todas formas dejaban marcas como «líneas de tranvía» en las manos, según *Tatler*. Después de que uno recorriera los doscientos metros necesarios para hacer transbordo de tren en la frontera con España, se plantearía darse por vencido. Se trataba de un problema enorme para la nueva generación de trotamundos. Así que en *Tatler* se arremangaron y aportaron su granito de arena: probaron nuevos modelos de maleta para ver hasta qué punto eran cómodas de llevar.

Por supuesto, podías comprar una maleta en Harrods para simplificar tu viaje, como les dijeron a sus lectores. Estos ilustres grandes almacenes británicos vendían una maleta de lujo que *Tatler* afirmaba que ofrecía una de las asas más cómodas del mercado. Pero, como ya sabemos, el buen gusto no es barato. *Tatler*, por tanto, instó a la industria a centrarse en la innovación en términos de diseño. La gran esperanza era que se idearan nuevas asas con materiales punteros, aunque esperaban que no fuera demasiado pedir que no cortaran la circulación.

Tatler, sin embargo, no contemplaba las ruedas. Ese mismo año, 1961, el cosmonauta soviético Yuri Gagarin se convirtió en el primer humano en llegar al espacio. Podíamos llevar gente al espacio, pero parecía que éramos incapaces de concebir maletas con ruedas. A partir de aquí, las cosas empiezan a ser desconcertantes.

De hecho, en la prensa británica se pueden encontrar anuncios de productos en los que se aplica la tecnología de la rueda a una maleta ya en la década de 1940. No se trata de maletas con ruedas *per se,* sino que son un artilugio conocido como «el botones portátil», un dispositivo con ruedas que podía atarse mediante correas a tu maleta para que pudieras llevarla rodando. En otras palabras, existía un producto comercial que hacía posible que uno se montara su propia maleta con ruedas. Entonces, ¿por qué esta idea no cuajó?

El nuevo artilugio de correas y ruedas se vio por primera vez en la estación del ferrocarril de Coventry en 1948.[25] El periódico local informó de que causó furor. Según el artículo, un botones había recorrido el pasillo apresurado para ayudar a una «bonita joven morena y de complexión menuda» con su maleta grande y pesada. «No, gracias, ya la llevo yo», le había replicado ella. Entonces, se agachó, agarró la correa de color caqui y, con aire triunfante, tiró de su maleta con ruedas anexionadas hacia el tren que esperaba. La gente trataba de verla a través de las ventanas del tren, revelaba el artículo, además de añadir una imagen sospechosamente detallada de la mujer en cuestión en el andén.

Para un lector moderno, esta pieza tiene todas las características de algún tipo de estrategia publicitaria. Daba la casualidad de que la empresa que había patentado el producto era de Coventry y en el artículo se citaba a ambos inventores.[26] Vieron un futuro brillante para su idea innovadora, sobre todo «en esta época de escasez de mano de obra».

Y aquí encontramos la primera pista para resolver el misterio. La historia en el periódico sobre la mujer que deslizaba su maleta por el andén de la estación se encuentra en realidad en una sección de *The Coventry Evening Telegraph* titulada «Mujeres y el hogar», junto con consejos de cocina escritos de forma impecable («[La] margarina mezclada con verduras crudas ralladas o cortadas bien finas [...] constituye una pasta excelente para untar un sándwich»). Lo que se insinuaba era que solo las mujeres necesitaban hacer rodar las maletas. Los hombres, en cambio, podían seguir cargando con ellas, puesto que ellos tienen, de media, entre un 40 y un 60 % más de fuerza en la parte superior del cuerpo que las mujeres y, cuando se carga con una maleta, son los brazos, la espalda y los hombros los que se llevan la peor parte del peso. En general, aunque no siempre, eso hace que sea más duro para las mujeres.

Respecto a los dos inventores de Coventry, ni que decir tiene que su nuevo producto iba dirigido, sobre todo, a las mujeres. Los inventores llegaron incluso a producir una maleta con ruedas, ya que llegaron a la conclusión no muy descabellada de que, si una clienta podía añadir ruedas a una maleta mediante correas, la empresa también las podía colocar en la maleta desde el principio. Así, manufacturaron una maleta con ruedas mucho antes de que se le ocurriera a Bernard Sadow. Pero era un producto muy nicho y demasiado barato para las mujeres inglesas, y no prosperó.[27] Que un producto para mujeres pudiera hacer la vida más fácil a los hombres y transformar el mercado del equipaje a nivel mundial no era una idea que el mundo de la década de 1960 estuviera listo para concebir.

En 1967, una mujer de Leicestershire escribió una carta incisiva al editor de su periódico local. Poseía una bolsa con ruedas incorporadas mediante correas, del tipo que los inventores de Coventry habían producido dos décadas antes. Pero, cuando la había subido a su autobús local en 1967, el conductor la había obligado a comprar un billete adicional para la bolsa, con el argumento de que «cualquier cosa que llevara ruedas era considerada un cochecito». La pasajera, sin embargo, no quedó convencida y preguntó: «¿Si hubiera subido al bus con patines de ruedas, ¿se me cobraría como pasajera o como cochecito?».[28]

Un hombre que tenía buenas razones para reflexionar sobre el tema de las mujeres y las cargas pesadas era Sylvan Goldman, propietario de una cadena de colmados estadounidenses en la década de 1930.[29]

Como cualquier buen hombre de negocios, Sylvan Goldman estaba interesado en maximizar los beneficios de sus tiendas. Se había dado cuenta de que la mayor parte de las personas que compraban comida en sus supermercados eran mujeres, pero también de que nunca compraban más de lo que podían llevar en uno de los cestos de la tienda. Llegados a este punto, por lo general, hay dos formas de crecer como empresa: o logras más clientes o vendes más a los que ya tienes. El problema de Sylvan Goldman era que la segunda estrategia parecía estar limitada a lo que las mujeres podían cargar.

Así que Goldman empezó a pensar en qué podría ayudar a las mujeres a llevar más comida a la caja, a poder ser dejándoles una mano libre para que pudieran coger todavía más productos de las estanterías. Fue ese el momento en el que (cuarenta años antes que Bernard Sadow) recurrió a la rueda. Inventó el primer carrito de la compra del mundo y lo introdujo en sus tiendas.

¿Y qué ocurrió entonces?

Que nadie quiso usarlos. Se negaban. Al final, Goldman tuvo que contratar a modelos que llevaran el carrito por la tienda solo para normalizar el concepto. Muchos hombres veían el carrito como una afrenta personal: «¿Me estás diciendo que con mis fuertes brazos no voy a ser capaz de cargar con una puñetera cestita como esta?», gritaban.[30] En otras palabras, antes de que su invención lo hiciera multimillonario, Sylvan Goldman tuvo que hacer frente a la idea de que no era propio de un hombre llevar un carrito de ruedas. Era una idea bastante arraigada.

Y, sobre todo, con una larga historia detrás.

En el siglo XV, el poeta Chrétien de Troyes contó la historia de Lanzarote, el desdichado caballero que se enamora de la reina Ginebra, traiciona a su mejor amigo, el rey Arturo, y no consigue encontrar el Santo Grial.[31] En el poema de Chrétien de Troyes, secuestran a Ginebra, lo que obliga a Lanzarote a buscar a su querida reina por el largo y ancho mundo. Tras haber perdido su caballo, avanza a duras penas por un camino ataviado con toda su tintineante armadura, cuando un enano pasa por su lado con una carreta.

—¡Enano! ¿Has visto pasar a la reina? —le grita.

El enano no le responde ni sí ni no. Le hace una oferta al desventurado caballero.

—Si te subes al carro, mañana te contaré lo que le ocurrió a la reina —le dice.

Bien, podría parecer que sale ganando con esta oferta: no solo Lanzarote se libra de caminar, sino que además recibe la información que está buscando. Pero, en realidad, el enano le acaba de pedir que realice uno de los gestos más degradantes que existen para un caballero: subirse a un vehículo sobre ruedas. Para un lector del siglo XII estaría implícito, pero no es tan evidente hoy en día, puesto que ¿por qué habría que considerar que la rueda es impropia de un hombre?

En la Antigüedad, guerreros y reyes habían montado carros de guerra a través de los campos de batalla y habían cruzado el Tíber con carros tirados por caballos con prisioneros bárbaros a remolque. Es evidente que dichos carros tenían ruedas. Pero, a medida que la caballería fue ganando importancia militar y estratégica, el carro (y con él, la rueda) cayó en desgracia. Permitir que uno fuera arrastrado sobre un vehículo con ruedas ya no era compatible con ninguna forma de caballerosidad masculina. Este es el quid del dilema que afronta Lanzarote y lo que hace que la oferta del enano sea tan perversa.[32]

La intención del poema es demostrar cuán bajo es capaz de caer el noble Lanzarote en nombre de la reina Ginebra y el amor. Tan bajo como sea necesario, según parece, pues al final se sube al carro. De esta forma, las ruedas empiezan a rodar hacia el trágico final de su historia.

Pero volvamos a Bernard Sadow y a su innovador invento, la maleta con ruedas. En una de las pocas entrevistas que dio el inventor, expuso lo difícil que fue que cualquier cadena de grandes almacenes estadounidenses le comprara la idea.

«En ese momento, imperaba un espíritu masculino. Los hombres solían llevar el equipaje a sus mujeres. Era… lo más natural, supongo».

En otras palabras, la resistencia del mercado a la que se enfrentaba la maleta era una cuestión de género. Este pequeño factor es algo que los economistas, quienes llevan mucho tiempo reflexionando sobre por qué hemos tardado tanto en poner ruedas a las maletas, han pasado por alto.

No fuimos capaces de apreciar la genialidad de una maleta con ruedas porque no se ajustaba a nuestra visión imperante sobre la masculinidad. En retrospectiva, esto nos puede parecer rocambolesco. ¿Cómo pudo esta noción tan arbitraria de que «un hombre de verdad carga con su maleta» demostrar ser lo suficientemente sólida para obstaculizar lo que ahora percibimos como una innovación de una lógica aplastante? ¿Cómo pudo la visión predominante de la masculinidad ser más obstinada que el deseo del mercado de hacer dinero? ¿Y cómo pudo la sola idea de que los hombres deben cargar con los bultos pesados evitar que viéramos el potencial de un producto que llegaría a transformar una industria global?

Estas preguntas constituyen la esencia de este libro. Porque resulta que el mundo está lleno de personas que preferirían morir antes que liberarse de ciertas nociones sobre la masculinidad. Doctrinas como «los hombres de verdad no comen verdura», «los hombres de verdad no van al médico por minucias» y «los hombres de verdad no tienen relaciones sexuales con condón» matan de forma literal a hombres de verdad, de carne y hueso, cada día. Las ideas que tiene nuestra sociedad sobre la masculinidad son algunas de las nociones más rígidas que tenemos y nuestra cultura suele valorar la preservación de ciertos conceptos de la masculinidad por encima de la propia muerte.

En este contexto, tales ideas son sin duda lo bastante poderosas como para impedir la innovación tecnológica durante cinco milenios. Pero no estamos acostumbrados a reflexionar sobre la relación entre el género y la innovación de esta forma.

En un anuncio de una maleta con ruedas de 1972, una mujer con una minifalda y tacones altos tiene problemas para arrastrar una maleta grande y pálida. La mujer aparece en blanco y negro, simbolizando el pasado. El futuro, por otra parte, pasa pavoneándose justo por delante, en forma de otra mujer que lleva un traje marrón andrógino y un pañuelo en el cuello a modo de corbata. Esta mujer (la viva imagen de la modernidad) lleva una maleta con ruedas. Avanza sonriendo y con la mirada levantada hacia la libertad.

La maleta con ruedas solo empezó a tener éxito cuando la sociedad cambió. En la década de 1980, más mujeres empezaron a viajar solas, sin un hombre que cargara con su equipaje, o del que se esperara que cargara con el equipaje, o que corriera el riesgo de que se pusiera en duda su masculinidad si no lo hacía.[33] La maleta con ruedas trajo consigo el sueño de una mayor movilidad para las mujeres: una sociedad en la que era tan normal como aceptado que las mujeres pudieran viajar sin un acompañante masculino.

En la película de Hollywood de 1984, *Tras el corazón verde*, protagonizada por Michael Douglas y Kathleen Turner, el personaje de Turner se lleva una maleta con ruedas a la jungla. La maleta es del mismo tipo que inventó Bernard Sadow: las ruedas están situadas en el lado largo y ella la arrastra mediante una correa. Se le vuelca una vez tras otra entre la densa vegetación tropical, para exasperación eterna de Michael Douglas. Este, por su parte, trata de salvarlos de los malos mientras se cuelga de lianas y busca una esmeralda gigantesca y legendaria. En este contexto, la maleta de Kathleen Turner es un elemento cómico que no deja de tumbarse.

Sin embargo, era un problema real de las maletas que se basaban en el modelo original de Bernard Sadow. Como las ruedas estaban instaladas en el lado largo y no en el corto, las primeras maletas con ruedas no eran demasiado estables. Tenías que tirar de ella con cuidado y lentitud mediante una correa de piel, a poder ser sobre una superficie lisa.

A principios de la década de 1980, la compañía danesa Cavalet ya se había dado cuenta de que podía evitarse este problema colocando las ruedas en el lado más corto.[34] Pero como Samsonite, el gigante de la industria, decidió mantener la posición original de las ruedas, este modelo fue el estándar hasta 1987. Fue entonces cuando el piloto estadounidense Robert Plath creó el equipaje de cabina moderno.[35] Giró la maleta de Sadow por un lado y la hizo más pequeña. Y a partir de ahí, sí, la rueda finalmente revolucionó la industria del equipaje.

El nuevo producto pronto se convirtió en el último grito. Al principio iba destinado al personal de cabina de las aerolíneas, quienes empezaron a arrastrar sus maletas con ruedas por los suelos lisos de las terminales con sus uniformes elegantes mientras los pasajeros las contemplaban boquiabiertos. Ellos también querían una.

Pronto, todas las compañías de equipajes tuvieron que seguir su ejemplo y la maleta pasó de ser algo que se llevaba del asa a algo que se arrastraba detrás de ti. Esto, a su vez, empezó a influir en el diseño de los aviones y de los aeropuertos. De pronto, gran parte de la industria tuvo que reconstruirse y repensarse. El mercado entero cambió.

La maleta de cabina de Robert Plath se convirtió en un elemento característico del arsenal del hombre de negocios moderno, junto con el discreto deslizar de las ruedas sobre los suelos anónimos de los aeropuertos en zonas horarias lejanas. Se convirtió en un símbolo de la globalización. Los hombres de hoy en día no parecen sentirse amenazados por un juego de ruedas de tres centímetros, pero no hace demasiado, en la década de 1970, sí lo hacían.

No fue hasta que no llegamos a la Luna y volvimos que estuvimos listos para desafiar nuestras nociones de masculinidad lo suficiente como para empezar a colocar ruedas en las maletas. Los grandes almacenes y los encargados de compras que al principio se habían negado a invertir en el producto se dieron cuenta de que los roles de género estaban cambiando: la mujer moderna quería ser capaz de viajar sola y el hombre ya no tenía esa necesidad de demostrar su valía a través de la pura fuerza física.

La propia capacidad de tener estos pensamientos fue el ingrediente que faltaba y que era necesario para hacer realidad la maleta de ruedas. Tenías que ser capaz de concebir que los consumidores masculinos priorizarían la comodidad por encima de su impulso de cargar con los bultos. Y tenías que ser capaz de concebir que las mujeres viajarían solas. Solo entonces podías ver lo que llegaría a ser la maleta con ruedas: una innovación totalmente lógica.

No es difícil entender por qué las tripulaciones de los aviones se convirtieron en las precursoras reales de la maleta con ruedas. Fueron las primeras en adoptar el producto a larga escala y se convirtieron en anuncios de carne y hueso cuando se paseaban por los suelos de los aeropuertos. Eso sin contar que en su mayoría eran mujeres que (seguro que lo has adivinado) viajaban solas. La maleta con ruedas vivió su avance más importante cuando el número de azafatas aumentó.

En resumen, la maleta empezó a rodar cuando cambiamos nuestra perspectiva sobre el género: que los hombres deben cargar con el peso y que la movilidad de las mujeres tiene que ser limitada. El género resuelve el misterio de por qué tardamos cinco mil años en ponerle ruedas a nuestro equipaje.

Quizás esta respuesta resulte sorprendente. Al fin y al cabo, no nos imaginamos que lo «delicado» (las nociones de feminidad y masculinidad) sea capaz de impedir el avance de lo «robusto» (el avance constante tecnológico).

Sin embargo, esto fue justo lo que ocurrió con la maleta. Y si pudo ocurrir con la maleta, entonces, nuestras nociones sobre el género deben de ser en realidad muy sólidas.

2

En el que arrancamos el coche sin rompernos la mandíbula

La mujer escribió que se llevaba a los niños a ver a su madre. Pero no dijo cómo. Su marido asumió que habrían ido en tren. Esto ocurría el agosto de 1888 y las vacaciones de verano acababan de empezar en el Gran Ducado de Baden, un estado sudoccidental del Imperio germánico, que se había unificado hacía relativamente poco.[1]

Esa mañana, Bertha Benz maniobró con cuidado el carruaje sin caballos para sacarlo de la fábrica en la que su marido lo había construido.[2] Sus dos hijos adolescentes, Eugen y Richard, la ayudaron. El día despuntaba y no querían despertar a nadie, aún menos a su padre, Karl Benz. Solo cuando estuvieron a una distancia suficiente de la casa encendieron el motor, antes de turnarse para conducir y recorrer los noventa kilómetros que los separaban de Pforzheim, un pueblo situado en un extremo de la Selva Negra. Nadie había realizado un viaje como este antes, razón por la que Bertha tuvo que robar el vehículo.

Karl Benz había sido categórico con que su invención se denominara «carruaje sin caballos». Durante años, el vehículo había sido la sensación local de Mannheim, la ciudad pulcra y cuidada que era el hogar de la familia Benz. La primera vez que Karl Benz había conducido su carruaje sin caballos delante de un público invitado para la ocasión, estaba tan entusiasmado con su invención que la condujo derecha a la pared del jardín. Tanto él como Bertha, que estaba sentada a su lado, salieron disparados de cabeza cuando los ladrillos hicieron picadillo la rueda frontal de ese carruaje de tres ruedas. No se pudo hacer otra cosa que llevar los trozos de metal a la fábrica y volver a empezar.

Deberíamos tener presente que Bertha había invertido casi la totalidad de su capital en esta invención. Primero invirtió toda su dote en la empresa. Luego, convenció a sus padres para que le dieran un anticipo de la herencia. Los 4244 *gulden* que recibió y destinó al negocio de su marido habrían sido suficientes para comprarles una casa de lujo en Mannheim. Sin embargo, Bertha Benz lo gastó todo en el sueño de un motor de cuatro tiempos capaz de propulsar un carruaje sin caballos. Tras años de pruebas, el primer automóvil del mundo funcionaba.[3] Llegaba a una velocidad de dieciséis kilómetros por hora y tenía un motor de cuatro tiempos de gasolina y un solo cilindro. El Benz Patent-Motorwagen, como se llamaba el vehículo, tenía 0,75 caballos de potencia, pero lo más importante era que funcionaba.

Al principio, Karl Benz había probado su carruaje sin caballos de tres ruedas por la noche, para no causar ningún revuelo. Al ver el coche, los niños solían ponerse a gritar, los ancianos se dejaban caer de rodillas y hacían la señal de la cruz, mientras que los trabajadores de las carreteras daban media vuelta y salían corriendo, dejando las herramientas desperdigadas a sus espaldas. Los más supersticiosos creían que el mismísimo demonio había llegado en un carruaje que gruñía sobre tres ruedas infernales, tirado por una fuerza invisible. Y lo más importante: el mercado dudaba de su utilidad. ¿Para qué servía esa máquina?

Para empeorar las cosas, Karl Benz, cuyo nombre pasaría un día a la historia como parte de Mercedes-Benz, en realidad no era un buen hombre de negocios.[4] Aunque había comenzado a vender su vehículo a principios de 1888 (unos dos años después de que le aprobaran las patentes), el carruaje sin caballos había demostrado ser más popular en Francia que en

Alemania. En su tierra natal, Benz se había enfrascado en largas discusiones con las autoridades locales y la policía sobre la velocidad a la que se le permitiría moverse. ¿Debía permitírsele siquiera circular dentro de los límites de la ciudad? Al final, los reguladores transigieron, y por fin, la invención de Karl Benz causó revuelo en un espectáculo casi futurista en la feria de la tecnología del Imperio germano en Múnich.

Karl Benz por fin recibió la atención que merecía y ganó su medalla. Pero ¿cuál era su concepto comercial, en el fondo? Aunque casi nadie dudaba de que la máquina que había construido Benz iba a encontrar muchos usos, el carruaje en sí mismo los convencía menos. ¿Qué utilidad tenía? Esta fue la razón por la que Bertha Benz se levantó a las cinco de la mañana del 5 de agosto de 1888.

Pforzheim, donde vivía la madre de Bertha, estaba situado a noventa kilómetros de Mannheim. Bertha y sus hijos idearon un plan para conducir hasta allí sin que Karl lo supiera (por diversión, sí, pero también para demostrar que su invención no solo era una nueva máquina, sino un nuevo medio de transporte).

El trayecto hasta Pforzheim (donde llegaron, triunfantes, unas quince horas después, solo para descubrir que la abuela no estaba) estuvo lleno de incidentes. Bertha ya había previsto que el carruaje sin caballos se averiaría más de una vez y, en este sentido, no salió defraudada.

Lo primero que sucedió fue una obstrucción en el tubo del combustible y, para desatascarlo, Bertha usó uno de los alfileres de su sombrero. Más adelante, tuvieron que aislar un cable de encendido que había quedado expuesto, para lo que vino muy bien una de las ligas que llevaba. Bertha, Eugen y Richard se turnaron para conducir, pero siempre que se acercaban a una colina, los muchachos tenían que bajar y empujar: el motor no se llevaba bien con las pendientes. Bertha se sentaba en el asiento del conductor y pedía a los vecinos que les echaran una mano. Si las cuestas eran arduas, las pendientes eran, directamente, espeluznantes: el coche de trescientos sesenta kilos frenaba solo de milagro, usando una palanca a la derecha del asiento. Nadie había conducido un carruaje sin caballos a una distancia tan larga, ni tampoco cruzando tantas colinas, y los bloques de frenado del Benz Patent-Motorwagen 3 pronto se gastaron. Cuando se detuvieron en la aldea de Bauschlott, Bertha pidió a un zapatero que los recubriera con cuero.

Y así, ella y sus hijos inventaron las primeras guarniciones de freno del mundo.

El agua supuso un problema constante. El motor necesitaba refrigerarse de forma regular para evitar que explotara. Bertha y sus acompañantes sacaron agua de donde pudieron: tabernas, ríos y (en un caso extremo) de la acequia junto a la que pasaron. En el pueblo de Wiesloch, al sur de Heidelberg, se detuvieron para comprar Ligroin, una fracción de petróleo usada habitualmente como disolvente de laboratorio, para reabastecerse de combustible. El farmacéutico local, Willi Ockel, les vendió la botella sin saber que, al hacerlo, se había convertido en la primera gasolinera del mundo.

Cuando Bertha Benz llegó a Pforzheim por la tarde, le mandó un telegrama a Karl. Su marido no estaba enfadado, solo asombrado, y cuando Bertha y sus hijos volvieron a Mannheim al día siguiente, Karl decidió dotar de una marcha menor al carruaje sin caballos para afrontar mejor las colinas de la Selva Negra. Y el resto del mundo, claro. A finales de año, un modelo actualizado del Benz Patent-Motorwagen 3 se producía de forma comercial y, haciá 1900, Karl Benz era el mayor fabricante de coches del mundo.

Fue una mujer quien emprendió el primer trayecto de larga distancia en coche del mundo. Sin embargo, el mundo pronto llegó a la conclusión de que las mujeres conducían peor que los hombres. Una mujer no era una criatura que uno pudiera dejar sola y desamparada en un vehículo motorizado. No: era un ser frágil, creado por Dios para que se atara corsés y se moviera por el mundo ataviada con quince kilos de enaguas, sombreros de ala ancha y guantes largos. La ciencia afirmaba que era débil, tímida, que se asustaba con facilidad y que cualquier estimulación de su cerebro podría tener un efecto adverso en su útero. Ninguna de estas ideas sobre la idoneidad de las mujeres para conducir eran en absoluto nuevas.

En su día, el Imperio romano había tratado de solucionar los problemas de tráfico de Roma prohibiendo a las mujeres que fueran en carruaje. Moverse por las calles de Roma no era tarea sencilla: las callejuelas estrechas serpenteaban tejiendo un intrincado entramado de callejones y además uno tenía que lidiar con un enjambre de vendedores de ajo, mercaderes de plumas y productores de aceite de oliva. En muchos puntos de la ciudad solo podía pasar un carro a la vez, de modo que se mandaba a los esclavos para que se adelantaran y detuvieran cualquier vehículo que se aproximara, como si fuesen semáforos con patas, de carne y hueso y de propiedad privada.[5]

Roma estaba en guerra con Cartago en esa época y eso había conducido a una prohibición de diversas formas de consumo de lujo cuya motivación era política: nadie quería irse a África a morir mientras veía cómo la clase alta disfrutaba de todo tipo de lujos. Así que el objetivo fue limpiar las calles de Roma de cualquier cosa que la población local pudiera considerar una preocupación y, por consiguiente, hacer mella en el espíritu de lucha. ¿Y había algo que fuera más decadente que una mujer sobre ruedas? Se promulgó una prohibición de los carruajes de mujeres, que hizo enfurecer de sobremanera a las ricas matronas de Roma. Pero más aún, el poeta Ovidio afirmó que, hasta que no se revocó la prohibición, las mujeres llegaron incluso a abortar los fetos de sus vientres como forma de protesta.

A principios del siglo xx, el problema no era tanto la decadencia que comportaba una mujer sobre ruedas, sino la idea de que simplemente no estaban capacitadas. Una mujer era demasiado inestable a nivel emocional, débil a nivel físico e inferior a nivel intelectual como para ocupar el asiento del conductor, según se creía. Era el mismo argumento que se usaba contra ella cuando se abordaba su derecho a votar y su derecho a recibir estudios superiores, dos otras cosas a las que las mujeres estaban intentando acceder durante esa época. Las mujeres se subían a los coches en unos años en los que su papel en la vida pública se estaba discutiendo como nunca antes. Y todos esos debates sobre quiénes eran y de qué eran capaces se abrieron camino poco a poco y fundamentaron el desarrollo tecnológico.[6]

En ese tiempo, los coches se hacían por encargo para el consumidor. Podías pedir lo que quisieras y el coche se construía a tu medida. La mayoría de los fabricantes de coches no tenían tiempo de invertir grandes cantidades de energía mental para pensar en el mercado en su totalidad, así que improvisaban.

La gente de la época usaba un amplio abanico de medios de transporte de una forma un tanto arbitraria, desde las dos piernas hasta caballos, burros, trenes, tranvías e incluso coches. Y los propios coches podían funcionar de muchas formas distintas: con gasolina, electricidad o vapor. A principios de siglo, un tercio de la totalidad de los coches de Europa eran eléctricos. Y en los Estados Unidos incluso más.

Sería fácil imaginar a los fabricantes de coches de gasolina y de coches eléctricos de la época discutiendo sin parar sobre qué tecnología era la mejor. Sin embargo, en los primeros años del automóvil, lo que los fabricantes querían promocionar en realidad era la superioridad de su producto en comparación con los caballos y los carros. Lo cual era lógico, puesto que el mercado del transporte tirado por caballos era el que querían invadir.

Los coches de la época que funcionaban con gasolina (los sucesores del Benz Patent-Motorwagen 3 que Bertha Benz había conducido hasta Pforzheim) eran bastante poco fiables. Difíciles de arrancar y muy ruidosos, no eran tanto un vehículo, sino más un estilo de vida en una máquina de pistones a presión que salpicaba gasolina por doquier. Eran máquinas viriles para viajar a toda velocidad, coches que podían llevarte lejos de casa y (si Dios quería) devolverte. Era el coche del aventurero, y la aventura, como ya sabemos, es para los hombres. No para las mujeres.

Como consecuencia, pronto surgió la idea de que el coche eléctrico era más «femenino».[7] Se lo percibía como el sucesor más natural de la calesa tirada por caballos, mucho más que al coche de gasolina, un vehículo que simplemente te llevaba adonde quisieras ir. El coche de gasolina, en cambio, en muchos sentidos no era tanto un medio de transporte sino más bien un deporte para los temerarios jóvenes (varones) a los que les gustaba fardar de dinero. El columnista automovilístico estadounidense Carl H. Claudy escribió: «¿Ha habido alguna vez una invención que ofrezca una comodidad más absoluta a la mitad femenina de la humanidad que el carruaje eléctrico?».[8] ¿Acaso no era práctico para una mujer poder ahorrarse el lavado de crines, cascos y colas que comportaba una calesa tirada por caballos? Así, solo tenía que pedir un coche a la cochera. Ni que decir tiene que esto solo se aplicaba a las mujeres más acaudaladas.

Por otro lado, el coche de gasolina necesitaba que se le diera a la manivela solo para arrancarlo. Se trataba de una operación sudorosa y a menudo también peligrosa. Primero tenías que colocarte junto al motor y tirar de un cablecito que sobresalía del radiador, luego agarrar la manivela y dar unos cuantos tirones hacia arriba, entonces ir al asiento del conductor, arrancar el motor, volver junto al motor, sujetar la manivela en la posición correcta y, finalmente, darle unas cuantas vueltas decisivas para arrancarlo.

En contraposición, los coches eléctricos podían encenderse desde el asiento del conductor. Además, eran silenciosos y fáciles de mantener. El primer coche que llegó a superar los cien kilómetros por hora era, de hecho, eléctrico.[9] Con el tiempo, sin embargo, los coches de gasolina los adelantaron y los eléctricos se convirtieron en la opción más lenta y fiable.

«Los eléctricos […] seducirán a cualquiera que esté interesado en un vehículo completamente silencioso, inodoro, limpio y elegante que siempre está listo», reza un anuncio escrito de 1903.[10] La imagen que lo acompaña muestra a dos mujeres con sombrero, guantes y sonrisas de oreja a oreja. Una mujer conduce mientras la otra se sienta a su lado alegremente. Las curvas del coche eléctrico eran delicadas.

Un anuncio de 1909 muestra un enfoque similar y anima al consumidor varón a comprar un coche eléctrico para «Su futura esposa o su esposa desde hace varias primaveras».[11] El mensaje: este es el coche para las personas que valoran la comodidad. Sin gasolina, sin aceite, sin manivela, sin riesgo de explosión ni de que el vestido se te incendie. Ven y cómpralo sin preocupaciones.

En *Taking the Wheel,* la historiadora Virginia Scharff cita a comentaristas estadounidenses de la época que sostenían que: «No debería concederse el permiso de conducir a nadie que tenga menos de dieciocho años […] y en ningún caso a una mujer, a menos que, tal vez, sea un coche propulsado por electricidad».[12] Alrededor de 1900, los coches eléctricos aceleraban más rápido y estaban equipados con unos frenos más seguros en comparación con los coches de gasolina. En muchos sentidos, eran la opción ideal para moverse por la ciudad, pero, debido al problema de las baterías, no podían ir demasiado lejos. La batería necesitaba cargarse aproximadamente cada sesenta kilómetros, y los coches presentaban dificultades en las carreteras en mal estado que había fuera de las grandes ciudades. Sin embargo, estas características solo parecían convertirlo en el vehículo más adecuado para las mujeres a ojos del mercado: al fin y al cabo, las mujeres no necesitaban ir demasiado lejos. De hecho, era casi mejor si no podían.

¿Por qué iba a necesitar una mujer un coche? Más allá de para visitar a sus amigas, ir a comprar o a dar una vuelta con los niños, claro. El coche para mujer era un vehículo distinto al coche para hombre. ¿Era un coche, siquiera? ¿Tal vez podía verse más como un cochecito, que permitía a la mujer a meterse dentro junto con los niños? De hecho, un columnista automovilístico escribió: «De ninguna otra forma le puede dar tanto el aire a un niño en tan poco tiempo como mediante el uso del automóvil [...]. No sería incorrecto denominar al eléctrico como el cochecito para bebé moderno».[13] En esa época, el coche era percibido como un medio de transporte «limpio»: a diferencia de los caballos, no dejaba la calle llena de excrementos.

Ya funcionaran con electricidad o gasolina, las primeras generaciones de coche eran muy caras. Henry Ford fue el estadounidense que lo cambió todo. En 1908, creó su Model T, que funcionaba con gasolina y pretendía dar acceso al mundo del automóvil a los estadounidenses de a pie. El Model T costaba ochocientos cincuenta dólares cuando salía de la línea de producción en Detroit, Míchigan, y pretendía ser un vehículo para todo el mundo. El propio concepto de negocio de Ford era crear un coche que fuera tan económico que incluso los trabajadores que lo fabricaban pudieran conducirlo. El ahora legendario Model T llegó a conocerse como el coche «que ponía el mundo sobre ruedas». La única pregunta es: ¿de quién era ese mundo, en realidad?

El mismo año que Henry Ford lanzó su revolucionario Model T, compró un coche eléctrico para su esposa, Clara. Se creía que este modelo era más apropiado para ella. El coche eléctrico de Clara Ford distaba mucho del estruendoso Model T. Era una salita de lujo sobre ruedas, un salón motorizado en el que podía dar la bienvenida a sus amigas mientras daban una vuelta tranquila por la ciudad.[14] Clara Ford no disponía de volante, sino que gobernaba el vehículo desde atrás, usando dos cañas de timón: una para ir hacia adelante y la otra para ir hacia atrás.[15] El coche tenía jarrones integrados para flores y espacio para que tres damas viajaran cómodamente.

Las estaciones de carga para coches eléctricos pronto empezaron a brotar en los distritos comerciales de las grandes ciudades de Estados Unidos para que las mujeres ricas pudieran cargar el coche mientras compraban. La conductora femenina de principios de la década de 1900 distaba mucho de la Bertha Benz que desatascó el tubo del combustible con una aguja del sombrero cerca de la Selva Negra en Alemania. De hecho, muchos habían empezado a percibir el coche como el tipo más intolerable de consumo de lujo que había. Los automóviles eran vehículos brillantes que transportaban mujeres con largos collares de perlas desde su casa hasta el palco de la ópera. Woodrow Wilson, el vigésimo octavo presidente de los Estados Unidos, estaba preocupado por si inducían a las masas a empezar una revolución. En otras palabras, es la misma situación que vivieron las matronas de Roma que llevaban sus carruajes por las calles llenas de esclavos.

Cada vez más, los coches eléctricos se desarrollaron pensando en las mujeres. Fueron los primeros coches a los que se les instaló un techo, por ejemplo, ya que se suponía que las mujeres (a diferencia de los hombres) querían resguardarse de la lluvia para «conservar su pulcritud inmaculada, mantener su peinado intacto», en particular.[16] Del mismo modo, fueron los fabricantes de coches eléctricos quienes pensaron en colocar palancas y botones para que no se engancharan los vestidos de las mujeres. El eléctrico se convirtió en el coche que podía conducirse con falda, no debido a su asociación con lo femenino, sino porque era una fuerte demanda del mercado al que se dirigía.

No obstante, la industria eléctrica no siempre estuvo satisfecha con que se la asociara con el «sexo débil». Fabricaban coches de ciudad de alta tecnología, fiables, y la industria creía que deberían haber interesado a cualquiera que quisiera llegar al trabajo a tiempo sin el traje salpicado de gasolina. E. P. Chalfant, un miembro de la junta de Detroit Electric, escribió, con cierto resentimiento: «Los vendedores de coches de gasolina han tildado al coche eléctrico de vehículo para los ancianos y enfermos y para las mujeres».[17] Otro hombre expresó una queja similar sobre cómo sus amigos le habían aconsejado que no se comprara un coche eléctrico: «Era considerado un coche para ancianas», declaró.[18]

Su asociación con lo femenino había posicionado el coche eléctrico en el lugar equivocado dentro del mercado, creía Chalfant. Al fin y al cabo, ¿quién era el que tomaba la decisión sobre qué coche debía comprarse una familia? El hombre, por supuesto. Esto significaba que era a él a quien tenían que adaptarse los coches eléctricos y no a las mujeres. En 1910, Detroit Electric trató de contrarrestar la imagen femenina del coche eléctrico presentando un nuevo modelo para hombre, el llamado *Gentlemen's Underslung Roadster* (el descapotable colgante para caballeros).

No tuvo éxito.

En 1916, la revista de la industria estadounidense *Electric Vehicles* publicó una serie de artículos en los que analizaba las desafortunadas asociaciones comerciales del coche eléctrico con lo femenino. «Lo que es afeminado o tiene esa reputación no encuentra la simpatía del hombre americano». Y, más adelante: «Sea o no "de sangre roja" y "viril", en el estricto sentido físico, al menos sus ideales sí que lo son». En otras palabras, si a las mujeres les gustaba algo, ya fuera un coche o un color, el hombre medio estadounidense siempre iba a distanciarse de ello por cuestión de principios. Por desgracia, eso fue lo que había ocurrido con el coche eléctrico, concluía la revista.

Por supuesto, era tan ilógico como absurdo. En realidad, los coches eléctricos eran igual de apropiados para los hombres que para las mujeres. Pero, tal y como señalaba la revista, no se puede esperar que quien compra un coche use la lógica o el razonamiento de esta forma. «Tras haber asociado la afeminación con el eléctrico, lo descarta de su mente y compra un coche de gasolina sin pensárselo».[19] Dicho de otro modo, si quería sobrevivir, la industria del coche eléctrico tenía que mejorar su construcción de coches viriles: se acabaron los jarrones de cristal y los asientos suaves.

Lo que ocurrió, sin embargo, fue justo lo contrario. Los coches eléctricos no se volvieron «más viriles», o al menos no hasta que Elon Musk los revolucionó un siglo más tarde. El coche de gasolina copó el mercado. No solo se volvió más barato, gracias a Henry Ford, sino que también se «feminizó».

Henry Leland era el presidente ejecutivo de Cadillac Motor Company a principios de la década de 1900. Nacido en una granja de Vermont, había servido junto a Abraham Lincoln en la Guerra de Secesión y más tarde compró uno de los negocios automovilísticos desmantelados de Henry Ford para fundar Cadillac. «Cuando compras un Cadillac, compras un viaje de ida y vuelta» era el eslogan de la empresa. Constituía el coche de gasolina de lujo y, en esta época, el lujo consistía justo en eso: en tener un coche que no tuviera que arrastrarse hasta casa.

En muchos sentidos, fue Henry Leland quien asestó el golpe mortal al coche eléctrico y la ironía es que todo empezó con un incidente que estaba muy relacionado con el género. Leland a menudo lo contó como la trágica historia de Byron Carter.

Byron Carter era uno de los amigos de Leland.[20] La historia original, ahora legendaria, es que un día Carter se detuvo en un puente cerca de Detroit para ayudar a una conductora. El coche se le había calado y no era capaz de hacerlo arrancar con la manivela. Nótese que no tenía un coche eléctrico: de haberlo tenido, podría haberlo arrancado desde el asiento del conductor, no hacía falta manivela. Pero, a estas alturas, la industria del automóvil también había empezado a promocionar coches de gasolina al público femenino. Incluso había opciones con puertas más anchas que ofrecían mayor espacio para las faldas. Y, lo que tal vez era más importante, la mayoría de las familias solo tenían un coche, al que la mujer también tendría acceso. La mayoría de las mujeres preferían coches de gasolina por la velocidad. Así pues, había una mujer que se había quedado tirada en un puente de Detroit, en un Cadillac de gasolina que no era capaz de arrancar.

Hacer arrancar un coche de gasolina siempre había sido complicado. Pero a medida que la tecnología había evolucionado, solo se volvió más complicado y peligroso, dada la mayor potencia del motor. Cuando Byron Carter se detuvo en el puente ese día funesto, lo esperaba un combate atroz contra una máquina infernal.

Por supuesto, como era todo un caballero, Carter se arremangó y se ofreció a ayudar a la mujer. Resultaría ser la decisión equivocada, porque la mujer, que se quedó sentada en el coche, se había olvidado de ajustar la bujía. La manivela salió disparada de la mano de Carter y le dio directamente en la mandíbula. Le destrozó el hueso y al cabo de unos días, murió a causa de complicaciones derivadas de las heridas.

Para Henry Leland, fue la gota que colmó el vaso. Carter había sido amigo suyo y, para empeorar las cosas, el coche que lo había matado había sido un Cadillac. Leland se sentía responsable, así que tomó la decisión de eliminar la manivela. Sin duda, tenía que ser posible usar electricidad para arrancar un coche de gasolina y, por tanto, encenderlo desde el asiento del conductor sin manivela, pensó. Valía la pena intentarlo de verdad (aunque solo fuera para evitar que otro amigo se le muriera mientras ayudaba a una mujer incapaz en el arcén de la carretera).

En un relativamente corto espacio de tiempo, Cadillac logró construir un arranque eléctrico para los coches de gasolina. El único problema residía en que era demasiado grande para que cupiera en ningún coche. Leland necesitaba ayuda. Así fue cómo encontró a Charles F. Kettering. En un granero de Ohio.

Charles F. Kettering era un ingeniero muy dotado que ya había construido la primera caja registradora eléctrica del mundo. La primera vez que había visto un coche había sido durante su luna de miel, cuando se había topado con un doctor cuyo flamante vehículo se había averiado y se había apartado a un lado de la carretera.[21] Kettering abrió el capó y logró detectar el problema, y así empezó su fascinación por los coches. Él y unos cuantos compañeros más empezaron a encontrarse en un granero después de su jornada laboral, donde trataban en mejorar los coches de la época de distintas formas. Más adelante, fundarían una empresa que Kettering bautizaría como Delco.

Y Henry Leland recurrió a Delco cuando necesitó ayuda para mejorar (y sobre todo para reducir) el arranque eléctrico que Cadillac había construido.

Kettering necesitó tres años para solucionar el problema. Su innovación consistía en un motor eléctrico que también funcionaba como generador. Era todo un sistema compacto que hacía arrancar el motor y luego creaba su propia electricidad a través del movimiento del motor. Esto, a su vez, hacía que se encendieran las luces del coche.

En 1912, Cadillac lanzó su Model Thirty, el primer coche producido de forma comercial con un arranque eléctrico y también con luces eléctricas. La empresa ganó el prestigioso premio Dewar Trophy por su innovación. El nuevo arranque podía controlarse desde un botón del salpicadero o desde el suelo, o con un pedal, cualquiera de las opciones era mucho más fácil que tener que salir y darle a la manivela. Cadillac incluyó de inmediato el arranque eléctrico como componente estándar de todos sus modelos de coche y muchas otras empresas pronto siguieron su ejemplo. Algunas, sin embargo, vacilaron al considerar que la invención de Kettering no era tanto una mejora para todo el mundo, sino una concesión para las mujeres. Aunque sin duda rebosaba elegancia, el artilugio no era necesario, creían.

El *New York Times* describió la innovación como «un nuevo elemento de comodidad y conveniencia para la mujer».[22] Entre líneas se leía que eran las mujeres las que no eran capaces de hacer funcionar la manivela: eran ellas las que formulaban todas estas exigencias para que la conducción fuera fácil y para ellas habían tenido que inventar el arranque eléctrico. El arranque eléctrico solo se incorporó de fábrica en el Model T de Ford en la década de 1920. Hasta entonces, cualquiera que quisiera arrancar su Ford sin una manivela tenía que comprar un producto adicional.[23]

«Las mujeres pueden conducir coches Ford con la mayor libertad y comodidad si se aseguran de que el coche está equipado con un arranque y un sistema de luces eléctrico Splitdorf-Apelco», rezaba un anuncio. «Deja que ella conduzca tu Ford», rezaba otro.[24] Pero lo que Kettering había hecho en realidad había sido coger una de las mejoras del coche eléctrico (la habilidad de arrancar el motor desde el asiento del conductor) e incorporarlo al coche de gasolina. Por consiguiente, nació un producto que poseía los beneficios del coche de gasolina combinado con la comodidad del eléctrico. ¿A alguien le sorprende que este fuera el coche que acabara imperando en el mundo?

Con todo, queda pendiente la pregunta: ¿por qué la industria automovilística insistió durante tanto tiempo en que hubiera dos mercados: uno para los hombres y otro para las mujeres? Al fin y al cabo, la mayoría de las familias solo podían permitirse un solo coche. Entonces, ¿por qué no habían tratado de crear antes un coche que gustara tanto a los hombres como a las mujeres?

Mientras la industria del coche eléctrico de Estados Unidos estaba ocupada quejándose de sus connotaciones femeninas, Charles F. Kettering había cogido las nociones «femeninas» de la comodidad y la seguridad y las había incorporado al coche de gasolina. Este fue el principio de un largo proceso en el que gran parte de los «lujos» femeninos de los que la industria automovilística se había reído tanto al principio se fueron convirtiendo en la norma. A medida que fueron pasando los años, el coche de gasolina se volvió cada vez más eléctrico. Se «feminizó».

Y acaparó todo el mercado.

Transformó el acto de conducir: pasó de ser una afición extravagante de las clases altas a una actividad para la población en general. Mientras los coches de gasolina necesitaran darle a la manivela, no eran de utilidad para nadie que necesitara llegar a tiempo al trabajo y, por consiguiente, siguieron siendo un objeto de ocio o deporte. Al integrar en el coche de gasolina lo que durante tanto tiempo se habían considerado valores «femeninos», los fabricantes agrandaron el mercado y el coche pasó de ser un producto especializado a el objeto que hoy en día vemos en todos los trayectos.

«Debemos concluir que la influencia femenina es, en gran medida, responsable de los cambios más evidentes que se han operado en el diseño de coches de gasolina de un año a otro», informó *Electric Vehicles*. La revista ofrecía, como ejemplos de esta influencia, el tapizado más suave y profundo, las líneas más bonitas, los controles más simples y el arranque automático. Todo esto se describía como «pruebas de las concesiones realizadas al sexo débil».[25]

Lo más interesante es que la industria continuó durante mucho tiempo atribuyendo este tipo de exigencias a la comodidad exclusiva de las mujeres. Eran las mujeres las que querían comodidad, además de seguridad, en sus coches (al parecer a los hombres les daba absolutamente igual morirse). Eran las mujeres las que no querían mancharse la ropa de gasolina y eran las mujeres las que querían ser capaces de encender el motor sin romperse la mandíbula. Por supuesto, esto es rocambolesco. ¿Por qué durante tanto tiempo se consideró que la comodidad era un lujo femenino opuesto a la innovación tecnológica más puntera? ¿Por qué la conveniencia, la falta de esfuerzo, la belleza y la seguridad eran cualidades que solo se podía concebir que pidieran las mujeres? ¿Por qué era tan poco plausible que un consumidor masculino quisiera un coche que pudiera arrancar sin arriesgarse a una muerte gangrenosa? ¿Por qué se asumió durante tanto tiempo que los hombres querían calarse hasta los huesos cuando conducían bajo la lluvia? ¿Y por qué se daba por supuesto que querían un coche que rugiera y apestara por norma?

Según la perspectiva del historiador tecnológico Gijs Mom, fue el coche eléctrico y no el de gasolina el que ganó al caballo como medio de transporte. El coche de gasolina de la época era demasiado inferior a nivel tecnológico. Una vez se hubo derrotado al caballo, sin embargo, el coche de gasolina copó el mercado. Mom señala que no tuvo nada que ver con el hecho que los coches de gasolina fueran más baratos de fabricar: solo empezaron a ser más baratos después de haber echado prácticamente al coche eléctrico del mercado. Dicho de otro modo: el triunfo del coche de gasolina no se debió a su precio, sino a otros factores.[26]

Una razón importante fue, por supuesto, los múltiples problemas que presentaban las baterías de los coches eléctricos. La tecnología de las baterías aún estaba en pañales y los partidarios del coche eléctrico no consiguieron construir una infraestructura que pudiera compensar estos problemas (una red de puntos de intercambio de baterías, por ejemplo). Pero también había un factor «cultural».

Y estaba relacionado casi de forma exclusiva con el género.[27]

Lo que tenían en común los fabricantes de coches de gasolina y eléctricos era una tendencia compartida a menospreciar cosas que se les había enseñado a percibir como «femeninas». La industria del coche eléctrico construía coches para mujeres, pero no lograron ver que gran parte de las cualidades «femeninas» que poseían sus coches eran, en realidad, universales.

De la misma forma, muchos fabricantes de coches de gasolina se aferraron con uñas y dientes a la idea de que un hombre de verdad arrancaba el coche con manivela. Así, ambos limitaban el tamaño de su mercado. Todo para defender una idea de masculinidad que, en esencia, no tenía sentido.

En el caso de Henry Leland, solo cambió su perspectiva cuando su amigo Byron Carter murió de la gangrena provocada por la mandíbula rota (según cuenta la leyenda, al menos). Fue el momento decisivo tras el que terminó poniéndose en contacto con Charles F. Kettering, lo que provocó que este integrara las consideradas preferencias «femeninas» y «masculinas» y creara un solo producto para todo el mundo. Y este, como ya sabemos, es un mercado bastante grande.

Incluso hoy en día, más de un siglo después, los historiadores y los periodistas a menudo describen el arranque eléctrico como una innovación ideada para las mujeres. Kettering es descrito como un héroe debido a que su arranque eléctrico (además de su demostración de destreza en ingeniería masculina) abrió la puerta a las conductoras femeninas.

Cuando encargó el arranque eléctrico para Cadillac, Henry Leland seguramente pensaba de una forma similar. El modo en el que enmarcó la historia de la muerte de Carter sin duda apunta en esa dirección y sugiere que el arranque eléctrico era una medida necesaria para evitar que más hombres murieran ayudando a mujeres desventuradas con la manivela.

Sin embargo, la innovación de Kettering era, en realidad, otra cosa. Su invención redefinió la frontera entre la conducción de los hombres y de las mujeres y, de esta forma, creó un nuevo mercado para todo el mundo. Esta es la razón por la que el arranque eléctrico fue tan revolucionario; no porque permitiera que las mujeres condujeran. Ya lo hacían y muy bien.

Si no, que se lo pregunten a Bertha Benz.

Es necesario plantearse: ¿habrían salido de forma distinta las cosas si nuestra percepción sobre el género hubiera sido otra? Hace un siglo, los motores eléctricos, taxis y buses recorrían gran parte de las metrópolis más grandes del mundo. Y luego, desaparecieron. La tecnología impulsada por la gasolina se convirtió en la forma dominante de tecnología y trajo consigo la contaminación, el ruido y los olores. ¿Si la sociedad de principios del siglo xx no hubiera menospreciado el coche eléctrico por ser femenino, habría seguido la historia otros derroteros?

No se puede negar que la infraestructura del coche eléctrico de hace ciento veinte años contenía elementos que parecen modernos hoy en día. Por ejemplo, a principios de 1900, uno podía alquilar coches eléctricos o pagar por kilómetros para conducirlos. Los taxis eléctricos recorrían las calles de muchas ciudades, recogiendo pasajeros. Lo que el consumidor quería, tal como muchos empresarios del coche eléctrico sostenían, era trasladarse de un punto A a un punto B, no una máquina cara aparcada delante de casa. Los aristócratas rurales estaban encantados de poder confiar en una red de nuevos coches eléctricos y no tener que llevarse el caballo y el carruaje hasta la ciudad.

En otras palabras, nuestro concepto del transporte podría haberse desarrollado de una forma más cercana a las ideas de uso compartido del coche desde el principio de haber ganado el coche eléctrico. O como mínimo, si no hubiera desaparecido. Ese mundo habría terminado siendo igual de avanzado a nivel tecnológico que el mundo que al final construimos, solo que habría sido distinto.

En Estados Unidos, en el siglo XIX, una empresa de coche eléctrico construyó un garaje central en Nueva York con un sistema semiautomático de última generación que podía cambiar baterías de coche en setenta y cinco segundos.[28] Entonces (igual que ahora) la batería era el principal problema del coche eléctrico. Pero aunque las baterías eléctricas, debido a su propia naturaleza, necesitaban tiempo para cargarse, en teoría era posible construir un sistema que pudiera compensar esta espera. Esto era justamente lo que esta empresa trató de hacer. Los coches entraban, se les instalaba una batería cargada en cuestión de minutos y volvían a salir. Era otra forma de pensar.[29] Si uno de estos modelos de negocio hubiera tenido éxito, tal vez no hubiésemos llegado a ser propietarios de coches como lo somos hoy en día. No habría sido tan obvio, de la misma forma en que tener una buena vida necesariamente implicaba tener dos coches casi idénticos listos delante de casa. O que las ciudades tenían que ser lugares dominados por los coches donde los conductores esperarían uno tras otro a que los semáforos se pusieran en verde. La innovación no solo radica en las máquinas que construimos, sino en la lógica que nace de esas máquinas.

William C. Whitney era un inversor estadounidense que en 1899 recaudó un millón de dólares para construir una red nacional de coches eléctricos en Estados Unidos. Ya había ejercido un papel importante en la electrificación de la red de tranvías de Nueva York, lo que le había supuesto una gran fuente de ingresos. Los coches parecían el siguiente paso.

Whitney imaginaba un sistema de transporte eléctrico que uniera todo el país. Los trenes eléctricos circularían de ciudad en ciudad y dentro de las ciudades imperarían los tranvías y los coches eléctricos. La idea era que los habitantes de las ciudades no tuvieran que comprarse nunca un coche: serían capaces de ir donde quisieran usando la red de transporte eléctrico. Los caballos y los carros serían sustituidos por coches eléctricos, silenciosos y limpios, concebía él. Entonces, el sistema entero se exportaría a Ciudad de México, París y demás. Whitney pensaba a lo grande. Era de ese tipo de personas: si hubiese estado vivo a día de hoy, sin duda habría dado una TED Talk grandilocuente sobre el tema.

Pero las cosas no le fueron tan bien.

Solo un año después del lanzamiento de la red de Nueva York, la empresa había perdido casi por completo la confianza de sus clientes. Las operaciones estaban muy mal gestionadas y los conductores no sabían lo que hacían. Todo dependía del sistema de cambios rápidos de batería, que eran caras, pero no cuidaban de las baterías como debían y muchas se rompían. En 1901, la empresa se vio obligada a cerrar. Sin embargo, no era la primera vez en la historia que una idea grandiosa fracasaba por una falta general de visión empresarial. Otra persona podría haber llevado el modelo más allá. En lugar de eso, murió, junto con el coche eléctrico.

Y ahora, más de un siglo después, estamos tratando de reinventar la rueda y rescatar al eléctrico. Elon Musk, sin arriesgarse, ha diseñado sus coches sin un solo jarrón de cristal incorporado y hoy en día hay más hombres que mujeres que conducen coches eléctricos. En cambio, los jóvenes se cuestionan cada vez más la necesidad de tener coche propio. No obstante, todo, desde la idea moderna de la libertad personal hasta la planificación comunitaria, está fuertemente arraigado en la lógica del coche de gasolina. La misma que condujo a Bertha Benz hasta Pforzheim.

Fue la capacidad del coche de gasolina de llevarte donde quisieras lo que ganó al final. El coche eléctrico representaba la seguridad, el silencio y la comodidad. No hay nada que sea esencialmente femenino en estos valores. Si acaso, son valores humanos. Por desgracia, lo que hemos elegido tildar de «femenino» no puede percibirse como universal y humano. Y si el coche eléctrico era «femenino», eso significaba que debía ser «inferior»: una de las nociones que quiso combatir la incipiente industria del coche eléctrico. Si su tecnología no hubiera llegado a percibirse como femenina (y por tanto, de menos importancia), ¿habría tenido éxito el coche eléctrico? Evidentemente, es imposible responder. Los problemas de batería eran innegables. Con todo, si se hubieran construido infraestructuras sociales para compensarlo, podría haber funcionado, al menos en las grandes ciudades. Pero no pudo ser.

Lo que Charles F. Kettering logró conseguir con su arranque eléctrico fue convertir el coche de gasolina en un coche universal. Se negó a ver la comodidad de arrancar el coche sin arriesgarse a sufrir una lesión como una característica que fuera solo «para las mujeres». La industria del coche eléctrico no hizo nada parecido para combatir los prejuicios ligados a ella (de haber sido posible, claro). Entonces, los coches de gasolina empezaron a ser más económicos y la gasolina también. Los intentos posteriores de revivir el coche eléctrico se toparon también con una resistencia poderosa por parte de la industria petrolera.

Dicho de otro modo: no podemos saber si el coche eléctrico de principios del siglo XX representaba un mundo que podría haber existido de verdad. En cambio, lo que sí podemos afirmar es que pocas cosas condicionan nuestro modo de pensar con tanta trascendencia como nuestras ideas sobre el género. Influyen hasta en las máquinas que decidimos construir.

Y en el futuro que somos capaces de concebir para la humanidad.

TECNOLOGÍA

3

En el que llegamos a la Luna gracias a los sujetadores y las fajas

La mañana del domingo 7 de diciembre de 1941, los aviones japoneses atacaron Pearl Harbor. Abram Spanel supo al instante que eso se traduciría en problemas para su negocio.[1]

La empresa de Spanel fabricaba productos de látex comercial. Su último éxito había sido la *Living Girdle* (faja viva), un ceñidor de látex que esculpía el cuerpo de las mujeres estadounidenses para que se ajustara la figura con cintura de avispa que dictaba la moda de la época. La faja te rodeaba, comprimía y te hacía más delgada, todo esto sin cortar el suministro de oxígeno al cerebro.

Hacía ya tiempo que cambiar de forma según los gustos imperantes era uno de los muchos deberes del cuerpo femenino. Pero la faja de látex no era un corsé de varillas, sino una prenda revolucionaria que no solo adelgazaba a la mujer, sino que también le permitía inclinarse y atarse los cordones de los zapatos. Su innovadora composición le ofrecía una novedosa libertad de movimientos. Incluso podía jugar al tenis con la faja, afirmaban los anuncios. Sin duda, sudaría mucho, pero se suponía que incluso esta característica del ceñidor de látex tenía sus ventajas: una mujer que sudaba era una mujer que bajaba de peso, dictaba la lógica. La faja de látex le quitaría los michelines o, como mínimo, se los recolocaría en el lugar que les correspondía: bajo las costillas.

Pero entonces los aviones japoneses dinamitaron cualquier esperanza de que Estados Unidos se mantuviera al margen de la guerra en curso. Los cadáveres fueron arrastrados por el mar hasta las costas hawaianas y solo uno de los buques de guerra de la flota del Pacífico de los Estados Unidos logró escapar intacto del ataque japonés. Spanel se dio cuenta de que, por el momento, el látex se reservaría para los neumáticos de camión y los impermeables militares, no para las fajas de las señoras. ¿Qué podía hacer?

No era una persona que se dejara llevar fácilmente por el pánico. Spanel había ganado millones de dólares con la industria de las aspiradoras cuando solo tenía veintitantos y estaba convencido de que incluso después de lo de Pearl Harbor sería capaz de encontrar la forma de seguir adelante. Pero el 8 de diciembre de 1941, las tropas japonesas atacaron lo que entonces era la Malasia británica. Entonces sí que tuvo un problema grave. Resulta que la Malasia británica era donde crecían los árboles del caucho. El domingo, Spanel había visto cómo diezmaba su mercado nacional y el lunes se había quedado sin cadena de suministro.

Para el negocio, esto resultó ser lo mejor que le podía haber ocurrido.

El árbol del caucho puede crecer hasta cuarenta metros de altura. Si se le rasga la corteza con un cuchillo, empezará a sangrar látex directamente sobre tus manos. Este líquido puede solidificarse y convertirse en cualquier cosa: desde neumáticos hasta fajas y guantes quirúrgicos.

En la selva amazónica, la naturaleza había repartido los árboles del caucho a lo largo de millones de hectáreas. Pero, en 1876, el inglés Henry Wickham se las arregló para mandar más de setenta mil semillas del árbol del caucho a Gran Bretaña y, con este gesto, cambió por completo el equilibrio del comercio internacional.

Debido a sus ideas respecto a la superioridad blanca, a Wickham le gustaba contarlo como si fuera una aventura victoriana e intrépida de contrabando de plantas. ¡Los autóctonos ni siquiera entendían lo valiosos que eran los árboles! ¡Qué listo había sido al embaucarlos![2] Pero nada de esto era cierto.

En realidad, Wickham necesitó la ayuda de los indígenas amazónicos para reunir muestras botánicas. Cada semilla medía dos centímetros de longitud, de forma que no podía meterse setenta mil semillas en el bolsillo y salir corriendo. Pero ¿por qué dejar que la verdad arruine una buena historia? En 1938, una película alemana representaba a Wickham enfrentándose en combate con una anaconda amazónica en la jungla. Todas estas historias encajaron muy bien en Inglaterra: tenían el racismo justo para el gusto inglés.

Pero su popularidad no las hizo menos ficticias.

Wickham no era un aventurero; era un imperialista británico bastante normal con un conocimiento botánico limitado. Con todo, consiguió redefinir el comercio internacional..., con el tiempo.

Los árboles, como bien sabemos, tardan en crecer.

En esa época, tanto las plantas siderúrgicas como las compañías ferroviarias y las fábricas reclamaban caucho. Los cables de telégrafo, las mangueras de riego y (no menos importantes) los neumáticos se fabricaban a partir de ese producto. En vistas de una demanda tan grande como esa, los británicos mandaron las semillas de Wickham a sus colonias en Asia por mediación de los Jardines Botánicos Reales de Kew, situados en el sureste de Londres. En Malasia descubrieron que el caucho podía extraerse durante todo el año y que los insectos locales no se ensañaban con los nuevos árboles. Las pujantes plantaciones de caucho demostraron ser capaces de producir mucho más que la selva natural de América del Sur.

Fueron necesarias unas cuantas décadas (y unas cuantas burbujas financieras del caucho) para que la producción en las plantaciones aumentara, pero, para cuando empezó la Segunda Guerra Mundial, alrededor del 90 % del caucho del mundo procedía de la Malasia británica. Y esta fue la razón por la que

Abram Spanel se encontró en semejante atolladero tras el ataque japonés a Pearl Harbor.

Estados Unidos incrementó enseguida su producción de caucho sintético. Spanel, a su vez, se adaptó a la economía de guerra. Su empresa detuvo la producción de fajas de látex, manteles de picnic y pañales de látex y consiguió mantenerse a flote fabricando botes salvavidas para el Cuerpo de Marines de Estados Unidos y cascos para la Fuerza Aérea de Estados Unidos. Cuando volvió la paz, Spanel estaba listo para afrontar una nueva era de artículos de consumo a medida que el gasto privado en América del Norte repuntaba.

Christian Dior definió la silueta de posguerra desde el París recién liberado. Las cinturas estrechas y las faldas gráciles estaban a la orden del día y el látex de Spanel volvió a envolver el cuerpo femenino. El dinero llovía a raudales.

En 1947, su empresa, ILC, se fraccionó en cuatro divisiones. La parte que fabricaba fajas cambió de nombre y pasó a llamarse Playtex.[3] Además de fajas, también empezaron a producir sujetadores, que tuvieron un gran éxito. El cambio de nombre fue acompañado de un gran esfuerzo para posicionar la marca en el mercado de las consumidoras femeninas. Playtex patrocinaba un programa de televisión de tarde para amas de casa y continuó su agresiva estrategia publicitaria en las revistas semanales. La empresa consiguió enseguida que su nombre se convirtiera en sinónimo de ropa interior femenina, de una forma similar a la que hoy en día la marca Spanx se asocia a un tipo concreto de fajas moldeadoras.

No obstante, después de la guerra, Spanel también mantuvo la división militar de la empresa. Al fin y al cabo, las cosas le habían ido muy bien y no había razón para cerrarla. Las fuerzas armadas seguían comprando grandes cantidades de equipamiento. Así, ILC invirtió en un programa de investigación que tenía por objetivo hacer evolucionar la producción de esta división. Pronto comenzaron a desarrollar cascos y vestimenta para las fuerzas aéreas y el cuerpo de marines. La ropa interior femenina diseñada para moldear el cuerpo y la munición militar pueden parecer dos cosas muy distintas para ser producidas bajo un mismo techo comercial, pero la flexibilidad era la mismísima esencia del producto. El modelo comercial se adaptó al material, por así decirlo.

Y así fue como, cuando Neil Armstrong descendió por las escaleras del módulo lunar en julio de 1969, lo hizo en un traje espacial hecho por unas costureras que tenían mucha experiencia en el extenuante arte de coser ropa interior femenina.

En el vacío absoluto no hay temperatura. Por consiguiente, en el espacio no hay temperatura. Pero sí que hay partículas individuales en el espacio que la tienen. El calor se absorbe y se emite a través de la radiación, de forma que la temperatura del astronauta depende del equilibrio entre el calor que irradia su cuerpo y el calor que irradian las lejanas estrellas.

Las temperaturas en la cara soleada de la Luna pueden llegar a los 120 °C, mientras que en la cara oculta pueden bajar hasta los -170 °C. La temperatura general del universo, en cambio, es menor a los tres grados por encima del cero absoluto (el punto en el que nada se mueve). En pocas palabras: para que un ser humano sobreviva en el espacio, tiene que llevar ropa.

La única pregunta es: ¿de qué tipo?[4]

Una cosa sería fabricar un traje de metal, una armadura, una construcción dura en la que el astronauta pueda orinar, defecar, respirar y sobrevivir. Pero un astronauta también tiene que ser capaz de moverse: inclinarse, torcerse, estirarse, saltar y llegar hasta la arena lunar, agarrar un tornillo que se haya caído con los dedos y volver a colocarlo en su lugar. Tiene que poder hacer todo esto y, al mismo tiempo, estar protegido de los micrometeoritos que pasan a su alrededor una velocidad de 36 000 kilómetros por hora.

Estados Unidos decidió enviar a un hombre a la Luna en 1961. Que sería un hombre se decidió ese mismo año, cuando se impuso la norma de que solo los pilotos de caza estadounidenses podían convertirse en astronautas. Y como las mujeres estadounidenses no podían ser pilotos de caza, solo quedaron los hombres. En 1963, la URSS mandó a una mujer cosmonauta, Valentina Tereshkova, al espacio. Pero (a diferencia de todo lo que hizo la Unión Soviética en materia espacial) Estados Unidos no dedicó ni medio pensamiento a esta cuestión.

Sea como fuere, un hombre estadounidense tenía que ir a la Luna y había que vestirlo con algo. Así, en 1962, la NASA pidió a ocho empresas privadas que la ayudaran a desarrollar un traje espacial. Una de estas empresas no tenía ningún tipo de experiencia con el espacio, pero sí mucha con el látex. Se trataba, claro está, de ILC, la empresa de Abram Spanel, orgulloso fabricante de ropa interior femenina de éxito bajo el nombre de la marca Playtex.

ILC presentó un traje espacial que, a diferencia de otros diseños, era muy maleable. Al fin y al cabo, era la especialidad de la empresa. El traje estaba hecho de veintiuna capas de tejido que tenían que coserse a mano. Este traje espacial tan maleable fue el que ganó. La NASA, sin embargo, tenía sus reservas y no terminaba de atreverse a dejar que una empresa de producción de ropa interior tomara las riendas de la fabricación de trajes espaciales.

Su solución fue convertir a ILC en subcontratista de Hamilton Standard, una empresa especializada en tecnología militar. La idea era que las dos empresas trabajaran juntas para desarrollar el nuevo traje espacial. Pero el choque cultural entre los confeccionadores de sujetadores de ILC y los fabricantes de cañones de Hamilton fue monumental y los trajes espaciales que resultaron de esta colaboración forzosa eran inservibles.

No obstante, Neil Armstrong seguía necesitando algo que ponerse.

En 1965, la NASA organizó otra competición. En Houston, tres trajes diferentes de tres empresas distintas fueron sometidos a veintidós pruebas separadas.[5] De nuevo, los trajes maleables y cosidos a mano de ILC ganaron de calle. En el informe que se entregó al general de las fuerzas aéreas se señalaba que ninguna de las otras opciones se podían comparar siquiera con el traje de ILC. «No hay segunda opción», se afirmaba en el informe. Seguramente, se debía a incidentes como que el casco de uno de los trajes alternativos salió despedido en una de las pruebas o a que los hombros de otro eran tan anchos que el astronauta no podía volver a entrar por la escotilla del módulo lunar. Si en vez de una prueba hubiese pasado en el espacio, el pobre hombre se habría quedado tirado en la Luna para siempre... Pero, por suerte, solo estaba en Houston, Texas.

¿Quién había dicho que la ropa no importaba?

ILC había salido victorioso por segunda vez, pero aún no se atrevía a creer que se le fuera a permitir formar parte del proceso de llevar a la humanidad a la Luna y más después de lo mal que había salido su colaboración forzosa con Hamilton Standard, de forma que invirtieron todavía más en investigación.

En 1968, ILC quería demostrar a la NASA lo que había podido conseguir. En vez de mandar un informe, llevaron su nuevo traje espacial al campo de fútbol de un instituto cercano. Uno de los técnicos de ILC se colocó el traje y lo grabaron corriendo, chutando la pelota, lanzándola y pasándola. El hombre se retorcía, se estiraba, se agachaba y se tocaba los pies. El traje no era en absoluto un corsé de varillas.

Así fue como los trajes espaciales del Apolo acabaron siendo una prenda maleable, cosida a mano por costureras especializadas en ropa interior femenina. Y menos mal que fue así: antes de que Neil Armstrong y Buzz Aldrin pisaran la Luna en julio de 1969, tuvieron que cambiarse de traje dentro del módulo lunar, un proceso que les llevó tres horas. Al final, uno de ellos se giró de tal forma que el tanque de oxígeno rompió un disyuntor. Por desgracia, como Aldrin señaló, era «el disyuntor esencial necesario para mandar la energía eléctrica al motor de ascenso que nos despegaría a Neil y a mí de la Luna».[6]

Ups.

En la Tierra, en Houston, los técnicos trabajaron toda la noche para tratar de solucionar el problema. Al final, Aldrin resolvió el asunto metiendo un bolígrafo en el disyuntor. Esto les permitió a él y a Armstrong despegar de la Luna. Con todo, es fácil imaginar cuánto daño podrían haber provocado los astronautas si hubieran tenido que moverse en una armadura rígida de metal durante todo el viaje. Pero no fue el caso.

Los trajes espaciales maleables estaban cosidos por mujeres, ya que eran quienes ejercían la mayor parte de trabajos de costura en esa época. ILC trasladó a sus mejores costureras de la producción de sujetadores y del montaje de pañales de látex a la división espacial. Por supuesto, fue necesaria cierta adaptación: por ejemplo, las costureras recibieron máquinas de coser especiales, ideadas para coser solo una puntada cada vez. Era la única manera de asegurar costuras rectas y perfectas. Al fin y al cabo, los trajes espaciales presentan un conjunto de requisitos muy distintos a los de los sujetadores, aunque ambos sirvan para mitigar los efectos de la gravedad o la falta de esta.

Las costureras también tenían prohibido usar agujas, a pesar de que cada traje espacial constaba de unas veintiuna capas y cuatro mil trozos de tela. Si clavas una aguja en un traje espacial, se crea un agujero. Y por muy pequeño que sea el agujero, podría dejar que el frío y mortal espacio se cuele dentro y te mate. Por esta misma razón, ILC instaló una máquina de rayos X que escaneaba todas y cada una de las capas de tejido en busca de alfileres y agujeros.

Sin embargo, en conjunto, los trajes no eran el problema. Tampoco las costuras, ni las máquinas. No, el principal problema a lo largo del estresante proceso de producción fue la comunicación con el cliente.

Es decir, la NASA.

Y en particular, el problema era que los ingenieros de la NASA no sabían cómo comunicarse con las costureras de ILC. Y las costureras, a su vez, no sabían cómo comunicarse con los ingenieros de la NASA. La mayor parte del tiempo, hablaban sin escucharse los unos a los otros, lo que a menudo provocó graves malentendidos. Y todo se reducía al hecho de que no hablaban el mismo idioma.

La NASA exigía dibujos técnicos, mientras que las costureras usaban patrones. La NASA exigía una documentación detallada para cada componente usado en el traje, que debía incluir su origen (lo habitual en el ámbito de la construcción de motores de aviones). Y a las costureras, con el debido respeto, eso les importaba un comino. Tenían cuatro mil pedazos de tela que unir y el conocimiento sobre cómo se comportaba dicha tela, que a menudo no podía expresarse en términos de ingeniería. No servían de nada los dibujos técnicos. Su conocimiento procedía de otro mundo, el de las telas maleables y las agujas afiladas.

Cuando ILC entregó su primer traje espacial en 1967, al principio la NASA se negó a aceptarlo, no debido a ningún defecto técnico, sino a que los requisitos de documentación del proceso de producción «no se estaban cumpliendo».[7]

Tras muchos problemas, ILC terminó contratando a un grupo independiente de ingenieros titulados que incorporaron al proceso. Su cometido era actuar como intermediarios entre la NASA y las costureras. Debían traducir el idioma de las agujas y el hilo al de la ingeniería y, así, contentaron a los burócratas de la NASA.

Para gran regocijo de la NASA, los recién contratados ingenieros redactaron páginas y páginas de documentos, que era justo lo que quería la NASA. Una gigantesca pila de papeles para cada uno de los trajes espaciales, rematada con montones de dibujos técnicos.

Pero las costureras no usaban estos dibujos técnicos. Una de ellas lo expresó de la siguiente manera: «Puede que en el papel todo se vea muy bien, pero lo que yo voy a coser no es ese papel».

Al fin y al cabo, las pilas de papel cumplían una función importante: tranquilizar a la NASA. Los dibujos técnicos comunicaban la habilidad de las costureras al cliente en un lenguaje que el cliente comprendía.

Y demostró ser crucial.

Hoy en día, esos trajes blancos se nos vienen a la cabeza enseguida cuando alguien menciona el aterrizaje en la Luna de

1969: una imagen de tela maleable que contrasta con el paisaje gris, lleno de cráteres, de un cuerpo celestial desconocido. Los trajes para ir a la Luna se convirtieron en los iconos de esa expedición y en la historia universal se tradujeron y clasificaron como la misma encarnación del Apolo 11.

De no haber sido por una tecnología que tenía un milenio de antigüedad, la de la aguja y el hilo, nunca habríamos llegado a la Luna. Es una tecnología que se suele asociar más a las mujeres que a los hombres. Tradicionalmente, la labor de confeccionar la ropa de la familia ha recaído en las mujeres y, por consiguiente, coser es una tecnología que no solemos percibir como una tecnología *per se*. Sin embargo, esto no cambia el hecho de que las naves espaciales siguen necesitando estar envueltas en capas de materiales maleables y brillantes, cosidos con precisión para lograr un aislamiento térmico en el espacio.

La NASA aún tiene costureras contratadas hoy en día. Si quieres llevar una cámara digital al espacio, por ejemplo, primero necesitarás una funda cosida con la que recubrirla y la funda tendrá que tener una forma que te permita usar la cámara y cambiar la batería sin tener que quitarte los guantes, lo que hace que una funda para una cámara no sea fácil de confeccionar. A pesar de eso, a menudo consideramos que las cosas que son blandas y maleables son menos técnicas.

Esta actitud se debe, en gran parte, a su relación con las mujeres.

La tecnología es aquello que los hombres crean a partir de metales duros para matar grandes animales, según se nos enseña. Quizá no se expresa de esta forma explícitamente, pero sin embargo es la narrativa que oímos cuando somos pequeños. Érase una vez (en la prehistoria), los humanos nos sentábamos tiritando de frío en cuevas, hasta que a uno de nuestros antepasados se le ocurrió fijar una piedra afilada en un palo y usarlo para matar a un mamut. Y así empezó una larga trayectoria de avance tecnológico.

De este modo, imaginamos que nuestro deseo de innovación está inextricablemente relacionado con nuestro deseo de matar y someter al mundo que nos rodea. Pero ¿es este discurso realmente cierto? ¿Y cuáles son sus consecuencias económicas?

La mayoría de nosotros hemos oído alguna vez que todo, desde la penicilina producida en masa hasta las máquinas de pilates, se creó por primera vez para el ejército. La lucha de las principales potencias por el dominio de los cielos condujo al desarrollo de la aviación y su carrera para llegar a la Luna nos proporcionó los cohetes, los satélites y el velcro. Sin la bomba atómica, no tendríamos energía nuclear; sin el radar, no tendríamos microondas. Los submarinos, las radios, los semiconductores, incluso internet: todo nació, de forma directa o indirecta, de las guerras mundiales del siglo xx.

En la Segunda Guerra Mundial, el propio Winston Churchill invirtió parte de su tiempo en inventar una excavadora de trincheras gigantesca conocida originalmente como *White Rabbit Number Six* (Conejo blanco número seis).[8] No fue un gran éxito. Aun así, el hecho de que el primer ministro británico dedicara su tiempo a supervisar la construcción de semejante máquina ilustra hasta qué punto las innovaciones se consideraban cruciales en la campaña bélica.

Quien poseyera los mejores artilugios ganaría.

La realidad del campo de batalla era bastante menos tecnológica. Cuando Adolf Hitler invadió la Unión Soviética en 1941, lo hizo con 3250 tanques alemanes, grandes y resistentes, sí. Pero también con 600 000 caballos.[9] La Segunda Guerra Mundial no estaba tan mecanizada como se nos ha inducido a imaginar. Cuando visitamos un museo sobre la guerra, vemos filas y filas de máquinas brillantes expuestas con orgullo, pero los animales usados para acarrear la artillería hasta el frente no se muestran con el mismo protagonismo; al fin y al cabo, no es un zoo. Y así, en cierto modo, se nos engaña.

Además, muchos de los inventos ideados para ganar la guerra no contribuyeron de forma significativa a alcanzar dicho objetivo. El desarrollo de la bomba atómica costó dos mil millones de dólares.[10] Con los mismos recursos, Estados Unidos podría haber comprado los suficientes aviones y bombas para causar el mismo número de muertes.[11] Si el objetivo hubiese sido bombardear Japón hasta la saciedad, claro.

Esto nos conduce hasta el quid económico de la cuestión: la guerra, por su propia naturaleza, elimina mucho más valor económico del que crea a través de la innovación.[12] La mayor parte de los historiadores económicos están de acuerdo en este punto.[13] Y, la verdad sea dicha, es bastante evidente. Entonces, ¿por qué creemos que es necesaria la violencia y la muerte para crear algo nuevo?

Sir Henry Tizard fue el asesor científico principal del Ministerio del Aire y el Ministerio de Producción Aeronáutica de Reino Unido durante la Segunda Guerra Mundial. Como tal, jugó un papel muy importante en el desarrollo de todo tipo de artefactos, desde radares hasta motores a reacción, pasando por la energía nuclear. La conclusión de *sir* Tizard, tal como la comunicó en un discurso de 1948, era que, con la posible excepción de ciertas ramas específicas, la guerra no hizo avanzar la ciencia lo más mínimo. En conjunto, opinaba que en tiempo de guerra «el avance del conocimiento se ralentiza».[14]

Reduces el mundo a añicos, pero luego logras producir la penicilina en masa a partir de la devastación. Ni que decir tiene que la distribución en masa de la penicilina fue una bendición, pero no hay ninguna ley de la naturaleza que sostenga que el bien solo puede nacer del mal de esta forma. Que tienes que matar a seis millones de personas para conseguir crear internet: un inmenso sacrificio humano a los dioses de la tecnología, que a su vez nos recompensaron con el velcro y el radar.

El hambre agudiza el ingenio, dice el refrán, pero también ayuda si hay dinero de por medio. La guerra (o la amenaza de una) suele movilizar a los Estados para que inviertan todo lo que tienen en innovación. ¿Dónde estaríamos ahora si hubiésemos invertido tanto en hacer algo al respecto de la emergencia climática como hicimos durante la Guerra Fría? Todo indica que estaríamos un poco más cerca de la solución. Sin embargo, seguimos obstinados con la idea de que la inventiva humana necesita de cierta cantidad de sangre y muerte para entrar en acción. Esto deriva de la flagrante mala interpretación de nuestra propia historia tecnológica.

Una mala interpretación provocada por nuestra terca insistencia en excluir a las mujeres.

Si la tecnología a la que se dedican las mujeres no puede ser considerada como tal, mientras que los hombres se ven obligados a especializarse en la guerra con mayor frecuencia, entonces nuestra comprensión de la historia de la tecnología va a atribuir un peso demasiado importante a la violencia y a la muerte.

Nuestra habilidad para fabricar y usar herramientas data de hace millones de años. Incluso nuestros parientes, los chimpancés, crean herramientas. Esto ha provocado que los especialistas crean que las primeras herramientas no estaban hechas de piedra, sino de ramas, palitos y otros materiales muy perecederos. «Muy perecederos» en este contexto significa que es poco probable que sobrevivan más de 350 000 años. Esta es la razón por la que no sabemos demasiado sobre estas herramientas: han desaparecido.

Pero de ninguna manera se ha demostrado que las primeras herramientas que inventó la humanidad fueran para cazar y, por consiguiente (probablemente), las inventaran hombres. Pongamos como ejemplo el palo excavador: un palo de madera que afilamos y endurecimos mediante el fuego hasta crear puntas rígidas. Estos palos abrieron todo un mundo de posibilidades para la humanidad. Con un palo excavador, de repente podías acceder al subsuelo, donde había insectos deliciosos a los que hincarles el diente, por no mencionar el ñame, un tipo de boniato que podía crecer hasta medir casi un metro de longitud, lo que hacía que fuera casi imposible desenterrarlo solo con las manos.[15]

No sabemos qué llegó primero, si la lanza o el palo excavador. Lo que nos interesa es la narrativa: asumimos que la lanza debió de llegar antes. La innovación humana debió de empezar con un arma. El primer inventor debió de ser un hombre. Sin embargo, es igual de posible que los palos afilados fueran inventados por mujeres para recolectar comida y más tarde se adaptaran para cazar.

La razón por la que creemos que las mujeres inventaron el palo excavador deriva de la división de las labores en la mayor parte de las sociedades cazadoras-recolectoras. Los hombres solían cazar y las mujeres, recolectar. En esto nos diferenciamos del reino animal: solo hay que ver a cualquier leona, tigresa, leopardo, loba, osa, zorra, comadreja, marsopa u orca hembras. También había cazadoras entre los humanos: el descubrimiento reciente del esqueleto de una mujer de nueve mil años de antigüedad con herramientas de caza ha provocado una revisión de nuestras suposiciones sobre los roles de género en las tribus antiguas.[16]

No se sabe cómo ocurrió, pero entre los humanos llegó un momento en el que las mujeres empezaron a pasar la mayor parte de su tiempo criando a los niños y preparando la comida y la vestimenta de su familia. Esta es la razón por la que los especialistas creen que probablemente fueran las mujeres quienes inventaron tanto el mortero como el molino de mano y quienes idearon cómo recolectar, transportar y preparar la comida.

Del mismo modo, lo más probable es que fueran las mujeres, puesto que se especializaron en esto desde un punto de vista económico, quienes descubrieron que la comida podía ahumarse o conservarse con miel o sal. Cocinar es una tecnología. Comporta una gran cantidad de invenciones físicas y químicas y también provocó o contribuyó al desarrollo de otras tecnologías como la fundición, la cerámica y el teñido. Cocinar implica técnicas y procesos que no solo tienen que descubrirse, sino que hay que experimentar con ellos para convertirlos en sistemas efectivos y reproducibles. La invención de la cocina tuvo mucha más enjundia que el hecho de que a alguien, por accidente, se le cayera un cerdo en el fuego y se diera cuenta que le gustaba el olor del chisporroteo.

Entonces, ¿por qué asumimos que los garrotes y las lanzas fueron nuestras primeras herramientas? Esto nos obliga a aceptar la idea de que la fuerza motora de la invención humana está relacionada de alguna forma con el impulso de dominar el mundo que nos rodea. Cuando se excluye a las mujeres de la narrativa, la humanidad se convierte en otra cosa. Y seguimos, de esta forma, engañándonos sobre nuestra propia naturaleza. Una de las consecuencias más graves del patriarcado es que nos hace olvidarnos de quiénes somos en realidad.

Si tomáramos los aspectos de la experiencia humana que hemos clasificado como femeninos y los reconociéramos como universales, cambiaríamos la definición entera de lo que significa ser humano. El quid del problema siempre ha sido que lo humano siempre ha equivalido a lo masculino. La mujer es una especie de complemento, hecha, como sabemos, a partir de una sola costilla.

Hay múltiples ejemplos de esto en el ámbito cultural. En la obra *Hamlet,* de William Shakespeare, un príncipe danés blanco habla en nombre de toda la humanidad, motivado por su angustia existencial. Y, hasta cierto punto, tiene razón. El problema reside en todas las personas a quienes no se les ha otorgado el mismo derecho a ser universales y cómo esto, a su vez, limita nuestra idea de lo que significa ser humano.

La historia de alguien que da a luz, por ejemplo, no se considera igual de universal que la historia de un hombre en el campo de batalla. Al parecer, las historias sobre nacimientos no nos ilustran sobre la alegría y el dolor humanos, la violencia del cuerpo o las cosas que hacemos por las personas a las que queremos. Las historias sobre nacimientos son percibidas en la cultura moderna como «femeninas»: no se espera que conmuevan a alguien que no está dando a luz, que no ha dado a luz o que no va a dar a luz. Como si salir de una vagina y ver la luz del sol no fuera, literalmente, la experiencia más universal que puede haber.

Hacemos lo mismo con la historia de la tecnología: las herramientas de los hombres pueden formar parte de la «historia», mientras que las de las mujeres solo conforman la «historia de las mujeres».

El único problemilla que supone todo esto es que, por consiguiente, lo hemos malinterpretado todo.

El filósofo ilustrado Voltaire escribió: «Ha habido mujeres eruditas igual que ha habido mujeres guerreras, pero nunca ha habido mujeres inventoras».[17] Ni que decir tiene que es absolutamente falso: incluso el propio Voltaire tuvo una amiga que inventó un nuevo producto financiero para sacarlo de prisión después de que acumulara deudas colosales por culpa del juego.[18] Pero Voltaire no pensaba en ella. Con «invenciones», lo más probable es que se refiriera a «grandes máquinas».

Tal vez no habría que reprochárselo. Al fin y al cabo, en la escuela se nos enseña que a la Edad de Bronce la siguió la Edad de Hierro, precisamente, en estos términos: «bronce» y «hierro». Pero en realidad podríamos haberlas bautizado la «Edad de Cerámica» o la «Edad de Lino». Que alguien descubriera que el barro se endurece con el calor, y que por tanto podía usarse para conservar comida y agua, fue una hazaña no menos tecnológica que las que se hicieron con bronce o hierro.[19]

La historiadora Kassia St. Clair ha analizado cómo es muy probable que las telas y la cerámica jugaran un papel mucho más fundamental en la vida cotidiana de las personas que el bronce o el hierro y, sin embargo, no se las considera el progreso definitorio de una era del mismo modo. Es cierto que, a diferencia de sus homólogos metálicos, hace mucho que los vestigios de esta tecnología desaparecieron bajo tierra. Pero también conviene recordar que estos objetos pertenecían, en su mayoría, al mundo de la mujer. Y lo que pertenece al mundo de la mujer no puede, por definición, ser tecnología. A lo largo de la historia nos hemos esforzado mucho por mantener las cosas así.

Por ejemplo, en muchas partes de Europa, si vas a ver a una comadrona te colocará un cuerno de madera sobre la barriga. La ayuda a oír el latido del feto, marchando como si fuera un tren. Que esté hecho de madera y no de metal responde al hecho que este material se considera más apropiado para las mujeres. Hay una diferencia entre un tipo de materiales y otros. A lo largo de la historia, ciertos materiales han llegado a ser considerados femeninos y otros, masculinos. Como consecuencia, algunos también se han considerado tecnológicos. Y otros, no tanto.

Cuando nació la obstetricia moderna en el siglo XIX, la mayoría de las comadronas eran mujeres, mientras que todos los médicos eran hombres. Era importante que el trabajo de la comadrona pudiera distinguirse del que ejercía el médico y no solo en términos económicos (¿cómo, si no, iban a justificarse los elevados salarios de los médicos?).

Así, en la mayor parte de los países europeos se prohibió que las comadronas usaran instrumentos de metal. Si había que sacar a un bebé con fórceps, un comadrón hombre o un doctor realizaría la intervención. Suecia fue la excepción: en 1829, se otorgó a las comadronas suecas el derecho excepcional a nivel internacional de usar instrumentos de metal, pero solo si no había un doctor disponible. Si había un doctor presente, la comadrona ni siquiera podía sacar sus propios instrumentos de la bolsa.[20] Estaba estipulado de forma muy clara en el reglamento oficial.

No obstante, en las décadas de 1920 y 1930 hubo delegaciones procedentes de Inglaterra y Estados Unidos que visitaron Suecia e informaron, asombradas, de la manera tan diferente en la que funcionaban las cosas allí. Al llegar al país, descubrieron un sistema sanitario que permitía a las comadronas colocar fórceps de metal alrededor de las cabezas de los bebés y tirar. Escandaloso. Pero también parecía funcionar: las tasas de mortalidad materna e infantil eran más bajas en Suecia que en Inglaterra o Estados Unidos en esa época, a pesar de que estos dos países tenían más doctores y unos estándares médicos más altos.

Aun así, en la mayor parte de los países, las facetas de la obstetricia que eran consideradas «técnicas» se iban relegando poco a poco a los médicos. La cuestión de quién estaba autorizado a usar determinados instrumentos se convirtió en la clave de la negociación sobre el estatus dentro de la comunidad médica. Que el dinero se lo llevara el que sostenía los instrumentos de metal solo era una consecuencia orgánica del orden «natural» de las cosas: un orden dispuesto con mucho esmero mediante prohibiciones y normas. De esta forma, se mantuvo una lógica económica que dictaba la supremacía masculina a través de la propia definición de lo que sí era tecnología.

Y de lo que no era tecnología.

Y esta es la lógica que hemos mantenido.

Los economistas actuales suelen explicar las discrepancias de sueldo entre hombres y mujeres con la afirmación de que las mujeres «eligen sectores peor remunerados». Las mujeres insisten en convertirse en enfermeras en vez de en especialistas; en comadronas, en vez de formar parte de grupos farmacéuticos de presión. Pero nuestra definición del «trabajo» que implica cada profesión está estrechamente relacionada con nuestra percepción del género.

La división del trabajo entre el médico y la comadrona podría haber sido completamente distinta si hubiésemos tenido otra perspectiva de género. Tal vez el papel de la comadrona habría sido el de que se convirtiera en la especialidad médica bien pagada y con tecnología avanzada en el paritorio. La comadrona podría haber hecho todo lo que hace en la actualidad, pero también podría haber sido capaz de realizar cesáreas, por ejemplo. Esto habría exigido más formación, pero también un remuneración mucho más elevada.

Si no les hubiésemos arrancado, literalmente, los instrumentos de metal de las manos a las mujeres, habría sido mucho más difícil dar por supuesto que una comadrona debía ganar menos dinero. O que lo que hace una comadrona durante un parto es un trabajo menos cualificado.

Si no hubiésemos tenido esta necesidad de calificar un trabajo de «técnico» en oposición al otro y diferenciarlos de una forma jerárquica, todo nuestro sistema sanitario podría haber sido distinto.

¿Tiene acaso algún sentido que un trabajo que se realiza con instrumentos, por ejemplo, deba necesariamente contar con un salario más elevado o un mayor estatus en el mercado laboral? Un trabajo no es por definición más exigente solo porque requiere del uso de instrumentos. Una comadrona accede al canal de parto y extrae a un bebé cuyo hombro se ha quedado atrapado tirándole del antebrazo, algo que no es pan comido, precisamente. Conlleva años de formación. Pero una de nuestras suposiciones económicas es que las tareas que se realizan con las manos, por oposición a los instrumentos o herramientas, de alguna forma requieren de menos pericia. Lo «femenino» equivale a menos remuneración como consecuencia directa de nuestra negativa a considerar que lo que hace una mujer es técnico.

Del mismo modo, hacer mantequilla y desnatar eran trabajos que hacía mucho tiempo que realizaban, sobre todo, manos femeninas. Las mujeres ordeñaban las vacas, hacían queso, arrastraban los abrevaderos y cargaban con recipientes enormes de leche para colarla. Llevaban la cuenta de la producción de mantequilla, alzaban lecheras de cincuenta litros y daban la vuelta a quesos húmedos y enormes en estantes altos.

Al fin y al cabo, la leche salía a chorro del pecho de una mujer, de forma que parecía lógico que cuajar, batir y prensar productos lácteos formara parte de su abanico de habilidades. Si Dios no hubiese querido que una mujer se ocupara de la producción de queso, ¡no debería haberla provisto de pechos que escupieran leche!

Después llegó la industrialización a Europa y en el siglo XIX la producción de mantequilla, queso y nata se trasladó de las granjas a las fábricas de las ciudades. El viejo orden de las cosas cambió. Los hombres comenzaron a interesarse por el queso.[21]

Uno habría pensado que las habilidades femeninas relativas al queso les habría reportado ciertos beneficios económicos. Cuando la mantequilla a la que con tanto ahínco se habían dedicado empezó a incrementar su valor económico, las mujeres deberían haberse beneficiado de ello. Pero no fue eso lo que ocurrió. Cuando las máquinas entraron en escena, los hombres se hicieron cargo de todo.

El discurso respecto a la leche cambió. De las ubres de las vacas ya no emanaba el aura femenina en forma líquida: la leche ahora era percibida como una combinación química de agua, grasa, proteína, lactosa y sal. Y eso convirtió la leche en algo que los hombres podían descomponer y estudiar en la universidad.

En Suecia, se implantaron dos derechos distintos en materia de leche: uno para los hombres y otro para las mujeres. Mientras que a los hombres se les permitía aprender la tecnología, a las mujeres se les permitía hacer queso. No es muy difícil adivinar quién salía ganando de esta división desde un punto de vista económico.

El mismo fenómeno se reproduce en el mundo del arte.

Cuando un hombre realiza una pieza abstracta al óleo sobre lienzo, se la denomina Arte, en mayúsculas. Cuando una mujer realiza una pieza idéntica con tela, se la denomina artesanía.

Como consecuencia, una se vende por ochenta y seis millones de dólares en una casa de subastas de Nueva York. La otra se usa como mantel en una casa de verano.[22]

Sin embargo, nuestra percepción de las telas no siempre ha sido tan desdeñosa. En la Edad Media, los tapices eran símbolos de estatus que adornaban los salones de banquetes reales, y en África y América del Sur las telas aún se consideran arte, mientras que en Europa ya no ostentan esta misma reputación.

Pero la cuestión sigue siendo que las consecuencias económicas de lo que escogemos calificar de «masculino» y «femenino» pueden ser enormes.

Como apunte, cabe añadir que la única razón por la que la artista femenina a menudo trabajaba con telas era porque, como mujer, se la había disuadido de estudiar pintura. Como históricamente las mujeres han sido excluidas de muchos sistemas educativos, se las ha obligado a depender más del denominado «conocimiento tradicional». Esto sigue ocurriendo en muchas partes del mundo. Aprendiste a hacer queso de la mano de tu madre, no en la universidad; aprendiste a tejer de la mano de tu tía, no en la escuela de Bellas Artes.

Es este tipo de conocimiento, el que pasa de madres a hijas, el que suele considerarse «natural» en contraposición a lo «técnico». Esto, a su vez, tiene unas enormes repercusiones en las oportunidades económicas de las mujeres. Si un producto o un proceso es «natural», si te lo han transmitido tus antepasadas, entonces es difícil que lo puedas patentar.

Es lo que suele pasar con las normas. Están hechas para los hombres.[23]

Décadas después de que el hombre pisara la Luna, se difundió el mito de que la razón por la que tenemos sartenes de teflón en la cocina era porque la NASA había usado este material en las aeronaves. En realidad, teníamos sartenes de teflón en la cocina años antes de que la NASA lanzara cohetes al espacio.

Fue una mujer francesa llamada Colette Grégoire quien se dio cuenta en 1954 de que el teflón que usaba para recubrir los instrumentos de pesca de su marido también podía usarse en sus sartenes de freír. Su marido se hizo muy rico gracias a esta idea. La empresa que fundó, Tefal, aún existe hoy en día.[24]

Pero era fácil que el mundo se tragara el mito de que la sartén de teflón fue un producto derivado de la carrera espacial de la Guerra Fría. Vuelve a ser un ejemplo de lo que se ha tratado en este capítulo: asumimos que las invenciones son consecuencia, sobre todo, de los grandes triunfos del hombre. Y, al final, a la mujer solo le quedan las migajas y puede sentirse agradecida de freír sus tortitas sin que se le peguen a la sartén. La realidad es, por supuesto, mucho más complicada.

Lo que provoca que las posibilidades sean mucho más insospechadas también.

En las fases finales de producción del traje espacial, las costureras de ILC trabajaron con dos máquinas de coser Singer retocadas para la ocasión. Eran instrumentos enormes y voluminosos: no se puede colocar un traje espacial de veintiuna capas de tela medio terminado bajo la aguja de la típica máquina de coser, ¿verdad? Las costureras más hábiles del grupo pasaron muchas noches en vela con estas Singer. A estas alturas, la presión de los plazos que les daba la NASA era extrema: el cohete no podía retrasarse por culpa de la ropa de Neil Armstrong.

Eleanor Foraker era una de estas costureras. Había pasado de coser pañales de látex a trajes espaciales y años más tarde describió esas largas noches de las últimas fases de la producción. Los trajes gruesos y maleables tenían que alzarse y girarse a mano para colocarlos de forma correcta bajo el pie prensatelas de la máquina, y la persona que a menudo intervenía para ayudarlas durante esas largas noches era Leonard Sheperd, jefe de la división lunar de ILC. Dicho de otro modo: el mandamás era el que la ayudaba con la máquina.[25] Y mientras lo hacía, no dejaba de hacerle preguntas.

Esto no es tanto un reflejo del carácter de Sheperd, sino de la cultura de la empresa. ILC era una empresa que esperaba que sus ingenieros, hombres, recibieran clases de costura, a menudo durante semanas. Las costureras eran técnicas expertas y, como tales, se las tomaban muy en serio. Casi siempre se les permitía aportar sugerencias sobre cómo mejorar los trajes.

En otras palabras, la vestimenta que Neil Armstrong y Buzz Aldrin llevaron a la Luna en 1969 estaba hecha por una empresa que había logrado romper con gran parte de los barreras que dividen lo que percibimos como tecnología «masculina» y «femenina».

ILC comprendía que los sujetadores eran un producto de ingeniería, igual que entendía que su patente de látex iba a permitir que los astronautas se movieran por otros cuerpos celestes (además de estilizar la cintura de la mujer). Entendían que coser era una tecnología y que las cosas maleables y suaves pueden realizar funciones duras y complicadas.

Pero sobre todo, consiguieron construir una organización que lo demostraba.

Esta fue la razón por la que pudieron innovar. Y eso fue lo que llevó a la humanidad a la Luna.

4

En el que descubrimos la diferencia entre la fuerza de un caballo y la fuerza de una mujer

En verano de 1946, se impartieron una serie de clases, ahora legendarias, en la universidad de Pensilvania. El curso, que duraba ocho semanas, se ofreció en un edificio de ladrillo rojo y sin aire acondicionado en la escuela de ingeniería eléctrica de la universidad. Los estudiantes tenían tres horas de clase por la mañana, seguida de la comida y de seminarios informales por la tarde.[1]

En la clase había veintiocho científicos, matemáticos e ingenieros invitados para la ocasión.

Esas ocho semanas en Pensilvania pasarían a la historia como las *Moore School Lectures* (Conferencias de la Escuela Moore), en referencia al lugar en el que se impartieron. Las clases se grabaron con una grabadora crepitante y las transcripciones llegarían a venderse a precios desorbitados en casas de subastas selectas de todo el mundo: fue el primer curso público que se impartió sobre ordenadores.

Fue justo en ese sitio, en la universidad de Pensilvania, donde durante la Segunda Guerra Mundial los ingenieros habían desarrollado el ordenador ultrasecreto ENIAC. Formado por unas 17 500 válvulas electrónicas y cinco millones de junturas soldadas, el ordenador era una máquina de treinta toneladas que se extendía a lo largo y ancho del sótano de la Escuela Moore de Ingeniería Eléctrica. Cuando después de la guerra se hizo pública la existencia de esta máquina misteriosa, la prensa estadounidense, anonadada, escribió noticias sobre un «cerebro matemático» gigante y electrónico que era capaz de calcular la trayectoria de un proyectil aéreo más rápido de lo que podía volar dicho proyectil.

De pronto, una delegación tras otra quiso visitar la escuela de Filadelfia. Y, aunque la universidad sentía la responsabilidad de compartir sus conocimientos (se había firmado la paz, al fin y al cabo), no quería tener que estar organizando visitas didácticas continuamente y menos durante la época de clases, cuando su personal estaba muy ocupado enseñando, de modo que decidió organizar un curso formal de verano. El 8 de julio de 1946, a las nueve de la mañana, el doctor George Stibitz se subió al atril para iniciar este curso histórico.

«El doctor Curtiss ha tenido que ausentarse debido a una urgencia y me han pedido que lo sustituya», anunció.[2]

Stibitz no era uno de los profesores de la universidad. Sin embargo, sí que se había pasado la Segunda Guerra Mundial construyendo ordenadores, tanto analógicos como digitales. Cómo llegó a dedicarse a eso es una larga historia, pero da la casualidad de que una parte se explica con su asistencia a un instituto experimental en Dayton, Ohio, fundado por Charles F. Kettering, el mismo hombre que inventó el motor de arranque eléctrico que consiguió que los hombres no tuvieran que volver a romperse la mandíbula para arrancar el coche.

En este instituto experimental, Stibitz había desarrollado un gran interés por las matemáticas. Eso lo condujo, con el tiempo, a los Bell Telephone Laboratories en Nueva York, justo cuando las redes telefónicas empezaban a usarse a nivel mundial.

Cuanta más gente compraba teléfonos y los usaba, más cálculos matemáticos había que hacer entre bambalinas para lograr que la red funcionara. Y la única herramienta que el agotado personal tenía a mano para hacer dichos cálculos era la calculadora mecánica.

La gente siguió llamando, las redes siguieron creciendo y cada vez se hizo más evidente que se necesitaba una nueva solución. Así, Stibitz se unió a la refriega por construir unas calculadoras mejores, las máquinas que un día llegarían a llamarse «ordenadores».

Entonces, en 1946, Stibitz observó al auditorio desde el atril. Tras exponer una perspectiva histórica general, abordó la pregunta esencial de su lección:

«¿Vale la pena desarrollar y construir ordenadores más automáticos? Y, en tal caso, ¿por qué?».[3]

Esta era la pregunta que todos los presentes en la sala tenían en la punta de la lengua aquel verano. La máquina ya existía: zumbaba sin cesar en el sótano. Así que la pregunta se focalizaba en qué uso tendría a partir de ahora, sobre todo porque la guerra había terminado. Calcular trayectorias de proyectiles ya no era de fundamental importancia.

Construir un ordenador comportaba una inversión considerable en esa época. ¿Era viable económicamente? ¿Debíamos seguir construyendo estos «cerebros electrónicos»?

En opinión de Stibitz, hubo una época en la que la humanidad había comenzado a construir ordenadores simplemente porque nos parecía divertido. Las calculadoras mecánicas iniciales nacieron del mismo impulso que nos impelía a construir carillones complejos de campanas mecanizadas. Dicho de otro modo: los primeros ordenadores eran una especie de espectáculo. No había nada malo en ello, sostenía Stibitz. Pero estábamos en 1946: había llegado el momento de madurar. El momento de empezar a plantearse seriamente la parte económica.

«¿Cuál es el valor de una máquina computacional?», preguntó Stibitz. «Es decir, ¿cuál es el valor de la computación que hará la máquina?», continuó.

La única forma de responder a esta pregunta era plantearse cómo se esperaba que los ordenadores nos ahorraran dinero en el futuro, señaló. Lo que se necesitaba era un análisis económico. Y esta fue la temática a la que Stibitz dedicó su clase.

¿Cuáles fueron los resultados de ese primer análisis económico público del ordenador y de su valor para la sociedad? Stibitz empezó con un ejemplo concreto de la capacidad de un ordenador:

«El trabajo realizado es el equivalente al de entre cuatro y diez años de chicas» dijo.

¿Cómo?

Un lector moderno se detendría aquí de golpe. ¿Qué quería decir Stibitz exactamente con eso de «años de chicas»? Estamos acostumbrados a megabytes y a gigabytes como medidas de potencia computacional. Pero ¿«años de chicas»?

Los asistentes a la clase de 1946 ni se inmutaron. Siguieron escuchando mientras Stibitz señalaba que el ordenador en cuestión había comportado «un ahorro de unos cuatro años de chicas».[4] Y luego abordó los costes.

Si se amortizaba en tres años, la máquina costaba cuatro mil dólares al año. Una «chica», en cambio, costaba dos mil dólares y se necesitarían unas tres. Incluso teniendo en cuenta los diversos gastos de alquiler de maquinaria suplementaria, la máquina suponía, por tanto, un ahorro del 50 %. Por esa razón, Stibitz defendía que el mundo debía adoptar los ordenadores y que, como se había sugerido inicialmente, «con el tiempo» iban a «convertirse en una característica común de cualquier gran biblioteca». He aquí el primer análisis económico público del mundo sobre un ordenador calculado en algo denominado «años de chicas».

¿A qué demonios se refería?

Al inventar una nueva tecnología, a menudo no terminamos de entender qué hemos inventado exactamente. Tal como ya se ha visto, cuando el automóvil de Karl Benz salió por primera vez de su cochera en Mannheim, su inventor lo bautizó como un «carruaje sin caballos». Solemos atribuir sentido a lo nuevo mediante aquello que pretende reemplazar. «El coche equivale a un carruaje sin los caballos», razonamos, sin darnos cuenta de que el automóvil es mucho más que la eliminación de unas variables que ya conocemos.

El debate actual sobre los «coches sin conductor» es otro ejemplo de lo mismo. Quién sabe, tal vez la humanidad futura se burlará de ese concepto igual que ahora nos reímos del «carruaje sin caballos» de Karl Benz. O tal vez no.

De hecho, aún hablamos de «caballos» y de «caballos de potencia». Es el concepto que usamos para describir la potencia de todo: desde los coches hasta los sopladores de hojas.

Y todo esto se lo debemos a un escocés llamado James Watt.

A finales del siglo XVIII, a Watt se le ocurrió una nueva versión mejorada de la máquina de vapor.[5] Como hombre de negocios, tenía mucho interés en vender su nuevo producto. Pero ¿cómo podía describir la cilindrada a los posibles compradores cuando estos nunca habían usado una máquina de vapor? Fue en ese momento cuando Watt se dio cuenta de que debía tratar de traducir las ventajas de la máquina de vapor a un lenguaje que sus compradores entendieran mejor: los caballos. Al fin y al cabo, eran estos animales los que tiraban de las cargas para las que se había inventado la máquina de vapor. Si lo que Watt buscaba era una razón económica para explicar por qué los clientes potenciales debían comprar su motor a vapor, siempre podía decirles a cuántos caballos iba a reemplazar.

De este modo, Watt ideó un cálculo aproximado sobre de cuánto podía esperarse que tirara un caballo y entonces calculó qué cantidad de la fuerza de esos caballos podía reemplazar su máquina de vapor. El recurso era instructivo, aunque un tanto insultante para los caballos: un caballo no equivale, en realidad, a un caballo de potencia. Arial, un célebre semental sueco de la década de 1950, podía alcanzar la friolera de 12,6 caballos de potencia, por ejemplo.[6] Si bien es cierto que Arial era un caballo realmente extraordinario, un animal medio podía ser capaz de alcanzar los 10.

Dejando esto a un lado, la idea de Watt era calcular la potencia de la máquina basándose en una estimación de la capacidad de aquello que se usaba para hacer lo mismo: en este caso, caballos. Esta es, justamente, la misma lógica que George Stibitz aplicó cuando habló de los «años de chica».

La verdad es que no hace tanto tiempo, los ordenadores en realidad eran mujeres. Literalmente. Antes de que el ordenador fuera una máquina, era un trabajo.[7] Podías ostentar el cargo de computadora o de calculadora humana, lo que implicaba que estarías sentada en una sala calculando ecuación tras ecuación para otra persona.

Desde la década de 1860 hasta bien entrada la década de 1900, la computación era una de las pocas profesiones científicas que se consideraban adecuadas para las mujeres. Tal como manifestó el astrónomo Leslie Comrie, las mujeres computadoras eran muy útiles «en los años anteriores a que estas (o muchas de ellas) se consagraran la vida matrimonial y se convirtieran en expertas en los gastos de la casa».[8]

El uso de calculadoras humanas nació en el ámbito de la astronomía. Una vez la humanidad hubo descubierto las leyes de la gravedad, pudimos empezar a calcular cuándo iba a cruzar el cielo estrellado un cometa en concreto.

Aunque los astrónomos conocían el proceso para elaborar tales cálculos, ponerse a hacerlos era harina de otro costal. Entonces fue cuando se dieron cuenta de que podían fraccionar el trabajo en tareas más pequeñas y buscaron el personal específico para realizarlas.[9] De pronto no necesitaban genios matemáticos para hacer los cálculos, sino que valía cualquiera que fuera capaz de contar y seguir instrucciones.

Un ejemplo ilustrativo: la Revolución Francesa, entre muchas otras cosas, provocó un descenso enorme en la demanda de pelucas. Es evidente que los aristócratas no eran las únicas personas que se pavoneaban con la cabeza cubierta de pelo falso y ondulado, pero las pelucas desprendían un tufillo innegable a clase alta, cuyas cabezas habían sido cercenadas *en masse*. Eso tuvo un efecto dominó en el ámbito de la moda, así como en el de la economía. Numerosos fabricantes de pelucas perdieron el trabajo y muchos se convirtieron en calculadoras humanas.[10] Cambiaron el pelo falso por las tablas trigonométricas.[11]

El trabajo de calculadora se consideró de bastante baja categoría desde el principio. A menudo comportaba permanecer sentado entre ocho y diez horas haciendo el mismo cálculo una vez tras otra. A comienzos del siglo XIX, los gobiernos, las universidades y los observatorios astronómicos empezaron a recopilar grandes cantidades de información que había que procesar y dividir para poder usarla, por ejemplo, para la navegación marítima. La demanda de calculadoras humanas, por tanto, aumentó.

Hasta entonces, gran parte de las calculadoras humanas habían sido hombres jóvenes. Pero, a finales de siglo, los patronos se habían dado cuenta de que si contrataban a mujeres podían ahorrarse mucho dinero. Y esa siempre era una perspectiva tentadora.

A las mujeres se les pagaba menos que a los hombres: se les podía pagar la mitad de lo que se le pagaría a un hombre sin recibir ninguna queja. Cuando el Observatorio del Harvard College empezó a procesar información astronómica extraída con el telescopio, designó un equipo de calculadoras humanas en el que todos sus integrantes eran mujeres. El director se sintió muy orgulloso de su brillante táctica de ahorro. El ámbito de la computación comenzó a llenarse no de los predecesores de los hombres con sudaderas de la actualidad (en algunos casos, con cuestionables habilidades sociales), sino de mujeres respetables con corsés y sueños científicos.[12]

El cometido de una calculadora no se percibía como un trabajo que exigiera una gran inteligencia, y por esta razón llegó a considerarse una labor adecuada para las mujeres. En Estados Unidos, este ámbito también daba mucho trabajo a afroamericanos, judíos y personas con discapacidades, justamente porque se consideraba que era de baja categoría.[13] Los grupos que sufrían discriminación en cualquier otro campo a menudo podían conseguir trabajo como calculadoras humanas, siempre y cuando fueran capaces de contar.

En pocas palabras, estos eran los puestos de trabajo que casi nadie más quería.

Claro que sus cometidos podían ser tanto laboriosos como aburridos. A menudo, solo tenían que seguir las instrucciones que otra persona les daba, de una forma no demasiado distinta a la que los ordenadores de hoy en día obedecen a los algoritmos. «Negro más negro es igual a negro. Rojo más rojo es igual a rojo. Negro más rojo o rojo más negro… Entrega las hojas al grupo dos».[14]

Una podía estar sentada haciendo esto durante diez horas.

Aunque muchas de las mujeres que empezaban a trabajar en este ámbito tenían una licenciatura en matemáticas y eran capaces de realizar cálculos complejos (y me estoy quedando corta), eso no conllevó un mayor reconocimiento y menos si resultaba que tenían el color de piel equivocado. En la década de 1900, las mujeres dominaban cada vez más la industria, ya que cada vez más solicitaban puestos de trabajo fuera de casa.

La universidad de Pensilvania daba trabajo a más de doscientas mujeres exclusivamente como calculadoras. Estas eran las «chicas» a las que se refería Stibitz en su clase. Estaban ahí, en carne y hueso, en el mismo edificio. Así que, evidentemente, sus oyentes sabían a qué se referían con el término «años de chicas».

Y no era el único concepto de este estilo que se usaba en la época: un «kilochica», por ejemplo, podía usarse para referirse a algo que requería mil horas de trabajo de cálculo.[15]

Pero los ordenadores no se limitaron a sustituir a las «chicas». Acabaron siendo programados en su mayoría por ellas, para más inri.

Alan Turing sufría una fuerte alergia al polen. Por este motivo, en la Segunda Guerra Mundial, este brillante matemático a menudo recorría en bicicleta las colinas de Buckinghamshire con una máscara antigás. Incluso en interiores, en una reunión, a veces se colocaba la máscara si sospechaba que había polen en el aire. Sin dar explicaciones, se la ponía y seguía hablando como si nada hubiera ocurrido.[16]

La cadena de la bicicleta de Turing tenía la mala costumbre de salirse, pero él se negaba a cambiarla. Eso implicaba que a menudo llegara al trabajo con las manos manchadas de aceite, y se las lavaba con una botella de aguarrás que siempre tenía a mano, en su escritorio. Raras veces ataba la bicicleta; en cambio, su taza de café estaba casi siempre encadenada a un radiador, no fuese que alguien tratara de llevárselo.

El cometido de Turing durante esos años era tratar de descifrar el código Enigma. La Alemania nazi había encriptado gran parte de sus comunicaciones militares por radio usando un dispositivo misterioso conocido como la máquina Enigma. A pesar de que los Aliados habían interceptado las señales de radio alemanas, no les encontraban ni pies ni cabeza. Comprenderlas significaría poder proteger a sus buques de los torpedos submarinos alemanes, pero las comunicaciones por radio eran, en su mayor parte, una sarta de tonterías, y todo gracias a la máquina Enigma y a sus cincuenta y tres mil millones de combinaciones posibles.

El arte de descodificar las comunicaciones del enemigo tiene una larga tradición en Gran Bretaña. Ya en 1324, el rey Eduardo II de Inglaterra dio la orden de que todas las cartas internacionales (ya fueran de entrada o salida del país) debían recogerse y leerse primero en Londres. No fue ninguna sorpresa que a partir de entonces los diplomáticos de otros reinos en la corte inglesa empezaran a codificar todo lo que escribían.

Atendiendo a este hecho, la reina Isabel I supervisó más tarde la instauración de un servicio secreto inglés. Su astrólogo personal fue la persona a la que se encomendó la labor de descifrar las cartas que sus espías lograban interceptar. Y así continuó funcionando a lo largo de los siglos. A medida que los secretos aumentaban en trascendencia, también lo hacía la complejidad del código.[17]

En 1938, el MI6, el servicio de inteligencia militar británico, compró Bletchley Park, una finca rural de Buckinghamshire. Trasladó toda su división de criptografía e interceptación de señales a esa mansión de ladrillo rojo con una cúpula de cobre verde. A estas alturas, los astrólogos ya no eran los encargados de descifrar códigos, sino hombres como Alan Turing: con cierta aura de profesor y, a poder ser, genios. Y a los genios, como todo el mundo sabe, se les permiten sus excentricidades, ya sea colocarse una máscara antigás en las reuniones o una creencia poco convencional sobre la propensión de otras personas a robarles la taza de café.

Ese era el tipo de hombre al que alguien le daba unos golpecitos en el hombro en las salas de lectura de Oxford y Cambridge para pedirle que se presentara en la «Estación X», el nombre militar en clave para referirse a Bletchley Park.

Antes de la Segunda Guerra Mundial, el matemático polaco Marian Rejewski ya había conseguido descifrar el infame código Enigma alemán. Los ingenieros polacos habían construido una máquina calculadora analógica que era capaz de descodificar los mensajes, pero en 1938, los alemanes reconstruyeron su máquina. Los mensajes volvían a ser indescifrables.

En el verano de 1939, los polacos entregaron el trabajo de Rejewski a los británicos (justo antes de que los invadiera tanto la Alemania nazi como la Unión Soviética).[18] La máquina que los polacos habían construido acabó sobre el escritorio de Alan Turing y se le asignó la labor de liderar la construcción de una nueva versión. En los años siguientes, su labor daría como resultado más de doscientas máquinas secretas que se encontraban en distintos edificios desperdigados por Bletchley Park, descifrando sin cesar el código Enigma.

Los hombres reclutados para la operación de descodificación eran civiles en su mayoría, igual que Turing. Se les permitía vestir con su propia ropa y llegar al trabajo en bicicleta (la máscara antigás era opcional), e incluso podían dedicarse a sus propias investigaciones en su tiempo libre si así lo deseaban. Eran hombres brillantes que procedían de universidades pijas, y que a ese tipo de intelectuales se les puede perdonar los aspectos más duros a nivel físico de la vida militar es una norma no escrita con unos cuantos precedentes.

En 1798, por ejemplo, Napoleón Bonaparte llevó a más de ciento cincuenta especialistas franceses hasta las pirámides de Egipto durante su campaña militar. Todos, desde astrónomos hasta botánicos, fueron conducidos hasta allí con comodidad y los soldados de a pie, resentidos por el trato especial que recibían los especialistas gracias, al parecer, a su gran inteligencia, empezaron a llamarlos «los burros». De hecho, en plena batalla se dice que Napoleón dio la orden siguiente: «¡Los burros y los especialistas en el medio!», lo que por supuesto significaba que iban a protegerlos.[19]

Siguiendo la misma lógica, los comandantes de Bletchley Park no se molestaron en intentar que hombres como Turing marcharan al paso. Los descodificadores estaban allí para realizar trabajos intelectuales y vitales; no podía esperarse de ellos que realizaran los ejercicios matutinos en la grava de enfrente de la mansión.

Pero de quienes sí se esperaba aquellos ejercicios matutinos era de las mujeres.[20] Las mujeres conformaban el 75 % del personal que había en Bletchley Park durante la guerra y eran ellas, en gran parte, las que hacían funcionar las enormes máquinas descodificadoras.

Los ingenieros de Bletchley Park llegarían a construir el primer ordenador electrónico y programable del mundo.[21] Se programaba usando palancas y botones y lo hacían funcionar mujeres voluntarias del Women's Royal Naval Service, el servicio naval femenino.

Eso convierte a estas mujeres en las primeras programadoras del mundo.

Las mujeres trabajaban en tres turnos, los siete días de la semana: de ocho de la mañana a cuatro de la tarde, de cuatro de la tarde a la medianoche y de la medianoche a ocho de la mañana. Incluso después de una noche entera trabajando en las máquinas, durante gran parte de la guerra, se obligó a las mujeres a realizar los ejercicios matutinos, así como a marchar en fila hasta la iglesia los domingos, a pesar del frío glacial.

Durante mucho tiempo, se consideró que para la programación solo era necesaria la capacidad de seguir instrucciones. A las mujeres se les daba bien eso, creía la sociedad. Las mujeres eran dóciles y capaces de realizar tareas de forma metódica en un orden establecido. Formaba parte de su naturaleza: cosían y tejían a conciencia a partir de patrones y cocinaban siguiendo recetas. Además, se les daba bien explicar cosas a los niños. En 1973, Ida Rhodes, una de las grandes pioneras computacionales de Estados Unidos, comparó su habilidad de programar con su habilidad de enseñar: «Ya había recibido la formación para enseñar cómo realizar cálculos matemáticos muy complicados a personas que no supieran nada de matemáticas, así que la máquina me pareció el mismo tipo de alumno».[22]

En la década de 1950, IBM en Reino Unido calculó los costes de montaje de sus ordenadores en lo que denominó «horas de chicas». La historiadora Mar Hicks ha señalado cómo entre el personal que construía estas máquinas había tanto predominio de mujeres que la empresa bien podía calcular todos los gastos de personal con la baja remuneración por hora de las mujeres.[23] Y lo hicieron, claro.

Cuando llegó la década de 1960, el servicio civil británico se vio obligado a cumplir con la regulación del nuevo gobierno que estipulaba la misma remuneración por el mismo trabajo. Esto provocó problemas en el sector público de la computación, sobre todo porque había muy pocos hombres.

La Secretaría de Hacienda, por tanto, argumentó que el principio de misma remuneración por el mismo trabajo no debería ser aplicable a ese campo en concreto. Declararon que no había una «escala salarial masculina» en computación a la que los niveles salariales de las mujeres pudieran igualarse.[24] De esta forma, el sueldo bajo de las mujeres se convirtió en el estándar. ¿Las mujeres se dedicaban en masa a programar porque estaba mal remunerado o estaba mal remunerado porque había muchísimas mujeres que solicitaban estos puestos de trabajo?

Es difícil de decir.

Programar era una profesión que no existía antes de la Segunda Guerra Mundial, por lo que no se le había atribuido ninguna asociación con lo masculino. Nadie había logrado apuntar una razón por la que las mujeres fueran inadecuadas o no estuvieran cualificadas para desempeñar estos trabajos: quizás los hombres estuvieron demasiado ocupados saltando por los aires en el campo de batalla durante seis años. El patriarcado se despistó, por decirlo de alguna manera. Además, la programación computacional no parecía atraer a los hombres como trayectoria profesional. Se consideraba aburrido: era un trabajo fácil de combinar con los ejercicios matutinos en la grava durante la guerra y, después, con las tareas de la casa y el cuidado de los niños.

En muchos sentidos, la labor de ocuparse de los ordenadores podía verse como una ampliación de la naturaleza de una mujer, se pensaba entonces. Siempre era práctico sacarlo a colación cuando se quería justificar por qué un trabajo debía estar mal remunerado. Si las facultades requeridas para el trabajo podían definirse como inherentes de la biología de las mujeres, entonces no sería razonable que exigieran un salario especialmente alto a cambio, ¿no?

La industria de las medias del siglo XIX, por ejemplo, daba empleo tanto a hombres como a mujeres. A las trabajadoras, sin embargo, se les asignaba la tarea de coser las puntas de las medias, que era, técnicamente, la labor más compleja. Resultó que también se les daba bien y, debido al hecho de que se les daba bien, sus jefes empezaron a contemplar la habilidad de coser las puntas como un «atributo natural femenino». Y si algo era un «atributo natural femenino», entonces no era necesario que fuera valorado desde un punto de vista económico como una «habilidad» formal.[25]

Y eso significaba que las mujeres podían recibir un salario más bajo. Era muy práctico. Para los propietarios de las fábricas, al menos.

Esa forma de pensar colocaba a las mujeres en una posición imposible. Si a una mujer trabajadora en concreto se le daba mal algo, era la prueba de que todas las mujeres debían recibir un salario menor. Solo hay que verlo: ¡estas mujeres no son capaces de hacer el trabajo como un hombre!

Pero, al mismo tiempo, se esgrimía justo el argumento contrario: si a una mujer trabajadora se le daba bien algo, era la prueba de que las mujeres debían recibir una retribución menor. Fueran cuales fueran sus aptitudes para la labor, se consideraba una demostración de por qué debía ganar menos dinero. El truco estaba en definir siempre cualquier cosa que se le diera bien a una mujer como un «atributo natural femenino». La mujer no podía evitar tener un don biológico para cerrar las puntas de las medias de seda, programar ordenadores o cuidar de las personas mayores.

Esta forma de pensar persiste hoy en día.

No es raro que la sociedad recurra a este razonamiento cuando atañe a trayectorias profesionales relacionadas con el cuidado de los niños y de las personas mayores. Vemos cómo las mujeres obtienen estos trabajos y los desempeñan bien sin una gran cantidad de horas de formación específica, así que lo consideramos una prueba de que ese trabajo no requiere de muchas habilidades y, por lo tanto, no debería estar bien remunerado.

Si, por otra parte, a un hombre «se le da bien algo por naturaleza», suele convertirse en un argumento a favor de la tesis contraria: la razón por la que debería recibir un buen sueldo.

En las fábricas de medias del siglo xix se decían muchas cosas sobre las «habilidades» de los hombres trabajadores. Las mujeres trabajadoras, por otro lado, se describían en términos de «velocidad» y «exactitud», y las labores en las que destacaban se presentaban como una prolongación de su naturaleza. Seguían siendo objetos pasivos que casualmente poseían unos dedos rápidos o precisos. Cuerpos que trabajaban por sí solos.

El hombre, por su parte, era un participante activo de su trabajo de una forma muy distinta. Aprendía cosas y adquiría «habilidades». Así que no puede suponer una sorpresa que la lógica económica pronto exigiera que estuviera mejor pagado.

En algún momento a mediados de la década de 1960, la percepción de la computación empezó a cambiar. La programación, en general, seguía implicando el mismo trabajo, pero la industria se había convertido en un sector más importante para la sociedad.

De repente, todo, desde sistemas de pago de impuestos estatales hasta programas de misiles de crucero, se procesaba mediante nuevos ordenadores. Muchos de los gerentes se empezaron a dar cuenta de que estos aparatos quizás fueran clave. ¿De verdad podían dejarse en manos de chicas mal pagadas, fumadoras empedernidas, que llevaban minifalda?

Había que hacer algo.

Se lanzó un plan público para animar a los hombres a interesarse por los ordenadores. Los chicos tenían que aprender a programar. Un poquito, al menos.

La idea era que, si conseguían que los suficientes jóvenes prometedores de la clase social adecuada aprendieran las bases de la programación, estos hombres podrían ocupar los cargos de dirección que había en este ámbito en el sector público.[26]

A las mujeres que ya sabían programar se les asignó ahora la tarea de formar a estos hombres jóvenes para que se convirtieran en sus jefes. Se creía que a los hombres les resultaba fácil dirigir en virtud de su clase social y de su género.

No importaba si no sabían nada de ordenadores.

Quizá no es tan extraño que las mujeres empezaran a abandonar esta industria en tropel entonces. No tenían ninguna oportunidad real de ascender.

Este repentino éxodo femenino de la computación fue un fenómeno tan tangible que la joven emprendedora británica Stephanie Shirley lo aprovechó como una oportunidad de negocio. En 1964, fundó una empresa que estaba basada en el concepto de ofrecer a las mujeres que programaban la oportunidad de trabajar desde casa. Su intención era utilizar el talento desaprovechado que había abandonado la industria.[27]

Su empresa, Freelance Programmers, pronto empezó a desarrollar programas tanto para clientes del sector público como del sector privado. Todas sus programadoras trabajaban desde casa (mucho antes de que llegara el correo electrónico y Zoom). Pero funcionó. La empresa recomendó a todas sus programadoras que pusieran una grabación de ruido de máquina de escribir de fondo siempre que llamaran los clientes. Eso daría la impresión de que el trabajo se realizaba en una oficina «real», y a la vez acallaría el llanto de sus pequeños.

Cuando la empresa salió a bolsa en la década de 1990, estaba valorada en 2300 millones de libras.

Pero ¿qué ocurrió con esos hombres jóvenes prometedores, aquellos destinados a dirigir la computarización del servicio civil? No mucho. Al final, gran parte de ellos abandonó los cargos directivos para los que habían sido formados específicamente en cuanto les ofrecieron otros trabajos.

En otras palabras: el dinero que el Estado británico invirtió en formarlos podría haberse tirado directamente a la basura, de acuerdo con la historiadora Mar Hicks. En muchos sentidos, habría sido una decisión más inteligente desde un punto de vista económico.

Al invertir en hombres jóvenes y ahuyentar a las mujeres al mismo tiempo, Gran Bretaña logró la espectacular hazaña de crear su propio déficit en el mercado laboral de la computación justo en el momento en el que esta se estaba convirtiendo en una industria importante para la economía.

La gente estaba aterrada ante la posibilidad de que el desarrollo tecnológico condujera a cosas impensables como, por ejemplo, que las mujeres consiguieran puestos directivos en el Banco de Inglaterra. Tan aterrada, de hecho, que estaba más o menos a punto de hacer peligrar el impulso tecnológico que Gran Bretaña había ganado gracias a la construcción del primer ordenador programable del mundo en Bletchley Park.

Y, claro, todos sabemos lo que le ocurrió a Alan Turing, ese matemático brillante y temeroso del polen que fue clave en el desarrollo del ordenador moderno. Fue condenado por «ultraje contra la moral pública» (es decir, homosexualidad) y castrado químicamente. El 8 de junio de 1954, se lo halló muerto en la cama, con una manzana a medio comer a su lado. Se cree que se envenenó a sí mismo con cianuro.[28]

Hoy en día, Silicon Valley no está ubicado en Buckinghamshire.

Por muchas razones.

Por todo el mundo, el número de mujeres que se dedicaban a la computación empezó a disminuir sin cesar desde mitad de la década de 1980, a pesar de que la presencia de mujeres en otros ámbitos tecnológicos y científicos aumentó considerablemente. La programación pasó de ser un campo dominado por las mujeres a un campo dominado por los hombres justo en el mismo momento en el que pasó de ser un trabajo de baja categoría a alta categoría, de mala remuneración a buena remuneración.

Claro que no fue la primera vez en la historia en la que una profesión ha cambiado de género. Desde la Antigüedad hasta el final del siglo XIX, el cargo de secretario era un papel con un alto estatus para los hombres.[29] Grandes retratos de secretarios de los reyes pueden encontrarse en la mayoría de los museos nacionales de Europa, rematados con largas plumas y pantorrillas musculosas que sobresalían de los bombachos. Pero, en algún momento de la década de 1920, la profesión se volvió cosa de mujeres.[30] Estas se sentaban en largas filas, escribiendo a máquina con frenesí, y se les pagaba muy mal.

Durante siglos, hemos adjudicado trabajos según el género basándonos en la fuerza física que se requería para realizarlos. La idea que lo justificaba era que existía una especie de orden físico que también dictaba el orden económico de las cosas. Las mujeres recibían un salario menor porque podían levantar menos y, por tanto, producir menos.

Pero ¿por qué damos por supuesto que el valor económico reside en la fuerza física en concreto? Al fin y al cabo, la fuerza no es el único atributo físico que puede reportar valor económico.

Tener los dedos pequeños, por ejemplo, podía llegar a ser igual de valioso en muchas empresas. Solo dependía de lo que se produjera. Pero nadie defendía que las mujeres debían recibir un mayor salario por la delgadez de sus manos. No, han sido los atributos físicos que suelen poseer los hombres los que hemos aprendido a valorar desde el punto de vista económico.

Tampoco se da el caso de que todos los hombres sean físicamente más fuertes que todas las mujeres. O que todos los trabajos que percibimos como masculinos requieran más fuerza que aquellos que percibimos como femeninos. De las mujeres que cuidan de las personas mayores se espera que levanten pacientes que se han caído o que necesitan que los giren en la cama, y esto no ha implicado ningún aumento salarial ni una mejor valoración de su trabajo.

Del mismo modo, se espera que las mujeres sean capaces de cargar con cincuenta litros de leche, pero no con cincuenta kilos de cemento. Y solo porque la leche se haya asociado con la feminidad desde hace mucho tiempo no significa que cincuenta litros de leche dejen de pesar por arte de magia lo mismo que pesan cincuenta kilos de cemento.

Con el tiempo, nos dimos cuenta de que levantar cincuenta kilos de sacos de cemento tampoco era demasiado bueno para las espaldas de los hombres. Así que empezamos a vender cemento en sacos de veinticinco kilos.

Así que esa es otra opción.

La percepción de la fuerza física como principio rector para determinar las profesiones consideradas masculinas y las consideradas femeninas ha desaparecido en la actualidad en gran parte del mercado laboral, pero se ha reemplazado con ciertas suposiciones sobre la «competencia técnica» que permitimos que dicten cómo de bien pagado debe estar un trabajo. Los hombres son más técnicos que las mujeres, creemos. Para que las chicas aprendan a programar, necesitan que se las anime desde pequeñas, mientras que a los chicos les surge de manera natural.

En 2017, el ingeniero James Damore fue despedido de Google después de escribir un memorándum que insinuaba que las mujeres sencillamente no estaban hechas para la informática.[31] Todo se debía a su composición biológica, declaró. Las mujeres suelen preferir trabajos que son sociales o artísticos y están más interesadas en las personas que en las cosas, escribió. Pero también son más neuróticas, otra razón por la que tal vez deberían mantenerse lejos de los ordenadores. O, como mínimo, que no se las animara, en contra de su naturaleza femenina, a aceptar un cargo bien remunerado en Google.

El memorándum de Damore provocó un escándalo generalizado. Pero, en ciertos aspectos, muchos creían que tenía razón. Fue la cabeza de turco de una actitud muy extendida en el mundo occidental que ve a las mujeres y a los ordenadores como dos elementos diametralmente opuestos.

La explicación clásica de los economistas a la razón por la que las mujeres ganan menos que los hombres suele ser que las mujeres eligen sectores peor remunerados. Por desgracia, a las chicas no les gustan los ordenadores. Algunos, igual que Damore, creen que esto está relacionado con el desarrollo de su cerebro. Las mujeres no tienen lo que hay que tener para pensar como un programador. Al menos no como un programador bien pagado.

Cuando la programación estaba mal remunerada, no se dudaba de que las mujeres tenían lo que había que tener.

Otros piensan que es responsabilidad de la sociedad por no animar lo suficiente a las chicas a asumir estos roles. Las niñas no juegan lo suficiente a videojuegos: deberían pasar menos tiempo con muñecos de peluche y más tiempo masacrándose las unas a las otras con armas digitales. Y así, de golpe, ya accederían a todos los trabajos bien pagados y a la vez «suavizarían» la dura industria tecnológica gracias a su feminidad. Esta idea es muy afín a la de sentar a la chica con talento en la escuela entre los muchachos más indisciplinados de la clase con la esperanza de que lograse hacer que se comportaran: el cometido de una mujer es tranquilizar al hombre, no ser algo por sí misma. La cuestión es que tanto aquellos que creen que las mujeres no están biológicamente desarrolladas para que les gusten los ordenadores como aquellos que creen que a las mujeres se las ha predispuesto socialmente a que no les gusten confirman el mismo error: que la tecnología y las mujeres son opuestos.

Que una chica debe sobreponerse a su género para ocupar su lugar ante un ordenador.

Pero hace apenas setenta y cinco años, el ordenador era una chica.

Literalmente.

FEMINIDAD

5

En el que nace un gran invento en Västerås y partimos a la caza de ballenas

Aina Wifalk enfermó en otoño, algo común con este virus en particular. Era la razón por la que los padres decían a sus hijos que no jugaran con las hojas de otoño y que no se comieran ninguna de las frutas que caían de los árboles. Creían que la polio era estacional. En Suecia, esta afección llegó a conocerse como «el fantasma del otoño».

La enfermedad a menudo empezaba con fiebre y una sensación extraña en la nuca. Si no tenías suerte, se te metía en el torrente sanguíneo. Esto continuaba durante tres o cuatro días y luego quizá te levantabas de repente sin saber que esos pasos iban a ser los últimos.

Caías al suelo, paralizada.[1]

El virus de la polio era antiguo: los historiadores creen que incluso se cobró la vida de un faraón egipcio. Pero la primera vez que esta enfermedad alcanzó proporciones epidémicas y virulentas fue en Suecia, a finales del siglo XIX.[2] Fue bastante extraño: la gente había dejado de morirse en tropel de viruela, disentería y escarlatina. Habían aprendido a lavarse las manos con los nuevos jabones producidos en masa y a vestirse con ropa de algodón barata, que era mucho más fácil de mantener limpia. Entonces llegó la polio y Escandinavia enseguida se labró mala fama como un territorio peligroso y fértil para las epidemias.

Aina Wifalk tenía veintiún años cuando contrajo la enfermedad. Acababa de empezar a estudiar en Lund, una ciudad universitaria ubicada no demasiado lejos del lugar en el que sus padres habían arrendado tierras de cultivo cuando era pequeña.[3] Era el año 1949. La Segunda Guerra Mundial había terminado y en Suecia acababa de terminar el racionamiento de jabón y detergente. El sector industrial sueco estaba en auge: a diferencia del resto de Europa, sus fábricas no habían quedado destruidas por las bombas durante la guerra, ya que Suecia había logrado mantenerse al margen del conflicto. Los suecos comían sopa de carne con pastas rellenas y veían cómo crecía su economía mientras el Gobierno empezaba a invertir en un nuevo Estado del bienestar de gran envergadura.

La joven Wifalk no albergaba sueños específicos. No tenía tiempo para esas cosas. Había estado demasiado ocupada trabajando para ahorrar dinero para sus estudios. Para ella, la educación era clave para tener una vida mejor.

Acababa de empezar los estudios de enfermería en Lund cuando, el 4 de septiembre, contrajo lo que ella creyó un resfriado. Tenía tortícolis y se notaba muy cansada. Tan solo unos días después, comenzó a sentir un dolor que le nacía en la parte baja de la espalda, una punzada que parecía una rampa y que se le fue extendiendo por el cuerpo hacia los pies con una determinación alarmante. Una semana después, se encontraba en el hospital epidémico, sin poder levantar la pierna derecha.

La parálisis atacó su cuerpo, afectándole al brazo derecho, al abdomen y a ambas piernas. El dolor era insoportable, sobre todo por la noche y en la cadera. Wifalk se miró las piernas. Sabía que estaban ahí, pero ya no podía sentirlas.

Cuando llegó octubre, Wifalk ya no era capaz de caminar ni estar de pie. Primero, los médicos le colocaron un corsé hecho de tela con paneles de cuero, y luego uno de yeso. No era capaz de levantar ni una pierna ni la otra con las rodillas estiradas y solo podía incorporarse si usaba los brazos para apoyarse. Cuatro meses después, empezó a caminar de nuevo, con dos caminadores que arrastraba delante de ella. Cada paso era un tormento; cada metro, una victoria. Pocas personas han reflexionado tanto sobre lo mucho que le cuesta al cuerpo humano moverse como aquellos que han padecido una enfermedad así. A finales de febrero, Wifalk había cambiado los caminadores por dos muletas. Una debajo de cada axila.

Y así fue como se movió durante los siguientes quince años.

Wifalk nunca llegó a ser enfermera. Consiguió trabajo como asesora hospitalaria en la clínica ortopédica del hospital central de Västerås y allí, en ese pueblecito a orillas del lago Mälaren, comenzó una nueva vida. Se mudó a un piso situado en un noveno y se movía por las calles de la localidad con sus muletas. Durante el día, Wifalk trabajaba duro para sus pacientes y, por la noche, dedicaba su tiempo a fundar organizaciones para personas con discapacidad. Había ocasiones en las que el hospital no comprendía la realidad de su situación y, cuando eso ocurría, les hacía tomar consciencia: que las rampas, por ejemplo, podían ser una buena idea si querían que las personas con problemas de movilidad fueran capaces de entrar en el edificio.

Todas las mañanas de domingo, Wifalk iba a nadar. La Cruz Roja mandaba voluntarios a la piscina municipal para que la ayudaran a cambiarse; ponerse y quitarse el traje de baño era, la verdad, mucho más extenuante que el ejercicio físico en sí mismo.

A medida que pasaron los años, Wifalk consiguió tener un piso accesible en una planta baja y un nuevo puesto de trabajo en la administración de servicios sociales. Quiso tener también un perro, pero sabía que nunca sería posible. En la década de 1960, desarrolló cierta obsesión, podría llamársele así, por mejorar el mundo que la rodeaba, tanto en asuntos muy trascendentales como nimios. Colocó un cencerro en la puerta del patio, por ejemplo, para poder oír a cualquier posible intruso, aunque se desconoce lo que habría hecho si alguien hubiese tratado de entrar de verdad. Del mismo modo, instaló un estor debajo del fregadero, porque detestaba tener las bolsas de basura a la vista.

No dormía demasiado bien: por las noches era cuando volvía el dolor. Le recorría el cuerpo en oleadas que la mantenían despierta toda la noche y dormía unos noventa minutos seguidos como mucho. Se negaba a tomarse calmantes por miedo a los efectos secundarios y, además, le gustaba estar en compañía de sus propios pensamientos. Sabía que las muletas le habían deteriorado los hombros y por esa razón sentía tanto dolor. Un cuerpo como el suyo no estaba hecho para moverse con libertad por el mundo; se suponía que debía esconderse. La sociedad lo había decidido así.

Sin embargo, Wifalk tenía otras intenciones en mente.

A finales de la década de 1960, Wifalk, que ahora tenía cuarenta y un años, se puso en contacto con Gunnar Ekman, un diseñador de los talleres de la diputación provincial.[4] Le pidió que le construyera un andador con ruedas. Debía tener cuatro ruedas, un tirador, frenos y una tabla sobre la que sentarse. Y debía ser plegable: quería meterlo en el coche y sacarlo allá donde fuera. Ekman diseñó y construyó el caminador siguiendo las instrucciones de Wifalk. Y así fue como nació el andador moderno.

Cualquiera que tuviera problemas de movilidad dejó a un lado las muletas y empezó a caminar.

O al menos eso hizo Aina Wifalk.

Es difícil afirmar si el andador que nació ese día en Västerås fue realmente el primero del mundo. Como ha ocurrido con muchos otros inventos a lo largo de la historia, la respuesta es difícil de desentrañar. Existen patentes anteriores de andadores similares que Wifalk desconocía, pero ninguno logró alcanzar la popularidad de este. Tener la idea de ponerle ruedas a un caminador no era extraordinario, pero la imaginación de Aina Wifalk iba más allá: era posible tener una vida distinta, tanto ella como quienes eran como ella.

El andador de Wifalk no era un cacharro que acumularía polvo en un pasillo del hospital, un artilugio que de vez en cuando podía ayudar una persona mayor de huesos débiles a recorrer los pocos metros que separaban la cama del baño en una lóbrega ala para la tercera edad, que básicamente era la antesala de la muerte. No, a ojos de Wifalk el andador era un «compañero», una máquina con la que convivir. Estaría a tu lado mientras escurrías la colada, regabas las plantas o ibas a buscar un café. El andador moderno se creó como respuesta a las limitaciones del cuerpo de Aina Wifalk, combinadas con su deseo de libertad. Si hubiera pertenecido a una clase social distinta, hubiese tenido un cuerpo diferente u otro género, la gente sin duda la habría llamado «emprendedor». Pero no lo hicieron.

Al contrario, se la obligó, contra su voluntad, a retirarse antes de tiempo.

A menudo se dice que el verano sueco es el mejor día de todo el año. Como la mayoría de la población de Västerås, Aina Wifalk contemplaba el lago Mälaren durante los meses de invierno, esperando ese crujido que anunciaba la rotura del hielo. Seis meses de oscuridad hacen que la gente anhele el sol.

Los suecos han disfrutado de tres semanas de vacaciones anuales establecidas por ley desde 1938. Después de la guerra, a un entusiasta empresario se le ocurrió aprovechar los muchos aviones que habían quedado en tierra después de la paz. Los convirtió en aviones chárteres y pronto los suecos, boquiabiertos, pudieron irse de vacaciones en grupo al soleado sur de Europa. Los hoteles de Mallorca empezaron a servir café sueco, las tabernas griegas organizaban danzas populares suecas y ABBA realizó su primer concierto de forma gratuita, a cambio de un descuento en un paquete turístico a Chipre.[5]

Wifalk también soñaba con irse de vacaciones a España. Pero tenía un problema: su andador no tenía ningún espacio en el que pudiera colocar la maleta. ¿Y cómo iba a llegar al país, si no? Necesitaba algo que la ayudara con su movilidad y que tuviera algún tipo de estante en el que poder poner la bolsa.

Un día, se fijó en un carrito de libros en una biblioteca municipal de Västerås que el personal usaba para llevar los libros de un lado a otro a las distintas secciones.[6] Wifalk encargó por correo la estructura del mismo carrito y pidió a alguien que la ayudara a atornillarle las ruedas de una silla de ruedas. Había nacido un nuevo andador. ¿Tal vez este sería el que la llevaría a España? Lo probó, emocionada, pero no: cuando colocó la maleta en la nueva construcción, las ruedas dejaron de moverse. El peso de la maleta era excesivo para el carrito de biblioteca reconvertido en andador. Pero entonces, Wifalk abrió la nevera. Resultaba que ese día, además de sus otros proyectos, había estado descongelando el frigorífico y sacó uno de los estantes de la nevera y lo colocó en el andador. Puso la maleta encima del estante y, quién lo iba a decir, las ruedas empezaron a girar.

Viajó a España, triunfante.

Con el tiempo, la invención de Aina Wifalk ayudaría a gran parte de las personas ancianas del mundo a experimentar una nueva libertad. Con el andador, cualquier persona que sufriera osteoporosis, artritis o mareos podía recuperar casi la totalidad de la libertad de movimiento que tenía en su casa. De pronto, incluso se atrevían a salir a la calle a comprar leche; si no lograban recorrer el trayecto hasta la tienda, se sentaban en el andador y descansaban. No era casualidad que esta invención hubiese sido concebida por una mujer que había luchado por poder moverse por el pueblo con una muleta debajo de cada axila durante quince años. Cuando vives en un mundo que no está hecho para ti, puede que te sea más fácil imaginar cómo podría mejorarse. No solo para ti, sino para todos.

Hoy en día, escribimos con teclado en parte gracias al inventor italiano Pellegrino Turri, quien buscó una forma de comunicarse con su amiga ciega Carolina Fantoni da Fivizzano. Creó una de las primeras máquinas de escribir mecánicas del mundo, que les permitía a los dos a escribirse cartas el uno al otro sin que ella tuviera que dictarle la carta primero a un sirviente.[7]

Del mismo modo, el primer protocolo de correo electrónico del mundo lo escribió el estadounidense Vint Cerf.[8] Estaba un poco sordo y enseguida vio el potencial que tenía el correo electrónico, puesto que le permitía mantenerse en contacto con su familia mientras estaba en el trabajo sin que estos tuvieran que hablarle al auricular a voz en grito.

Que puedas controlar tu teléfono móvil deslizando el dedo se lo debemos a otro estadounidense: Wayne Westerman. Sufría un daño neurológico en la mano derecha que le impedía usar un ratón, así que desarrolló una tecnología que le permitiera controlar el ordenador mediante una tabla táctil. En 2005, Westerman vendió esta tecnología a Apple.[9]

Dos años después, Steve Jobs lanzaría el primer iPhone del mundo.

El mercado global de andadores está valorado en 2200 millones de dólares. Se espera que tal cifra aumente rápidamente a lo largo de las próximas décadas, a medida que la población mundial se vuelve mayor y nuestras percepciones sobre la vejez cambian.[10]

Dicho de otro modo: la invención de Aina Wifalk tuvo un gran impacto en el mundo. Pero no se puede afirmar lo mismo del impacto que tuvo en su cuenta corriente. Hoy en día no existe ninguna fundación con el nombre de Wifalk que ofrezca becas a emprendedores con discapacidades o que financie investigaciones para diseños accesibles. El poco dinero que Aina Wifalk ganó gracias a su andador lo legó a la Iglesia sueca de la Costa del Sol.

Le encantaban esos paquetes turísticos.

El problema de Aina Wifalk era que no tenía dinero y, por eso, tampoco podía ganar dinero gracias a su idea. Sí que fabricó un par de andadores para sí misma, mejoró el diseño con los estantes de nevera, les colocó ruedas y se paseó por la avenida principal de Västerås mientras seguía con su vida cotidiana. Sin embargo, convertirlo en un producto de exportación que pudiera lanzarse por todo el mundo hubiera exigido una cantidad de dinero muy diferente. Y ella no la poseía. Igual que tampoco era demasiado probable que alguien quisiera invertir en ella. Wifalk era muy consciente de ello: «¿Quién me va a escuchar, a mí, una mujer discapacitada, antes que a los hombres?».

Aina Wifalk nunca patentó su andador. Al contrario, vendió la idea a cambio de lo que serían unas setecientas cincuenta libras en la divisa actual y una regalía del 2 % de las ventas de ese fabricante en particular.[11]

«Casi que fui demasiado buena», contaría ella misma, más tarde.

Sí, Aina. Es una forma suave de decirlo.

Hoy en día, existen personas que le habrían recomendado a Wifalk un curso en emprendimiento femenino, otras que le habrían dicho que se mantuviera firme, hiciera valer su voz y creyera en sí misma. Otras le habrían ofrecido un libro sobre técnicas de negociación y otro sobre elaborar una presentación de éxito. Pero ese no es el quid de la cuestión. Lo es nuestro sistema financiero.

Y cómo, de forma sistemática, excluye las ideas de las mujeres.

Muchas empresas pequeñas nunca llegan a recurrir a ningún tipo de crédito. Pongamos, por ejemplo, que vendes zumo de manzana. Guardas el dinero de cada venta en la caja registradora y, cuando tu proveedora viene por la tarde, sacas el dinero de la caja registradora y lo usas para pagarle.

Se puede dirigir una empresa de esta forma, pero crecer se convierte en algo muy complicado: si quieres abrir otra fábrica de zumos, puede que necesites un préstamo del banco y, aunque no tengas intenciones de expandir el negocio, nunca sabes lo que te depara el futuro.

Quizás tu proveedora sufra una plaga de avispas asiáticas y, mientras estas diezman sin piedad la población local de abejas, te ves obligada a comprar manzanas más caras que vienen de más lejos. Entonces, necesitarás un banco que te deje tener un sobregiro de al menos noventa días.

Puede que el exprimidor se te rompa y, en tal caso, necesitarás uno nuevo si quieres evitar que la producción se detenga de golpe. Y, si no tienes ningún acuerdo que te permita pagar a treinta días, podrías pasar estrecheces.

En otras palabras: el crédito es una forma de gestionar el riesgo en la economía. En su máxima expresión, se trata de un agente poderoso (como un banco) que intercede y ayuda a un agente temporalmente menos poderoso (un productor de zumo de manzana). Pero, cuando el sistema se viene abajo (que suele ocurrir con bastante asiduidad), vivimos lo que se conoce como crisis o restricción del crédito.

La crisis financiera mundial de 2008 es un ejemplo típico. Fue provocada por la quiebra de unos contratos de créditos descabellados en el mercado inmobiliario estadounidense. Esto significó que, un buen día, los bancos repentinamente declararon que no estaban dispuestos a prestar dinero a otros bancos. Los mercados de crédito de gran parte del mundo se congelaron y las empresas que hasta entonces habían podido contar con que tenían acceso a crédito se quedaron sin él.

Los negocios no podían expandirse y muchos se vieron obligados a despedir parte del personal. Las personas que perdieron su trabajo ya no tenían un sueldo con el que comprar productos y servicios, así que a su vez obligaron a las empresas que se los habían vendido hasta entonces a despedir a su personal. El paro aumentó, lo que significó que el Estado recaudaba menos dinero en forma de impuestos y, a la vez, tenía que pagar más prestaciones por desempleo. El déficit se disparó. Las crisis de crédito tienen la mala costumbre de convertirse en círculos viciosos. Sin una intervención, economías enteras pueden quedar frenadas durante años.

El problema está en que las mujeres de este mundo viven en una crisis permanente de crédito exclusivamente femenina.

Actualmente se estima que un 80 % de todos los negocios dirigidos por mujeres tienen una necesidad desatendida de crédito.[12] Esto se debe a que nuestro actual sistema financiero nunca fue ideado para las mujeres.

Una mujer agricultora en Costa de Marfil no puede conseguir un préstamo bancario porque alquila, más que posee, la tierra que cultiva. El banco le dice que no dispone de un «aval» con el que garantizar el préstamo. Como es mucho menos probable que las mujeres posean tierras o propiedades, también es mucho menos probable que se les apruebe un crédito.

A lo largo y ancho del mundo, se considera que las mujeres son un riesgo financiero mayor que los hombres. Tienen menos dinero, poseen menos activos y, para colmo, sus cuerpos a menudo hacen cosas como gestar y parir niños, que comportan sus propios riesgos económicos.

Asimismo, muchas mujeres montan salones de belleza, cafeterías y guarderías, un tipo de empresa que se considera menos «seria». Y, si las mujeres no fundan empresas en estos ámbitos tan «frívolos», suelen abrir negocios aburridos y estables como consultorios médicos o empresas de contabilidad. Estos negocios carecen del prestigio de una empresa tecnológica emergente y no se considera que tengan el potencial de crecimiento que los inversores buscan. Como consecuencia, no suelen ser una prioridad cuando se trata de otorgar un talón lleno de ceros.

Para que alguien te dé dinero, antes que nada, deben percibirte como competente a nivel económico. Cuando pensamos en una persona así, nos imaginamos a un hombre. La persona en la que decidimos invertir o respaldar con crédito es aquella en la que elegimos creer. Y esa persona típicamente no es una mujer, y si lo es, suele ser una mujer blanca.

No hay un solo país en el planeta en el que las mujeres como colectivo no tengan menos dinero y menos oportunidades económicas que los hombres.[13] El hecho de que los hombres tengan dinero y las mujeres no es uno de los factores que moldean nuestro mundo. Como es de esperar, también juega un papel fundamental en la determinación de qué innovaciones se convierten en realidad y cuáles no.

Existen, como es evidente, muchas razones perfectamente racionales sobre por qué las emprendedoras femeninas no consiguen préstamos, créditos o inversiones. Pero incluso cuando se enderezan este tipo de factores, el hecho sigue siendo que las mujeres son mujeres y, por lo tanto, se las trata de forma distinta. Si eres racializada o tienes alguna discapacidad, entonces las cosas son aún más complicadas. Mucho más complicadas. Y todo esto a pesar de que los negocios que montan las mujeres suelen generar beneficios con más rapidez que aquellos que ponen en marcha los hombres.

La restricción crediticia de 2008 frenó la economía mundial durante diez años. Por otro lado, la permanente restricción crediticia femenina ha estado frenando la economía mundial desde… Bueno, desde siempre. Claro que, a veces, tener que levantar una empresa desde cero, sin ningún préstamo o inversión externa, puede ser algo positivo. Pero en muchos ámbitos no funciona así: los riesgos son demasiado grandes. Por consiguiente, muchas mujeres se dan por vencidas. Y, aun así, no exigimos a los líderes mundiales que se sienten, con cara de pocos amigos, ante una marea de micrófonos en cimas convocadas de emergencia para discutir la restricción crediticia femenina. Ningún gobernador de un banco central se ha mostrado dispuesto a inyectar billones para desbloquear el sistema crediticio para las mujeres. En una crisis del crédito femenino permanente, las mujeres hacen lo mismo que hizo Aina Wifalk: vender sus innovaciones por un precio muy bajo o dejar que desaparezcan.

Todo esto tiene unas repercusiones inmensas. Pero, para comprender la envergadura de todas ellas, debemos poner rumbo a las aguas más frías del círculo polar.

Debemos encaminarnos a cazar ballenas.

En el siglo XIX, la pesca de ballenas era una de las ocupaciones más mugrientas, arriesgadas y violentas en la que uno se podía embarcar. También era de las más lucrativas.[14]

Los balleneros estadounidenses zarpaban hacia el lejano norte cerca de Alaska o hacia el remoto Pacífico. Cuando la tripulación avistaba una de estas magníficas criaturas, saltaban a balleneras más pequeñas que descendían del buque principal y remaban a la temeraria caza del mamífero entre olas e icebergs.

El objetivo consistía en acercarse lo suficiente a la ballena como para arponearla: si querías lograrlo, tenías que conseguir que la punta del arpón atravesara la grasa de la ballena sin soltar el otro extremo de la cuerda. Evidentemente, es imposible tirar de una ballena de 45 000 kilos con una sola cuerda desde un bote de remos. Así, una vez la punta de presa se clavaba, la tripulación solo tenía que aferrarse al cabo. La ballena herida entonces trataba de liberarse revolviéndose. Ni que decir tiene que era una experiencia ardua, pero a los marineros que iban en ese bote no les quedaba otra que aguantar. La ballena los arrastraría entre las olas embravecidas durante dos o tres horas y, una vez la criatura renunciara a su danza de la muerte, la tripulación podía (si había sobrevivido) subirla al buque principal.

Se mataba a la ballena por su grasa, una parte importante de la economía de aquel momento. Los balleneros la derretían hasta convertirla en aceite dentro de tanques enormes que había en cubierta, y ese aceite se usaba para iluminar gran parte del mundo en esa época.

Lo cierto es que el aceite de ballena brilla con una luz blanca cegadora cuando arde. Los faros que servían de guía hacia la costa a los grandes buques resplandecían con grasa hervida, igual que lo hacían las farolas en la ciudad de Nueva York y las lámparas que los mineros llevaban cuando avanzaban a rastras por los túneles para extraer carbón de las entrañas de la tierra. Las ruedas dentadas de la Revolución industrial estaban que ardían (literalmente) y, cuando la producción aumentó, también lo hicieron las temperaturas de las máquinas. También había que mantener bien engrasadas esas ruedas y resultó que el aceite de ballena toleraba muy bien ese tipo de temperaturas.

Y, por todo esto, la ballena tenía que morir.

Como los productos derivados de la pesca de ballenas eran tan importantes para la sociedad, la caza de ballenas se convirtió en una industria con unos márgenes de beneficio exageradamente altos. A mediados del siglo XIX, invertir en una expedición de caza de ballenas estadounidense podía ofrecer el triple de beneficio que tenía la misma inversión en el ámbito de la agricultura. Pero se necesitaba mucho dinero si se quería jugar a ese juego.

Mandar un ballenero a Alaska requería una inversión inicial de treinta mil dólares (casi diez veces lo que costaría montar una fábrica de tamaño medio). Si bien era cierto que había familias ricas en Estados Unidos que estaban interesadas en la caza de ballenas, no poseían una riqueza ilimitada.

También se trataba de un tipo de inversión muy arriesgada. No cuesta darse cuenta de que hay muchas cosas que pueden salir mal cuando una ballena en sus últimos estertores te zarandea de acá para allá durante horas en un bote de remos en pleno océano Ártico. Una de cada tres expediciones de pesca de ballenas resultaba en pérdidas. Y, fruto de la combinación de esos inmensos beneficios potenciales y el enorme riesgo que comportaban, nació una nueva industria: la del capital de riesgo.

A un nuevo grupo de inversores se les ocurrió la idea de abordar a varias familias ricas y pedirles que apoquinaran unas cantidades de dinero más reducidas.[15] En su libro sobre capital de riesgo estadounidense, el catedrático Tom Nicholas explica cómo estos precursores «capitalistas de riesgo» acumulaban este dinero en un fondo que usaban para comprar una embarcación y contratar a un capitán. El capitán sería responsable de llevar el barco hasta las ballenas y luego de vuelta a casa. Si el capitán lo conseguía, los capitalistas de riesgo dividirían la carga entre sus inversores. En inglés, *carry* ('carga') sigue siendo el término que se usa en capital de riesgo en la actualidad.

Este nuevo sistema hizo posible que los ricos repartieran sus inversiones entre diversas expediciones de caza de ballenas. Si dos embarcaciones se hundían pero una tercera regresaba a puerto, los beneficios conseguidos gracias a la tercera a menudo compensaban con creces el dinero que se había perdido con las otras dos. Gracias a los capitalistas de riesgo, pudieron financiarse cada vez más balleneros.

Y, al final, prácticamente vaciaron los mares.

Con el tiempo, dejamos de iluminar las ciudades con grasa de ballena hervida. Las mujeres dejaron de usar los miriñaques de hueso de ballena, las fábricas empezaron a usar otros lubricantes para su maquinaria y el modelo de los capitalistas de riesgo no resurgió hasta un siglo después.

Pero, cuando lo hizo, lo hizo con ganas.

En la época en la que se estaban desarrollando los ordenadores personales en las décadas posteriores a la Segunda Guerra Mundial, los capitalistas de riesgo, los antiguos cazadores de ballenas, zarparon rumbo a California.

El lugar en el que desembarcaron llegaría a conocerse como Silicon Valley.

Hoy en día, muchos jóvenes quieren emprender, pero en los Estados Unidos de la década de 1950, esta elección profesional era considerada una idea de locos. ¿Por qué ibas a «trabajar para ti mismo» cuando había millones de trabajos bien pagados en empresas grandes y sólidas que cuidarían de ti durante el resto de tu vida y te regalarían un reloj de oro cuando te jubilaras? El emprendimiento era propio de los *hippies* excéntricos que montaban ordenadores en el garaje de casa. Sin embargo, una economía necesita personas que estén dispuestas a invertir dinero en excentricidades como estas.

La economía necesita gente que se plantee invertir en personas, tecnologías y productos a los que aún no se ha puesto a prueba. Así fue como el mundo tecnológico estadounidense se convirtió en la nueva caza de ballenas: una industria que exigía grandes inversiones con grandes riesgos, pero que también ofrecía la posibilidad de beneficios exorbitantes para quienes apostaran por la empresa adecuada.

Los capitalistas de riesgo reunieron el dinero y proporcionaron contactos y planes de negocio a las nuevas empresas de Silicon Valley. Se formó una alianza entre emprendedores tecnológicos y capitalistas de riesgo que cambiaría el mundo, además de convertirse en un elemento fundamental de la economía digital en la que vivimos hoy en día.

Cuando los balleneros volvían a la costa en el siglo XIX, la tripulación solía llevarse un 20 % de la carga frente al 80 % que se llevaban los inversores. El capitán del barco, sin embargo, se llevaría el 2 % de la inversión total por avanzado, ya que se consideraba una compensación para que llenara la embarcación de comida y otros pertrechos para el largo viaje. En otras palabras: el capitán se llevaba este 2 % independientemente de si la expedición tenía éxito o no. En muchos sentidos, esta forma de funcionar se mantiene en el capital de riesgo actual.[16]

Alrededor del 2 % del dinero que los capitalistas de riesgo sacan de sus fondos para invertirlo en una empresa suele ir directo a sus propios bolsillos, ocurra lo que ocurra con la empresa. Este 2 % son los honorarios por sus servicios. Y, aunque estos servicios a menudo llegan a jugar un papel importante en el éxito de una compañía, ¿qué tipo de incentivo crea esto en realidad?

La respuesta es que los capitalistas de riesgo quieren que sus inversiones sean tan grandes como sea posible. Si invierten diez millones de libras en una compañía, cada año van a percibir el 2 % de esos diez millones de libras, obtenga beneficios la compañía o no.

Si, por otro lado, invirtieran quinientas mil libras en una empresa mucho más pequeña, solo tendrían garantizados unos ingresos anuales de diez mil libras. Por tanto, tiene mucho más sentido para ellos hacer diez inversiones descomunales que cien inversiones más modestas. Incluso aunque solo una de estas inversiones descomunales consiga volver a tierra sana y salva, por seguir con el mismo símil, los capitalistas de riesgo recibirán el 20% del retorno, lo que seguramente compensará con creces que ninguna de las demás empresas llegue a generar beneficios.

Todo esto hace que las inversiones más humildes en empresas que no tienen la mirada puesta en la dominación mundial pierdan su atractivo. Los inversores quieren que tengan el potencial de un crecimiento extremo: desean encontrar al próximo Facebook, arponear la ballena de cuarenta mil kilos, y llevarse a casa el premio gordo. Los capitalistas de riesgo se sienten cómodos jugando a este juego tan arriesgado y más ahora que (a diferencia de los capitanes de los antiguos balleneros) no arriesgan la piel.

Ni siquiera su propio bolsillo.

Pero ¿qué tiene que ver todo esto con Aina Wifalk y su andador? No es que hubiera una gran cantidad de capital de riesgo en la Suecia central de la década de 1970. La financiación que Wifalk solicitó era otro cantar. La misma Wifalk se dio cuenta de que nadie quería invertir en «una mujer discapacitada antes que en los hombres». Y este hecho económico (que solo las ideas de un pequeño subconjunto de la población tengan la oportunidad de recibir financiación) ha escalado hasta unos niveles escandalosos gracias al capital de riesgo. Además de un sistema que ya coloca a la mujer en situación de desventaja, el capital de riesgo y su lógica de la caza de ballenas ha llevado la situación al extremo.

Menos del 1% de los fondos de capital de riesgo del Reino Unido se destinan a empresas emergentes fundadas exclusivamente por mujeres. Un 83% de los acuerdos cerrados por los capitalistas de riesgo británicos no contaban con ninguna mujer en sus equipos fundadores, de acuerdo con un informe de 2019 encargado por el Ministerio de Hacienda.[17]

Por cada libra de inversión de capital de riesgo en el Reino Unido, los equipos fundadores conformados exclusivamente por mujeres reciben menos de un penique, mientras que los equipos fundadores conformados exclusivamente por hombres reciben ochenta y nueve peniques y los equipos mixtos reciben diez peniques.

«La distribución del capital de riesgo sueco sigue siendo dispar entre los sexos», publicó en 2020 el periódico especializado en economía *Dagens Industri*.[18] En 2019, poco más de un 1 % del capital de riesgo sueco se invirtió en empresas fundadas por mujeres. La elección de la palabra «dispar» en sí misma es interesante: se está hablando de un dinero que en más de un 98 % de los casos va a parar a manos de hombres. Pero bueno, vamos a llamarlo «dispar».

En el resto de la Unión Europea existe una «disparidad» muy similar: las empresas tecnológicas sustentadas por capital de riesgo con equipos fundadores conformados exclusivamente por hombres se quedan con un 93 % del capital, por ejemplo.[19] En Estados Unidos, menos de un 3 % del capital de riesgo va a parar a negocios fundados exclusivamente por mujeres,[20] lo que es sorprendente, puesto que casi un 40 % de todos los negocios que existen en Estados Unidos son propiedad de mujeres.[21] Las cosas están cambiando, pero con mucha lentitud: a la velocidad actual, tendrán que pasar veinticinco años para que las mujeres puedan acceder a un 10 % del dinero.

Pero ¿acaso importa todo esto? Al fin y al cabo, las empresas financiadas por capital de riesgo son solo una pequeña parte de todas las empresas que existen.

Importa porque les hemos dado a estas empresas el poder de marcar las reglas del juego del resto de la economía. La revolución tecnológica de las últimas décadas ha visto cómo industrias que solían formar parte de la economía física se convertían en parte de una nueva economía digital, que existe solo en los dispositivos que llevamos en los bolsillos.

Por primera vez en la historia, una empresa puede crear mercados con miles de millones de clientes. Hoy en día, se puede fundar una red social con ochocientos millones de usuarios, una página web de contactos que se usa en ciento noventa países o una plataforma de vídeos para casi todo el planeta. Estos son el tipo de bestias colosales que los capitalistas de riesgos esperan cazar.

Todo sigue la lógica de la caza de ballenas.

Los emprendedores de hoy en día dependen más de los capitalistas de riesgo que nunca. Quién recibe este capital es lo que determina qué coches llegaremos a conducir, qué tratamientos médicos innovadores recibiremos y qué lógica gobernará a los robots a quienes les estamos concediendo cada vez más poder. Por eso es un problema tan grande que las mujeres apenas tengan un pie en este campo de juego.

Hacia el cambio de milenio, solía tardarse unos tres años en que una empresa tecnológica volviera a puerto (es decir, saliera a bolsa). Ahora se necesita casi una década.[22] Google recibió menos capital de riesgo a lo largo de toda su travesía hasta llegar a la bolsa de valores que la empresa sueca de escúteres eléctricos Voi solo en el año 2019.[23] ¿Cómo pueden competir otros emprendedores con un grupo de hombres que de pronto dispone de ochenta y cinco millones de dólares con los que llenar las calles de Estocolmo de escúteres eléctricos?

No pueden.

El que recibe el cheque de ochenta y cinco millones de dólares es imbatible. Será el elegido que tendrá la oportunidad de reescribir las reglas de todo: desde la circulación de Estocolmo hasta cómo compramos libros, cómo se desarrollan las campañas electorales o cómo financiamos los medios de comunicación.

Examinemos, por ejemplo, el caso de WeWork, la ahora infame empresa emergente que fracasó de forma espectacular con su OPI (oferta pública inicial) en 2019. El desastre hizo que su inversor principal, SoftBank, inyectara al menos cinco mil millones de dólares en la empresa, que se había desplomado (alrededor de un millón y medio de dólares más de lo que se invirtió con capital de riesgo en empresas fundadas exclusivamente por mujeres en Estados Unidos durante el mismo período).[24]

Debido a que más del 97 % de todo el capital de riesgo acaba en manos de hombres, nuestros programas, aplicaciones, redes sociales, inteligencia artificial y equipos físicos están siendo creados, financiados y desarrollados por hombres. Y no hay nada de malo en el hecho de que sean hombres. Pero sí que hay algo malo en un sistema que excluye a las mujeres.

La alianza entre el capital de riesgo y Silicon Valley ha significado que ahora las reglas de toda una industria puedan decidirse con el plan de negocios de una sola empresa. Y, cuando este capital de riesgo va a parar casi de forma exclusiva a manos de hombres, nos encontramos ante un problema que es muchísimo mayor que el hecho de que una joven no reciba ayuda financiera para su nueva aplicación, que Aina Wifalk nunca se hiciera rica gracias a su andador o que las mujeres no consigan préstamos para expandir siquiera unos salones de manicura que son rentables.

Cuando las ideas y las invenciones son fruto de un grupo tan pequeño y homogéneo, no sorprenderá a nadie que nuestro mundo se llene de repente de servicios y empresas destinadas a satisfacer a una determinada clase media blanca y urbana. Los fundadores de estas empresas son elogiados como grandes emprendedores, pero ¿de verdad no somos capaces de hacerlo mejor?

En los últimos años, hemos empezado a identificar la innovación con cosas como «Uber para cuidadores de gatos», «Tinder para granjeros» y «Netflix para documentales sobre historia»; una cuarta cámara que es aún mejor para nuestros iPhones; y un tipo de economía que ha convertido a un puñado de hombres en los más ricos de la historia del planeta Tierra. Estos hombres han sido capaces de cambiar radicalmente las reglas del juego del mercado laboral, de la democracia y de los medios. ¿Ha valido la pena? ¿Podríamos haber hecho las cosas de otro modo?[25]

A nadie que lea la historia de Aina Wifalk se le escapa que el andador fue posible gracias, precisamente, a las particularidades de su vida. Su experiencia en el campo de la enfermedad y la discapacidad es lo que le hizo pensar de una determinada forma. La diversidad es crucial para que las mejores ideas se conviertan en realidad. Sin embargo, no es lo que ocurre hoy en día y no solo se trata de una cuestión de discriminación: forma parte del ADN de nuestro sistema financiero.

Las empresas que tienen más dificultades para encontrar apoyo económico son las que tienen los proyectos más modestos: innovaciones prácticas cuyos posibles beneficios económicos son fáciles de imaginar. En su mayoría, son el tipo de empresas que montan mujeres y que no cuadran con la lógica de la caza de ballenas.

Que las mujeres sean excluidas a nivel económico es un desperdicio que no podemos permitirnos y menos aún si tenemos en cuenta que quizá nos estemos enfrentando al mayor problema de innovación colectiva de la historia. Desde la década de 1860, hemos emitido más de quinientos mil millones de toneladas de gases invernadero a la atmósfera y, al mismo tiempo, hemos vaciado los bosques y hemos explotado la tierra de formas inauditas. Esto provoca que al planeta cada vez le cueste más absorber dióxido de carbono y las consecuencias amenazan con convertir a la Tierra en un lugar inhabitable para los humanos. La innovación y las nuevas tecnologías son parte fundamental de la solución a la emergencia climática. Necesitamos oír tantas buenas ideas como podamos.

Sin embargo, en vez de cambiar el sistema financiero, estamos tratando de enseñar a las mujeres a arriesgar más, a que se presenten ante inversores masculinos y les presenten esas ideas que han tenido y que «¡aplastan!», «¡alteran!» y «¡dominan!» todo, para así «prevalecer». Así es como hablan ellos, por lo que debes hablar así si quieres que te respalden. El lema de Facebook fue «muévete rápido y rompe cosas»: si creces lo suficiente y a la velocidad suficiente, los beneficios llegarán tarde o temprano. No te centres en las consecuencias, solo tienes que luchar por el monopolio y reventar cualquier cosa que se interponga en tu camino. El emprendedor es descrito como un superhéroe que, en nombre de la innovación, tiene el derecho (no, el deber) de hacer caso omiso de las reglas que se aplican al resto. Este es el ideal que nos ha conducido al punto en el que nos encontramos ahora. Y no tendría por qué ser así.

La tragedia del patriarcado es que hemos cogido la experiencia humana y la hemos dividido en dos. Hemos decidido que ciertos aspectos de lo que significa ser humano son femeninos y otros masculinos, y que lo masculino debe desbancar a lo femenino. Eso no solo provoca que se le dé prioridad al hombre sobre la mujer en la sociedad, sino que también se expresa en el hecho de que los valores que consideramos «femeninos» sean marginados en la economía.

La forma tradicional en la que educamos a los muchachos, más que cualquier otra cosa, ha consistido en decirles que callen, nieguen y repriman las facetas de su personalidad que pueda percibirse como «femeninas». No llores, no seas tan sensible, no te quedes ahí quieto mirando las flores. Pero estas facetas también son, como es evidente, parte de lo que supone ser humano.

Facetas que les estamos negando a los hombres.

En el ámbito económico, hacemos lo mismo: valores considerados femeninos como los sentimientos, la dependencia, la vinculación y cualquier otra cosa percibida como «blanda» no se entienden como algo que pueda crear valor económico; ni siquiera tienen el derecho a existir en el duro mundo de la economía. En caso de que estén presentes, deben quedar en segundo plano. La responsabilidad social corporativa, la preocupación medioambiental y la justicia social están muy bien, pero son insignificantes en comparación con el dominio del mercado y una competición en la que el ganador se lo lleva todo. En nuestros intentos por conservar esta lógica económica a toda costa (una lógica en la que lo masculino desbanca lo femenino) perdemos mucho.

Incluso a nosotros mismos.

¿Acaso la innovación no podría «reparar» igual que «aplastar»? ¿O las nuevas invenciones, «ayudar» de la misma forma que «alteran»? ¿Acaso no podrían «contribuir» al ecosistema del mercado en vez de «dominarlo»?

Aquello en lo que escogemos invertir como sociedad dice mucho sobre lo que valoramos y lo que no. ¿En qué problemas estamos inyectando millones en un intento por solucionarlos? O más valdría preguntar: ¿los problemas de quién? ¿Y los problemas de qué otras personas no estamos viendo?

La lógica de la caza de ballenas es masculina. No porque sea inherente del hombre desde un punto de vista biológico, sino porque encarna ciertos valores que hemos aprendido a interpretar como tales y, por consiguiente, también le conferimos más valor que aquellos que interpretamos como femeninos. En consecuencia, las empresas que tratan de funcionar fuera de esta lógica no gozan de las mismas oportunidades. De hecho, hemos excluido los valores que consideramos «femeninos» del ámbito económico. Los hemos relegado a la esfera privada, un lugar en el que es aceptable «cuidar», «reparar», «ayudar» y «proteger». Se los llega a exigir, al menos si eres mujer. El mercado, en cambio, es el lugar para «aplastar», «alterar» y «dominar». Tal y como hemos visto, esta definición de lo que es la innovación excluye a muchas emprendedoras mujeres. Pero esto tampoco es lo peor.

Lo peor es la cantidad de ideas innovadoras que siguen sin ser explotadas.

En 1998, la reina Ingrid de Dinamarca, de ochenta y ocho años, acudió a una espléndida ceremonia nupcial en la residencia de verano de la familia real danesa.[26] Llevaba un vestido turquesa con encaje y lo complementó con un andador verde menta a juego.

Fue un momento muy importante para la movilidad de las ancianas en esta parte del mundo. Para las mujeres de gran parte del norte de Europa, las imágenes de la reina Ingrid empujando su andador sin complejos hacia la fiesta del palacio lo normalizaron como ayuda a la movilidad.

Solo porque tengas miedo de tropezar, no tienes por qué perderte el baile. Solo porque no caminas como los demás, no tienes por qué esconderte en casa o desperdiciar el vestido turquesa con encaje que tienes guardado en el armario.

Ese día, cuando su invento se volvió popular, Aina Wifalk llevaba quince años muerta. Sí, su andador se extendió por todo el mundo. Pero ¿cuántas ideas de otras personas que, por cualquier razón, no encajaban nunca llegaron a ver la luz del día?

Al menos se ha podido escribir la historia de Aina Wifalk. Lo que no se puede escribir, sin embargo, son las historias de todas las soluciones que no han llegado a existir. ¿Quién tiene la oportunidad de participar en la invención de nuestra realidad? ¿Y quién no?

¿Y cuál es el precio que todos pagamos por ello?

6

En el que las influencers *se hacen más ricas que los* hackers

Los primeros tres tonos de pintalabios costaban veintinueve dólares cada uno y las existencias se agotaron en treinta segundos. Al día siguiente, los podías encontrar en eBay por un precio casi diez veces mayor. El mercado pedía a gritos estos kits de pintalabios y lápiz delineador a juego. La idea era definir el contorno natural del labio con el lápiz y luego rellenarlo con el pintalabios, de forma que los labios acababan pareciendo más carnosos de lo que en realidad eran. La técnica no era una novedad y tampoco lo eran los colores, pero la enorme demanda hizo que los precios escalaran con cada compra y en cada página web de internet.[1]

Cuando Kylie Jenner lanzó otros tres tonos de pintalabios cuatro meses más tarde, se agotaron en diez minutos. Por aquel entonces, solo tenía veinte años, pero pocos años después vendería la mitad de su empresa por seiscientos millones de dólares. Poco importaba que se rumoreara que había montado su negocio con cifras infladas y exageradas.[2] El dinero que ganó con esta venta, sin embargo, era muy real.

Kylie Jenner apareció por primera vez en televisión a la tierna edad de diez años. Hizo su debut interpretándose a sí misma en un *reality show* sobre la familia en la que había tenido la suerte de nacer.[3] En ese momento, el programa se emitía en ciento sesenta de los ciento noventa y pico países del mundo. Cada semana, el mundo sintonizaba el programa y observaba cómo Kim, Kourtney, Khloé, Kendall, Kylie y la madre, Kris Jenner, hacían su vida. Los hombres de la familia básicamente eran mero atrezo en la serie, ya que el programa se centraba en las mujeres: Kim y Kourtney haciendo ejercicio en el gimnasio que tenían montado en casa mientras tomaban sorbos de *frappés* y navegaban por Instagram; Khloé en el sofá picoteando de un bol enorme de ensalada preparada para llevar; Kendall viajando en un *jet* privado ataviada con un pantalón de chándal y unas pestañas larguísimas hechas de pelo de visón con pegamento.

Estas hermanas estadounidenses llegaron a definir el ideal femenino del mundo occidental en la década de 2010 de una forma no demasiado distinta a la modelo británica Twiggy en la década de 1960. En esa época, el ideal había sido una silueta delgada y unos ojos de cordero degollado sobre un fondo del Londres de los 60. Ahora era una piel perfecta, ojos de gato, pómulos altos, cinturas diminutas y labios grandes. Sin mencionar el culo, claro. Los cantantes alababan el trasero femenino en una canción tras otra. Desde que el pintor barroco Peter Paul Rubens guardó los pinceles en el siglo XVII, el culo no ocupaba un lugar tan predominante en la cultura de masas. Kim, Kourtney, Khloé, Kendall y Kylie se proclamaron símbolo de este nuevo ideal.

Las hermanas ayudaron a millones de mujeres a descubrir sus propias cejas y a empezar a peinarlas con cepillos especiales. Normalizaron el bótox al emitir por televisión cómo les inyectaban este veneno en la cara y convirtieron en algo aceptable pasarse noventa minutos delante del espejo aplicándose distintos tonos de colorete en los pómulos. También se hicieron desmesuradamente ricas.

Sobre todo Kylie. La más joven de todas.

En la década de 2010, era bastante fácil fundar una empresa de éxito si, como Jenner, disponías de más seguidores en Instagram que el número de habitantes de Alemania. Si ese era el caso, entonces ya poseías lo que genera la competencia más encarnizada: atención. Entonces lo más probable es que ya ni siquiera necesites capital de riesgo.

Kylie Jenner se hizo con la imaginación de las jóvenes en una época en la que estas cada vez eran más inaccesibles. Se habían refugiado en sus propios mundos digitales, lejos del alcance de las estrategias de publicidad tradicionales. Que Jenner fuera capaz de seguir llegando a las jóvenes le confería poder económico, un poder que sin duda la sorprendió incluso a ella.

En febrero de 2018, Jenner escribió en Twitter: *Sooo does anyone else not open Snapchat anymore? Or is it just me… Ugh this is so sad* («¿Hay alguien más que ya no se meta en Snapchat? ¿O soy solo yo…? Uf, qué triste todo»).[4] El tuit se interpretó de inmediato como que a Jenner ya no le gustaba la plataforma social Snapchat, lo que a su vez fue el detonante de una reacción en cadena de venta de acciones en bolsa. Antes de que terminara el día, el valor de acciones de Snapchat había caído un 6 % y mil trescientos millones de dólares de su valor de mercado se esfumaron de un plumazo.[5]

Cuando Jenner empezó a vender pintalabios en 2015, la gente ya llevaba dos años hablando de sus labios en internet. ¿Se había inyectado algo para hacerlos más carnosos o no? La gente metía los labios en vasos y aspiraba hasta que parecían tan hinchados como los de Kylie. Todo esto ocurría mientras la industria del maquillaje experimentaba un gran cambio estructural. Las mujeres jóvenes estaban abandonando las marcas de sus madres como L'Oréal y Maybelline en favor de nuevos productos de marcas nuevas, cosas de las que habían oído hablar en las redes sociales o en tutoriales de maquillaje en YouTube, donde mujeres de su misma edad se delineaban el pliegue del párpado y daban forma a sus cejas grabándose con su *smartphone*. Y fue precisamente este distanciamiento de lo viejo y el salto al mundo digital lo que Jenner supo aprovechar.

Utilizó la atención que rodeaba a su persona (la misma atención que haría bajar en picado las acciones de Snapchat) para vender sus propios productos, que estaban relacionados, qué casualidad, con la parte del cuerpo por la más se la conocía: sus labios.

El dinero le llovió a montones.

En 2018, la revista estadounidense *Forbes* nombró a Kylie Jenner la emprendedora multimillonaria más joven del mundo, un título que antes había ostentado el fundador de Facebook, Mark Zuckerberg. La forma de convertirse en una de las mayores fortunas del mundo a la edad más joven posible parecía haber cambiado: de construir páginas web en residencias de estudiantes en Harvard, a lo Zuckerberg, a vender pintalabios, a lo Jenner, desde la mesa de la cocina de su madre, que tanto había aparecido en televisión, en Los Ángeles. La *influencer* parecía haberle ganado la partida al capitalismo. ¿Quién se iba a imaginar que la revolución digital nos conduciría a esto?

En 2010, el conocido inversor estadounidense Peter Thiel musitó, decepcionado: «Queríamos coches que volaran y en cambio nos han dado ciento cuarenta caracteres».[6] No hace falta decir que se estaba metiendo con la red social Twitter, que había alcanzado el éxito permitiendo a sus usuarios expresarse con solo ciento cuarenta caracteres. ¿Cuál era realmente el culmen de la innovación? Ahora, Thiel bien podría haber comentado: «Queríamos coches que volaran y, en cambio, nos han dado a Kylie Jenner tras cinco filtros distintos y brillantes de Instagram».

En la década de 2010, internet demostró que podía hacer algo nuevo: combinar la habilidad de la televisión de llegar a la gente con la intimidad de una llamada telefónica normal. Eso eran las redes sociales, que dieron lugar a una economía dominada sobre todo por mujeres.

Esta década vio cómo madres emprendedoras, escritoras de blogs, *influencers* e *instagrammers* representaban el éxito empresarial femenino, mientras la cifra de mujeres presentes en las grandes empresas tecnológicas como Apple, Google, Facebook y Microsoft seguía siendo sorprendentemente baja.[7]

Las redes sociales también supusieron un cambio radical en actividades que antes pertenecían a la esfera privada. De pronto, preparar comida, planear las vacaciones familiares, poner la mesa, hacer arreglos florales o elegir la ropa de los niños podía ser algo en torno a lo que construir un negocio. Las plataformas de redes sociales han hecho posible que mujeres más o menos normales ganen dinero gracias a su matrimonio, sus hijos y sus elecciones como consumidoras de una forma totalmente nueva.

Lo más interesante es que todo esto ocurría en una sociedad que, por lo general, no valoraba demasiado las labores tradicionales de la mujer. Cosas como preparar la comida, planificar las vacaciones familiares, poner la mesa, hacer arreglos florales o elegir la ropa de los niños no se cuentan entre las «actividades económicas» de la teoría económica estándar.[8] Son invisibles y se asume que carecen de «relevancia económica». Pero ahora, de pronto, se podía levantar un negocio entero centrado en uno de estos temas.

Y ni siquiera había que ser hombre. En el pasado, a menudo hasta que los hombres no ocupaban ámbitos tradicionalmente dominados por mujeres (desde hacer productos lácteos hasta preparar comida), no se empezaba a generar dinero. Sin embargo, esta vez fue distinto. Estos nuevos modelos de negocio empezaron a aflorar, desde Nyköping hasta Nairobi y desde Århus hasta Moscú.

Para alguien que no era Kylie Jenner, los acontecimientos podían sucederse de la siguiente manera: una joven china llega a Italia para estudiar bioquímica. Aficionada a las compras, pronto descubre lo barato que es comprar productos de diseño europeos en comparación con China.[9] También sabe lo mucho que está creciendo la demanda de productos de lujo entre la clase media china. Así que ¿por qué no comprar faldas de Armani y zapatos de Chanel en Milán y empezar a vendérselos a clientes chinos?

La década de 2010 fue testigo de la aparición generalizada de este tipo de compradoras profesionales de productos de lujo occidentales, que los vendían al mercado chino con la ayuda de las redes sociales. Tomaron la habilidad que habían desarrollado en el ámbito del estilo y la moda para ofrecerla como un servicio que los demás podían comprar, usando sus propias vidas como escaparates.

Se fotografiaban a sí mismas en probadores y se filmaban paseando por calles adoquinadas. Escenificaban una vida que se equiparaba a los productos que vendían para convertirse en maniquíes de carne y hueso de sus propias *boutiques* digitales.

Lo que había comenzado como un interés personal en la moda de pronto podía convertirse en cinco compradores distintos repartidos por distintos lugares de Europa y un abnegado servicio al cliente en China.

El *glamour labour* o el trabajo de creación de este tipo de contenido es un término que define el trabajo que realizaron las *influencers* por primera vez en la década de 2010 y que ahora se ha convertido en un requisito en un número cada vez mayor de ámbitos e industrias.[10] El trabajo de creación de estos contenidos implica moldear tu cuerpo y tu persona para agradar a quienes te siguen por la versión de tu vida que presentas en las redes sociales. Esto incluye todo el esfuerzo que inviertes en maquillaje, ropa, ejercicio físico, tatuaje de cejas y cualquier otra cosa que contribuya a que tu yo físico se equipare a tu yo virtual. Pero también engloba todas las estrategias que tienes en la cabeza: todos los pensamientos dedicados a hacer que tu vida parezca de una determinada manera en las pantallas de los demás.

En este sentido, Kim, Kendall, Kylie, Kourtney y Khloé han demostrado poseer una resistencia excepcional en el ámbito de la creación de contenido de moda y belleza. Su estrategia ha consistido en crear una marca personal, expandirla a través de distintas redes y plataformas, y luego vender sus productos gracias a la atención que han logrado generar entorno a ellas.

A menudo se dice que las Kardashian son famosas por ser famosas. Pero no es cierto. Kim, Khloé, Kylie, Kourtney y Kendall son famosas por lo que consumen. Son una especie de ídolos del consumo. Y no es ninguna casualidad que el modelo de negocio en cuya creación han ejercido un papel fundamental naciera en un matriarcado, una organización estrictamente controlada y encabezada por la madre, Kris Jenner.

«El estudio adecuado de la humanidad es masculino…, pero el estudio adecuado del mercado es femenino» publicó *Printers Ink,* la principal revista comercial del mundo dedicada a la pujante industria publicitaria, en 1929.[11] El mensaje no podría haber sido más claro: el consumidor es la mujer, a pesar de que la humanidad, ni que decir tiene, sea por defecto el hombre.

En muchos países, los hombres gastan ahora más dinero en ropa que las mujeres. Las mujeres, sin embargo, suelen invertir más tiempo en ir de compras. Y son las mujeres las que controlan la mayor parte de todo el consumo mundial. La mujer es la encargada de comprar la comida, la ropa, los pañales, las mesitas de centro, el detergente y el líquido para las lentillas. No porque sea la que tiene más dinero, sino porque la tarea económica de abastecer la casa ha recaído en ella. Esto indica que el consumo, hasta cierto punto, es un trabajo.

La compra es una de las muchas cosas que tienen que darse en una casa para que todo funcione. Alguien tiene que darse cuenta de que se han terminado los huevos, que la pecera necesita un nuevo limpia-algas magnético o de que, si hubiera algún tipo de alfombra a sus pies, quizá los niños se harían menos daño al caerse de las sillas de la cocina.

Hoy en día, se espera que las mujeres piensen en esas cosas más que los hombres: forma parte del esfuerzo mental y emocional de ser mujer. Más a menudo de lo que se piensa, es la mujer la que se asegura de que no se acabe el papel higiénico, algo de lo que, como todo el mundo sabe, nadie se da cuenta hasta que de verdad se ha acabado. Pero la mujer no recibe ninguna medalla especial por el papel que ejerce como consumidora principal en la sociedad. Más bien al contrario: el consumo privado a menudo se considera algo sucio o frívolo.

Quienes iban a trabajar eran los hombres: ellos fundaban empresas, hacían operaciones bancarias, construían e inventaban, o al menos esto es lo que sostiene el relato tradicional. Luego, la mujer se gastaba el dinero del hombre y eso mantenía a flote la economía. En el ámbito político, las izquierdas y las derechas llevaban tiempo coincidiendo en los puntos clave de esta historia. Los pensadores conservadores creían que el hombre representaba lo superior y lo intelectual, mientras que la mujer representaba lo básico y lo material. Los socialistas, en cambio, a menudo percibían la producción como algo colectivo, masculino, creativo y útil, mientras que el consumo era femenino, individualista y, en muchos sentidos, carente de sentido.

Incluso hoy en día, muchos hombres, por instinto, ponen distancia entre ellos y el concepto de ir de compras. Cuando un hombre se gasta cien libras mensuales en vinilos, no se denomina «ir de compras», se denomina «estar interesado en la música». Si se pasa horas buscando los accesorios más adecuados para su motocicleta, es «un apasionado de la velocidad», no «un apasionado de las compras». Una jefa de Estado con un bolso que cuesta cinco mil libras será acusada en los medios de ser adicta a las compras, pero nadie se va a inmutar si un político posee doce trajes que cuestan mil libras o más cada uno.

La propia imagen de la mujer adicta a las compras con un armario repleto de bolsos de marca se ha convertido en un sinónimo de irresponsabilidad económica. Aun así, el valor de segunda mano de un bolso de lujo a menudo es superior que el precio de compra. Compáralo con un Volvo nuevo y reluciente, que comienza a devaluarse a un ritmo alarmante a partir del momento en que sales del concesionario.

El poder del consumidor fue una de las primeras formas de poder económico que poseyeron las mujeres. A principios del siglo XX, las mujeres suecas no tenían derecho a voto, pero sí podían fundar asociaciones de consumidoras. Si la leche estaba llena de fertilizantes líquidos, por ejemplo, o un comerciante les había vendido salchichas llenas de desechos, podían tratar de provocar un cambio en su rol de consumidoras.[12]

Del mismo modo, a principios del siglo XVIII, las mujeres inglesas no tuvieron la opción de votar en contra de la esclavitud. No podían votar en las elecciones ni presentarse como candidatas al Parlamento. Pero a través de sus compras fueron capaces de protestar contra la existencia de los barcos esclavistas. Sabemos que las mujeres inglesas de clase media compraron broches, cajas de rapé, pantallas de chimenea y cojines con eslóganes antiesclavitud bordados. Evidentemente, su activismo fue tildado de efusivo capricho pasajero de una élite cultural, urbana y moralista. Pero ¿qué otra cosa deberían haber hecho?

Más tarde, harían boicot al azúcar, la materia prima que cosechaban esclavos en condiciones espantosas. Claro que el grado de diferencia que marcaron todas estas acciones es debatible. Pero no puede negarse que las mujeres de clase media de los hogares británicos usaron todo el poder que poseían como compradoras principales de artículos de casa.[13]

De una forma parecida, históricamente, a las mujeres les ha interesado más la evolución de los precios que la evolución salarial en el ámbito económico. El coste de los productos siempre ha tenido un mayor impacto en su vida cotidiana. Precisamente, no era raro que, cuando el precio del pan subía, las mujeres se echaran a la calle. Ocurrió durante la Revolución francesa de 1789[14] y en la Revolución de febrero de Rusia en 1917.[15] En otras palabras: hace mucho tiempo que el poder consumidor de las mujeres es una fuerza que hay que tener en cuenta. A pesar de todo, el consumo femenino a menudo se ha usado como característica de un deterioro moral en la sociedad en lugar de, por ejemplo, un desarrollo progresivo.

Cuando en 1852 se crearon en París los grandes almacenes modernos, los periodistas de la época afirmaron que las mujeres francesas no podrían lidiar con ellos.[16] La atracción de los escaparates sería casi sexual para las señoras, sugirieron. Las mujeres eran, por naturaleza, vanidosas e impulsivas. Atraídas por la belleza, la sensualidad y la comodidad, no se podía confiar en ellas cuando la tentación entraba en juego.

Porque todos recordamos quién fue la que hizo que Adán diera un mordisco a la manzana, ¿verdad?

Cuando los grandes almacenes abrieron sus puertas por primera vez, disponían de varias innovaciones importantes que se consideraron bastante peligrosas, al menos para aquellas personas con poca fortaleza mental (es decir, las mujeres). Una característica clave del concepto de unos grandes almacenes era que podías entrar sin tener que comprar nada.

Los grandes almacenes se construyeron como espectáculos en sí mismos, mundos de entretenimiento diseñados para mantener al cliente dentro de sus cuatro paredes tanto tiempo como fuera posible. Había escaleras sofisticadas, espejos rutilantes y tentaciones procedentes de todas las partes del mundo. Y lo más crucial: no pasaba nada si uno entraba y no hacía más que mirar. Así, ir de compras se convirtió en un pasatiempo. Muchos se preguntaron adónde llevaría este avance tan desconcertante.

Otra innovación importante que llegó a asociarse con los nuevos grandes almacenes fueron los precios fijos.[17] En unos grandes almacenes, uno no tenía que regatear o negociar para hacerse con el sombrero que quería, al contrario: podías ver lo que costaba directamente. Eso aceleró el ritmo de compras.

La idea general de los grandes almacenes también radicaba en su envergadura: se obligaba a las clientas a tener que recorrer una planta tras otra para encontrar lo que necesitaban. Era como si quisieran que las mujeres se perdieran.

Émile Zola ambientó su novela *El paraíso de las damas* en el florecimiento de los grandes almacenes parisinos. El eminente escritor francés se pasó semanas investigando en Le Bon Marché, unos grandes almacenes insignes en la *Rive Gauche* de la capital. Para Zola, los grandes almacenes llegaron justo cuando las mujeres francesas empezaron a abandonar la Iglesia. Desde la perspectiva del escritor, no se trataba de una coincidencia: ir de compras se convirtió, en cierto modo, en la nueva religión de las mujeres, escribió.[18]

Estas habían dejado de perfeccionar su alma y ahora se las animaba a perfeccionar su cuerpo. Surgió un nuevo culto a la moda, al cuerpo y a la belleza, y los grandes almacenes se convirtieron en su templo.

Sin embargo, lo que Zola no exploró en profundidad fue el hecho de que había algo muy concreto que las iglesias y los grandes almacenes tenían en común, algo que en parte explicaba por qué las mujeres se sentían atraídas por ambos lugares. A saber, eran espacios públicos en los que el cuerpo femenino podía moverse con relativa seguridad. Los nuevos grandes almacenes ofrecieron a las mujeres francesas más acomodadas un derecho del que no habían gozado hasta entonces: el derecho a *flâner*, es decir, a pasear. De pronto, las mujeres podían darse un paseo en un espacio público sin tener que sopesar el riesgo de sufrir una agresión sexual o acoso. Podían deambular como si estuvieran en la calle, mientras disfrutaban de mucha más protección. Los grandes almacenes eran, simplemente, un espacio público que las mujeres podían frecuentar sin ir acompañadas de un hombre y sin tener miedo.

Las mujeres de la clase trabajadora, sin embargo, continuaron sufriendo manoseos tras los mostradores como siempre. Los grandes almacenes de ninguna manera implicaron libertad para todo el mundo (nada más lejos de la realidad), pero, puesto que el Estado no quiso crear un espacio público que fuera seguro para las mujeres, el sector privado sí lo intentó.

Y recibió una excelente retribución a cambio.

Cuando en 1906 el estadounidense Harry Gordon Selfridge fundó sus enormes grandes almacenes Selfridges en Londres, lo consideró algo así como un acto feminista.[19] En Selfridges, los grandes almacenes que aún coronan el extremo occidental de Oxford Street, la femenina tarea de comprar se convertía en un disfrute. El emprendedor estadounidense llenó Selfridges de restaurantes elegantes pero asequibles en los que la consumidora podía comer sin que la molestaran, algo que realmente no era posible en la mayoría de los establecimientos de Londres. Selfridge hizo instalar una biblioteca de la que las clientas podían tomar libros prestados y creó un área de lectura y una sala de primeros auxilios. En medio del edificio también había un espacio tranquilo e iluminado con suavidad en el que, imaginó él, una mujer podía sentarse en la calidez de una silla cómoda y cerrar los ojos.

Antes de seguir comprando.

Es evidente que todo esto encerraba una lógica comercial. Como hombre de negocios, Selfridge quería que las consumidoras permanecieran dentro de la tienda tanto tiempo como fuera posible. Aun así, sigue siendo un hecho que creó un espacio dentro de la ciudad en el que al menos algunas mujeres podían moverse con mucha más libertad que antes. En otras palabras, la idea de que la compra formara parte del camino a la liberación femenina, al menos para mujeres blancas y acomodadas, no es ninguna novedad.

El consumo es algo vergonzoso que puede corromper a una sociedad entera, advirtió Émile Zola, mientras que otros, como Harry Gordon Selfridge, lo concebían como una posible avenida hacia la liberación de la mujer. En muchos ámbitos, el debate sigue enconado, solo que ahora ha evolucionado a lo siguiente: ¿es Kylie Jenner un modelo a seguir o un ejemplo preocupante? ¿Es «inspirador» que vuele en un avión privado de color rosa que cuesta cincuenta millones de dólares o solo es otro síntoma de capitalismo tardío? No nos decidimos. Ni entonces, ni ahora. Pero es posible que la pregunta sea aún más importante hoy en día, puesto que ahora ya no se trata de unos grandes almacenes bien definidos en una de las avenidas de París. Las nuevas tecnologías han hecho que la lógica consumista se expanda por nuestras vidas de formas completamente nuevas.

En los grandes almacenes del siglo XIX, los precios fijos fueron la gran novedad. Pero hoy en día puedes leer un artículo de revista en línea, hacer clic en la imagen y al instante acabar en un enlace patrocinado que te lleva a una página en la que puedes comprar lo que acabas de ver. Así es cómo ganan dinero las redes sociales en las que cada vez pasamos más tiempo. Y esta integración del comercio con la tecnología que llevamos en los bolsillos se ha convertido en una parte elemental de cómo vivimos y experimentamos el mundo a principios del siglo XXI.[20]

Si el consumidor es una mujer, y cada vez más partes de nuestro mundo son consumibles, ¿le da esto más poder o juega en su contra? Esta pregunta es importante.

Una *influencer* recibe dinero por vivir una vida cuyos elementos están en venta. Tus seguidores están dispuestos a escuchar lo que tienes que decir sobre tus ataques de pánico o tu gato nuevo, pero también quieren poder comprarse el sofá en el que estás sentada cuando les hablas de estos temas en tus publicaciones.

El desarrollo de las redes sociales es tal que ya no se trata de mostrar distintas opciones de consumo (¡Mira qué blusa me he comprado!), sino de que la gente tenga la oportunidad de ver tus opciones de consumo y comprarse de inmediato una «parte» de lo que tú representas para ellos. En realidad, es una especie de revolución comercial.

Ahora hay aplicaciones para *smartphones* que son capaces de «escanear» el mundo que te rodea.[21] La idea es que así podrás ver dónde comprar la jarra que estás mirando y te gusta con solo hacerle una foto y pasar la imagen por la aplicación. Así, la industria al por menor sueña ahora con transformar todo nuestro mundo en un solo escaparate al que acceder con un clic. Si ves a alguien por la ciudad que lleva una chaqueta que te gusta, podrás hacerle una foto y al instante encontrar un enlace en el que podrás comprarla, lo que convierte al mundo real en una tienda igual que lo es el mundo digital. Todo será como los grandes almacenes de Harry Gordon Selfridge: lo que nos rodea estará subordinado a una única lógica comercial.

La década de 2010 difuminó los límites entre el consumo y la producción y se empezó a hablar cada vez más de una nueva categoría: la de «prosumidores».[22] Eran las personas que no eran ni consumidores ni productores, sino una combinación de ambos. Y en este limbo entre ambas, muchas mujeres erigieron sus empresas.

Una *influencer* es una «prosumidora». Consume vitaminas mientras produce publicidad para las mismas pastillas al fotografiarse tomándoselas. Su trabajo principal es convencer a sus seguidores de que se tomaría las vitaminas tanto si le pagaran por ello como si no. El truco está en persuadir a sus espectadores de que es una consumidora normal, como ellos. Lo que es verdad. Y a la vez, no.

De hecho, todo usuario de Instagram es, en mayor o menor medida, un «prosumidor». Usamos la red social al mismo tiempo que la creamos a través de nuestro contenido. La pregunta, por supuesto, es si de verdad se trata de algo nuevo: muchas innovaciones del siglo pasado han consistido en forzar el límite entre el consumo y la producción de distintas formas. Pongamos, por ejemplo, un restaurante de comida rápida: la consumidora se convierte en coproductora durante la hora de la comida. Los clientes tienen que llevarse la comida a la mesa y recoger una vez han terminado, lo que permite al restaurante ofrecer unos precios más bajos.

O Ikea, donde la consumidora también se convierte en constructora de muebles cuando trata de montar su juego de estanterías lo mejor que puede en el salón.

A menudo pensamos en el consumo y la producción como dos entidades separadas, pero no lo son casi nunca. Aun así, es innegable que en la década de 2010 esta línea se difuminó aún más y eso creó muchas oportunidades para las mujeres.

Al fin y al cabo, el papel básico de la mujer en la economía ha sido siempre relegado a la esfera privada: el hombre es quien sale y tiene un trabajo remunerado, mientras que la mujer se queda en casa. Incluso aunque esta premisa no se haya cumplido durante ningún período histórico prolongado (las mujeres casi siempre han trabajado también en la economía formal), es innegable que esa es nuestra percepción sobre cómo son las cosas.[23] El hombre forma parte de la esfera pública, mientras que se asume que la mujer pertenece a la privada.

Pero lo que ocurrió en la década de 2010 fue que las nuevas tecnologías hicieron que gran parte de nuestra esfera privada se hiciera pública. Podías hacer una fotografía de tu desayuno y publicarla en internet para que todo el mundo la viera, y hubo personas que descubrieron que incluso podían ganar bastante dinero publicando estas fotos. Al menos, si tenían arte para darles formas elaboradas a las fresas y colocarlas encima de semillas de chía en remojo.

Del mismo modo, tu matrimonio y tus hijos podían convertirse en un trabajo a tiempo completo si eras lo bastante buena como para crear un reportaje en línea constante sobre estilo de vida centrado en ellos. Lo que era distinto en esta nueva economía era que se basaba casi por completo en tu habilidad para forjar un vínculo emocional con tus seguidores. «Ser natural» durante esos años adoptó un nuevo significado comercial.

Pongamos, por ejemplo, ser madre. En la década de 2010, el mundo occidental se obsesionó con la maternidad. Qué famosas estaban embarazadas, si eran fértiles o infértiles o cómo decidían criar a sus hijos o dejaban de hacerlo… Todos estos se convirtieron en grandes temas de discusión. La gente actualizaba su foto de perfil en las redes sociales con ecografías del niño que llevaban en el vientre. Cuando ser madre como concepto, idea, desafío y problema se expuso a la vista de todos de esta nueva forma, a menudo provocó que se fusionara lo digital con lo íntimo.

Para las famosas, este tipo de maternidad digital a menudo era una forma de transformarse y pasar de la imagen de inalcanzable mujer de ensueño a alguien con quien el consumidor podía sentirse identificado. La maternidad era una manera de combinar el *glamour* de ser famosa con la demanda del mundo internauta de conocer su intimidad.[24] Entre Kim, Kourtney, Kylie, Khloé, Kendall y Kris tienen quince hijos en total. La maternidad es fundamental en su marca a casi todos los niveles. Encarnan un tipo de maternidad glamurosa y emprendedora en la que bautizas tu último producto con el nombre de tu hija y luego posas con ella en internet mientras los pedidos llegan en masa.

Las jóvenes compraron el pintalabios de Kylie Jenner porque les parecía una mujer auténtica. Les parecía real, no como la modelo de la valla publicitaria de L'Oréal. Incluso aunque la modelo tuviera la misma apariencia exacta que Kylie Jenner, las jóvenes no la habían oído hablar de sus relaciones de la misma forma ni habían visto su barriga de embarazada embadurnada de gel azul en una cita para una ecografía. Se podían sentir identificadas con Jenner porque compartía las cosas que le ocurrían, y la maternidad no fue una excepción.

Por supuesto, todo esto es irónico en muchos sentidos. La maternidad, que durante tanto tiempo se había visto como lo contrario a todo lo que sostiene el mercado, de pronto dejó de tener un peso comercial insignificante.

Desde un punto de vista histórico, las identidades de las mujeres como madres y como profesionales se han percibido como intrínsecamente opuestas, de una forma que no ocurría con los hombres. Tener un trabajo y proporcionar un sustento a la familia forma parte de lo que significa ser un buen padre, creemos todos. Pero lo mismo no se aplica a la mujer, y para muchas mujeres en la década de 2010 fundar una empresa cuyo centro era su propia identidad como madre se convirtió en un modo de salvar estas distancias.

La empresa de Kylie Jenner empezó en una mesa de cocina, pero era una mesa de cocina que aparecía constantemente por televisión y en fotografías. La esfera privada seguía siendo el lugar de trabajo de la mujer, pero la tecnología la llevó de repente al terreno de lo público. En cierto modo, en esto consistió esta revolución: más mujeres pudieron crearse una alternativa a un mercado de trabajo que nunca se construyó para ellas.

Hasta cierto punto, el emprendimiento en general ha sido una vía de escape para las mujeres. En África, el continente con el porcentaje más alto de mujeres emprendedoras, el emprendimiento es a menudo una respuesta a la discriminación. Las mujeres tienen más dificultades para encontrar trabajo y con más frecuencia carecen de las habilidades formales que exigen muchas empresas. Las mujeres también se sienten las principales responsables de la casa y los hijos, lo que significa que necesitan un trabajo con una flexibilidad que no existe. Así que se lo crean.

Del mismo modo, en Europa muchas mujeres deciden a menudo que quieren trabajar de otro modo: quizás una abogada esté cansada de recibir un salario menor que sus compañeros hombres o no le vea sentido a que una empresa obligue a sus empleados a permanecer en la oficina doce horas al día.

El desarrollo tecnológico ha provocado que haya más mujeres emprendedoras porque les ha facilitado poder fundar empresas y dirigirlas desde casa. De hecho, en la década de 2010, el emprendimiento a menudo se aclamó como el nuevo feminismo. De esta nueva generación de mujeres emprendedoras, de la que más se hablaba, y no es nada sorprendente, es de la mujer que trabajaba desde casa y que se ganaba la vida enseñando lo que consumía mientras compartía retazos de la vida cotidiana de su familia. Claro que también resultó ser el tipo de emprendimiento que más fácilmente se combinaba con el rol de género femenino, por no decir que se presentaba como una extensión de este. Pero todo conllevaba un precio: tu vida íntima se volvía pública y los detalles que compartías en internet pertenecían a las grandes empresas tecnológicas. Puede que Kylie Jenner (una mujer) fuera la persona que más ganaba con Instagram.

Pero Mark Zuckerberg era el propietario de la red.

En esos años, compartir momentos muy personales se convirtió en una estrategia comercial. La clave estaba en combinar un exterior perfecto con un mundo interior vulnerable que revelara que el exterior perfecto era solo eso, externo, y que por tanto podía conseguirse comprando los productos que se promocionaban. Este tipo de intimidad puede funcionar como estrategia comercial, pero también puede conducirte a exponer más y más de ti misma. La intimidad que tus seguidores sienten que comparten contigo puede incluso provocarles la sensación de que son tus propietarios.

Pero quizá nos estemos adelantando. Al fin y al cabo, usar la intimidad como estrategia de ventas no es nada nuevo. Los hombres también la usan. Forjar relaciones emocionales con clientes no es algo que las mujeres hayan descubierto ni tampoco algo de lo que tengan el monopolio. De la misma forma que una mujer puede usar las redes sociales para forjar relaciones que quizás acaben en ventas, un hombre puede tratar de crear intimidad mediante diversos métodos en su negocio.

Salir y cogerse una borrachera épica en una cena de negocios es un ejemplo de estrategia para forjar vínculos íntimos en potenciales relaciones comerciales, una que es tan clásica como tradicionalmente masculina. Empinas bien el codo y, así, creas un vínculo. El club de *striptease* (podría decirse que es el lugar más tópico en el que los hombres hacen negocios) es otro ejemplo.

Porque ¿qué puede hacer que alguien se sienta obligado a llevar a un cliente a un espectáculo de exhibicionismo heterosexual? La respuesta es la intimidad. No con las mujeres que están en el escenario, claro: están allí para que se las mire. No, ir a un club de *striptease* hace que se intime con otros hombres. Compartes una experiencia que te expone y esa intimidad puede proporcionar las bases de una futura relación comercial.

Es fácil ver que esto esconde grandes problemas.

Los estudios demuestran que la autoestima de las adolescentes disminuye cuanto más tiempo pasan en las redes sociales. Al mismo tiempo, el desarrollo de estas mismas redes también puede percibirse como una forma de ganar dinero para las mujeres a partir de habilidades tradicionalmente consideradas femeninas. Y ¿qué tiene de malo erigir una empresa de belleza, de casa, de crianza de los hijos, de repostería o querer estar en casa cuando los niños vuelvan de la escuela? No solemos juzgar a los hombres famosos como George Clooney por ganar quinientos millones de dólares comercializando su afición (¡tequila!). Pero claro, hay una diferencia.

Desde pequeñas, a las mujeres se las anima a pensar siempre en lo que los demás opinan de ellas. Desde un punto de vista histórico, el atractivo ha constituido una necesidad económica para las mujeres de una forma que no era igual para los hombres. Como las mujeres no han gozado de las mismas oportunidades económicas de independencia que los hombres, han tenido que depender de la buena voluntad de los demás.

En la actualidad, en muchas partes del mundo una viuda que no cae bien suele sufrir abandono por parte de su comunidad si no existen leyes o instituciones que aseguren su derecho a la herencia. Del mismo modo, los libros de Jane Austen describen la relación directa que existe entre ser la popular del baile y la habilidad de mantenerte a ti misma en el ocaso de la vida. Todo se reduce a complacer al hombre o, en caso de no conseguirlo, al menos a no enemistarte con esos miembros de tu comunidad. ¿Tan extraño es, entonces, que las mujeres se obsesionen con lo que los demás piensan de ellas? Durante siglos, agradar ha determinado las oportunidades que una mujer tenía de sobrevivir económicamente.

No debería sorprender, por consiguiente, que muchas mujeres desarrollaran un sexto sentido sobre cómo eran percibidas. Y que luego resultara ser algo que *podía* aprovecharse en la economía digital. Con las redes sociales, la habilidad de una mujer para agradar y forjar vínculos emocionales de pronto podía monetizarse. Si Kylie Jenner hubiera nacido dos décadas antes, probablemente se habría vuelto rica de todos modos. Pero no tanto. Las supermodelos y estrellas de televisión ya podían convertirse en millonarias en esa época, pero casi nunca en multimillonarias.

Las *influencers* que ganaron más dinero en la década de 2010 fueron aquellas que, como Jenner, asumieron el rol de ídolos del consumo. Que la gente desorientada en la jungla de los productos del mercado confiara en alguien que les recomendara una sillita de paseo no es nada extraño. Así que, ¿por qué no tendría que cobrar una madre bloguera por hacer publicidad de ciertos productos? Las revistas semanales, que eran propiedad de hombres, llevaban décadas haciéndolo. ¿Por qué una estrella del cine no debería usar el interés que ella misma genera para vender su propia línea de zapatillas deportivas? ¿Por qué habrían de ser los estudios de Hollywood, de propiedad mayoritariamente masculina, los que generen beneficios del hecho de que el público no sea capaz de apartar los ojos de ella?

El consumo es algo que hemos clasificado como femenino. Pero no podemos decir que rechacemos o ignoremos esta lógica consumista, como suele ocurrir con la mayor parte de las otras cosas que asociamos a las mujeres. Más bien al contrario: el consumo es una de las pocas identidades consideradas femeninas que, de hecho, está empezando a convertirse en universal. Y con ella, el consumo privado ha llegado a ejercer un papel cada vez más decisivo en nuestra economía.

El 10 de mayo de 1940, Winston Churchill se convirtió en el primer ministro de Reino Unido. La guerra estaba asolando Europa y, en un discurso parlamentario, el nuevo primer ministro pronunció la famosa frase: «No tengo nada que ofrecer que no sea sangre, esfuerzo, sudor y lágrimas».[25] Sesenta años después, el presidente de Estados Unidos George W. Bush dio otro discurso en una situación de crisis completamente diferente, después de los ataques terroristas del 11 de septiembre de 2001. Bush pidió a los estadounidenses a hacer algo distinto: les dijo que fueran «a comprar».[26] Churchill apeló a la ética laboral de su nación; Bush, en cambio, los trató como consumidores. Y, en cierto modo, tenía mucho sentido.

La economía de Reino Unido en la década de 1940 se alimentaba precisamente del tipo ética laboral de autosacrificio de la que hablaba Churchill. En los Estados Unidos de 2001, en cambio, gran parte de la producción había sido traspasada a trabajadores que estaban en la otra punta del mundo. Eso no significa que no hubiera muchos estadounidenses trabajando muy duro en esa época. Pero ese trabajo a menudo se desarrollaba en puestos mal pagados en el sector servicios, lo que significaba que el consumo era lo que generaba crecimiento, alimentado por el crédito y los tipos bajos de interés, todo lo que al final desembocó en la crisis financiera de 2008.

En décadas más recientes, ciertos economistas han hablado de la «feminización» del mercado laboral.[27] Con esto quieren decir que hay más mujeres ocupando puestos de trabajo remunerados, pero también que todo el mercado laboral se ha vuelto más «femenino». Eso no significa que el mercado laboral se vuelva más rosa, mimoso o histérico una vez al mes.

Significa que se ha vuelto más inseguro.

Los puestos de trabajo que tenemos son cada vez más flexibles, están peor pagados y se desempeñan desde casa. Lo que tradicionalmente se entendía como un «trabajo» (estar en una fábrica durante ocho horas al día y luego ser capaz de mantener a la familia con el sueldo que ganabas) se ha vuelto cada vez más difícil en muchas economías. Por tanto, el trabajo a tiempo parcial y mal pagado se ha generalizado (el tipo de trabajo que antes se había considerado adecuado para las mujeres). Al fin y al cabo, las mujeres no «necesitaban» ganar tanto como los hombres, se creía entonces.

Del mismo modo, muchas economías se han visto «feminizadas» al centrarse cada vez más en el consumo. A hombres y mujeres por igual se los ha animado a percibir su identidad económica en tanto que consumidores por encima de todo lo demás. Esto es lo que provocó que fuera tan natural que George W. Bush animara a los estadounidenses a ejercer ese mismo papel en 2001.

146

En su libro *Art & Energy (Arte y energía)*, Barry Lord aborda este cambio que, según su opinión, empezó en la década de 1970.[28] Nuestra identidad como consumidores se volvió cada vez más importante a nivel cultural más o menos en la época en la que nuestras sociedades empezaron a funcionar con petróleo.

El petróleo facilitó una expansión espectacular de los productos de consumo baratos, y la compraventa de estos se convirtió en una parte cada vez más importante de nuestra economía. Esto también penetró en nuestra identidad cultural: dejamos de pensar en nosotros mismos a partir de nuestra relación con la producción y empezamos a vernos como consumidores. Ese era nuestro rol principal en la economía, de forma que, en época de crisis, el modo de contribuir como ciudadano era ir a comprar. Ahí yacía tu poder y, en ese sentido, todos, hasta cierto punto, nos hemos convertido en «mujeres».

Se podría decir que los grandes almacenes nos han consumido a nosotros.

Lo que Lord quería señalar era que nuestra identidad está ligada a nuestro consumo de energía. La fuerte identidad del consumidor actual surge de nuestra sociedad de combustibles fósiles. No seremos capaces de escapar de los combustibles fósiles sin encontrar una nueva identidad económica para nosotros.

Si continuamos considerándonos ante todo consumidores, nunca seremos capaces de ver las soluciones para la emergencia climática. Debemos pasar de consumir el mundo a protegerlo. Y, en este sentido, Kylie Jenner seguramente no va a ser de gran ayuda.

En este libro se ha sostenido que gran parte de las cosas que hemos aprendido a considerar femeninas necesitan que nuestra percepción se actualice. Que menospreciarlo todo, desde maletas con ruedas hasta mujeres en coches eléctricos, no solo ha sido de poca ayuda, sino que, de hecho, nos ha frenado, del mismo modo que lo ha hecho nuestra terca insistencia de que solo cosas duras como el metal pueden considerarse tecnología o que la lanza debió de llegar antes del palo excavador.

Mientras tanto, la lógica que dicta que la innovación debe «dominar», «aplastar» y «alterarlo todo» ha creado una economía que, en muchos sentidos, es inhumana. Encontrar una alternativa nos exigirá pensar de forma distinta en materia de género, porque nuestras ideas respecto a este dictan en gran medida lo que valoramos y lo que no, tanto en nuestra vida personal como en la economía en su totalidad.

Sin embargo, ganar seiscientos millones de dólares vendiendo pintalabios no es un sinónimo automático de liberación solo porque lo esté haciendo una mujer. El avión privado de Kylie Jenner produce las mismas emisiones aunque su tapicería sea rosa. En otras palabras: no se trata de pintar el mismo mundo de rosa y llamarlo progreso.

Kylie Jenner representa una versión extrema del rol del consumidor que se le ha asignado a la mujer en nuestra economía, combinado con símbolos masculinos muy tradicionales del éxito material como son los aviones privados (aunque sea en otro color). En sí mismo, es un hecho por el que quizá nadie tendría que indignarse. Ya hemos dedicado suficiente tiempo a indignarnos por el consumo femenino. Pero no deberíamos confundirlo tampoco con la liberación.

La liberación de la mujer no es generalizar la lógica consumista de los grandes almacenes para que abarque todo el mundo. La liberación es dar acceso a las mujeres al resto de la economía en los mismos términos que a los hombres.

Y este es un proyecto mucho mayor. Uno que lo cambiará casi todo.

CUERPO

7

En el que el cisne negro resulta tener cuerpo

Al principio de los tiempos, solo había dos cosas en el cosmos: fuego y hielo. Existía el reino abrasador de Muspelheim en el sur y el reino helado de Niflheim en el norte, y desde el fuego al hielo se extendía el Ginnungagap, un vacío insondable en el que residía la sabiduría. Fue a partir estas tres fuentes (el hielo, el fuego y la nada) que los vikingos creían que se había creado el mundo.

Un día, chispas de los fuegos de Muspelheim se encontraron con el hielo de Niflheim. En principio, solo era cuestión de tiempo que esto ocurriera, aunque el tiempo como ahora lo conocemos aún no existía. Donde el fuego y el hielo se entremezclaron, se formó una masa de agua y de esta emergieron dos criaturas: una vaca y un gigante. El gigante se llamó Ymir. Bebió de la ubre de la vaca y luego se durmió. Del sudor de sus axilas surgieron los gigantes de hielo y sus pies engendraron un ser espantoso de seis cabezas.

Tal fue el caos que provocó la unión del hielo y el fuego que se desencadenó la creación del mundo.

El gigante Ymir bebió leche de la vaca y esta, a su vez, lamió las piedras de sal para sustentarse. Un día, su gran lengua húmeda lamió la piedra y creó al dios Buri. Buri acabó teniendo tres nietos: Odín, Vili y Ve. Estos fueron los primeros dioses y crecieron en el vacío del Ginnungagap con los gigantes de hielo como primos. Fueron Odín, Vili y Ve quienes más adelante decidieron que Ymir debía morir y, con unas espadas que

151

ellos mismos forjaron, mataron a su progenitor. De la arteria carótida, que abrieron en canal, manó a borbotones una helada sangre azul que ahogó a los otros gigantes.

Acto seguido, crearon el mundo a partir del cuerpo de Ymir: la piel de Ymir se convirtió en la tierra; sus huesos, en las montañas; su sangre, en los mares y los lagos. Levantaron la coronilla de su cabeza hacia la cumbre de Ginnungagap y así formaron los cielos, adornados con chispas de los fuegos de Muspelheim, las estrellas. Agarraron a cuatro de los gusanos que se estaban dando un festín con el cadáver de Ymir y los colocaron en los extremos del cielo. Se convirtieron en los cuatro puntos cardinales: este, oeste, norte y sur.

De la tierra fértil creció el árbol de la vida, el inmenso fresno Yggdrasil. Las ramas de Yggdrasil se extendían por los cielos y abarcaban tanto el fuego de Muspelheim como el hielo de Niflheim. Entonces, Odín agarró dos trozos de madera y con el hacha talló los primeros seres humanos: el hombre, Ask, y la mujer, Embla.

Como a estas alturas ya te habrás dado cuenta, a los vikingos no les faltaba imaginación. Y por eso es tan interesante que su concepción de la creación de la humanidad sea tan poco imaginativa. Odín no sudó ni lamió nada para crearnos, no: nos talló con un hacha; los humanos fueron un producto de la tecnología y no del misterio. Quizás el mundo naciera de vacas que lamían sal y gigantes de hielo, pero los dioses crearon la humanidad de una forma muy parecida a la que los vikingos creaban sus embarcaciones y sus casas.

George Zarkadakis, experto en inteligencia artificial, ha señalado que las concepciones sobre nuestro origen a menudo suelen ser muy similares a la tecnología dominante en nuestras sociedades.[1] En la Biblia se nos explica que Dios «formó al hombre a partir del polvo de la tierra».[2] Del mismo modo, los primeros griegos creían que Prometeo nos moldeó a partir del agua y la tierra. En la mitología egipcia, los dioses esculpieron niños de arcilla antes de meterlos en vientres de mujeres, y en

Sudán se decía que Dios usó arcilla de distintos colores, lo que explica por qué los humanos tienen pieles de distintos tonos. Zarkadakis sostiene que este tipo de metáfora con la arcilla era muy común en sociedades agrarias donde la supervivencia dependía de las cosechas y donde las vasijas de arcilla que elaboraban eran maravillas de alta tecnología.

Entonces, cambiaron las metáforas.

En la antigua Grecia, los ingenieros desarrollaron una compleja red de canales, acueductos y sistemas de irrigación. Ctesibio de Alejandría creó una clepsidra con un indicador móvil, y un órgano de agua que podía producir música usando el peso del líquido. La primera máquina de vapor se inventó en Egipto y, en la Alta Mesopotamia, Ismail al-Jazari construyó una embarcación con cuatro músicos automáticos que flotaba sobre un lago y tocaba cancioncillas mecánicas para el soberano.

Si el agua, el vapor y ciertas habilidades tecnológicas podían hacer que las cosas se movieran, ¿no sería entonces lógico que los humanos funcionaran del mismo modo? Empezamos a percibirnos con mayor frecuencia como construcciones alimentadas por líquido o vapor.

Hipócrates hizo avances en el campo de la ciencia médica y planteó que el cuerpo estaba controlado, en esencia, por cuatro elementos líquidos distintos: sangre, bilis amarilla, bilis negra y flema. De hecho, las metáforas hidráulicas todavía se usan en la actualidad, sobre todo cuando hay que describir emociones. Puede que «bullamos» por algo o que, por ejemplo, «la presión haya sido excesiva» o que verbalicemos nuestra necesidad de tener una «válvula de escape» a nivel emocional. Hasta cierto punto, aún creemos que las emociones se acumulan en nuestro interior como el vapor en dentro de una máquina.

En el siglo XVII, el filósofo francés René Descartes paseaba por los jardines reales de Saint-Germain-en-Laye, diseñados por los famosos hermanos Francini de Florencia. Estos hermanos italianos estaban especializados en fuentes, pero por fuentes no nos referimos a una rana de piedra que escupe chorritos de agua ni a un estanque que borbotea y sirve de baño a las aves locales; sino a estatuas hidráulicas: autómatas accionados por el agua, que tocaban música y bailaban. Los jardines de Saint-Germain-en-Laye eran verdaderos laberintos de pasadizos y grutas misteriosos en los que uno se encontraba cara a cara con animales mecánicos u oía el tintineo de los órganos hidráulicos. Eran algunas de las hazañas tecnológicas más espectaculares de la época y se construían por la mayor parte de Europa, a instancias de príncipes y papas.

Llegaría el día en el que Descartes formularía una idea muy influyente, la de que el cuerpo no es más que «una estatua o una máquina».[3] Mirad las estatuas hidráulicas, escribió, ¡mirad cómo se mueven y tocan! ¡Mirad cómo parece que cobren vida! Si la humanidad ha sido capaz de construir este tipo de máquinas, ¿no es lógico que Dios fuera capaz de construir cosas aún más complejas? ¿Y no es eso lo que la humanidad es en esencia: una máquina compleja?

En la Edad Media y el Renacimiento, las figuras mecánicas bailaban en los relojes y órganos de toda Europa. La maquinaria era patrocinada a menudo por la Iglesia católica, que invirtió grandes cantidades de dinero en el desarrollo de esta tecnología y financió nuevas ediciones y traducciones de manuales antiguos sobre su construcción. Incluso existía un crucifijo donde el pobre Jesucristo se retorcía y hacía muecas desde la cruz, tras haberse sacrificado por nuestros pecados.

En las monumentales catedrales, el reloj no solo daba las doce con un talán, talán repentino, sino con un grandioso espectáculo mecánico. Los ángeles abrían puertas para una Santísima Virgen de madera, agachaban la cabeza y alzaban las trompetas. Un Espíritu Santo accionado por una rueda dentada pasaba volando, a la vez que surgía un Gabriel autómata ante el que unas bestias horripilantes ponían los ojos en blanco y sacaban la lengua. Finalmente, san Pedro marchaba con otros apóstoles y, con doce martillos, daban la hora. Como es lógico, estos espectáculos tecnológicos provocaban una gran impresión en la gente de la época. Igual que los vikingos creyeron que los dioses nos habían tallado con hachas, la gente empezó a imaginarse entonces que Dios nos había montado a piezas con un gran juego de herramientas mecánicas. Pues, ¿en qué se diferenciaban nuestros músculos, huesos y órganos, al menos en teoría, de ruedas dentadas y árboles de levas?

Mientras paseaba por esos jardines, Descartes se dio cuenta de que el mismo surtidor de agua podía desencadenar que distintas estatuas hicieran cosas distintas. Una sola fuente hidráulica accionaba tanto un Apolo que tocaba la lira como los pájaros que batían las alas en la gruta siguiente, una sola corriente de agua parecía dar vida a todo un mundo. Descartes empezó a imaginarse que el cuerpo humano funcionaba de la misma forma. Los nervios nos recorrían el cuerpo como si fueran tuberías, razonó, y por su interior corría un líquido que accionaba todo el sistema. La única pregunta era cuál. Por su parte, los músculos y los tendones eran como «máquinas y surtidores», mientras que en el pecho el corazón latía como un mecanismo de relojería.

Los nervios salían del cerebro hacia el cuerpo, como las tuberías de agua de las estatuas hidráulicas, pensó Descartes. Si algo nos tocaba, se desencadenaba una reacción en cadena que llegaba a través de los nervios hasta el cerebro. Más tarde, el filósofo llegaría a pensar que nuestras emociones quizá funcionaran de la misma forma: desde el miedo y la vanidad hasta el dolor y el amor debían de ser algún tipo de reacción mecánica. Desde las lágrimas hasta el instinto, todo podía entenderse y explicarse de la misma forma que el relojero entendía y explicaba un reloj.

Es fácil reírse de las ideas de Descartes hoy en día: quizá las estatuas hidráulicas lo fascinaban demasiado. Pero para él todo parecía muy lógico, ya que se veía reflejado en las máquinas, algo que los humanos hemos seguido haciendo.

A principios del siglo XIX, era habitual hablar del cerebro en términos de intercambio telefónico, por ejemplo (un fenómeno que evidentemente derivaba de la importancia cada vez mayor de las telecomunicaciones).[4] Nuestros nervios ya no eran tuberías por las que corría un líquido, pensábamos, sino un elemento que mandaba señales al intercambio biológico que llevábamos en la cabeza. Si tocabas un fogón encendido, por ejemplo, se mandaba una señal de «¡au, au, au!» al cerebro, que a su vez mandaba una orden a la velocidad de la luz a la mano para que se moviera. Con el paso del tiempo, claro, nos dimos cuenta de que todo este proceso era mucho más complejo. No éramos ni estatuas hidráulicas ni intercambios telefónicos. Con todo, seguimos imaginándonos, una vez tras otra, como una versión más complicada de la máquina más compleja que éramos capaz de construir en la época.

Y ¿por qué lo hacíamos? No es raro usar metáforas (a menudo son útiles), pero ¿por qué elegimos las metáforas que elegimos? ¿Por qué hemos estado siempre tan dispuestos a vernos como un producto de la tecnología en los mitos sobre nuestra creación? ¿Por qué no, por ejemplo, nos imaginamos a los dioses trayendo a los humanos al mundo del mismo modo que los humanos traemos niños al mundo? Por lo menos, sería tan lógico como todas las historias de dioses tallándonos, moldeándonos, construyéndonos o montándonos con un taladro. Por supuesto, una metáfora así colocaría el poder de la creación en el vientre femenino en vez de en las manos de un hombre.

Qué idea tan terrorífica.

L. Ron Hubbard fundó la cienciología en 1954. Este polémico movimiento se desarrolló a partir de un libro de autoayuda que este exitoso escritor de ciencia ficción había publicado cuatro años antes. El libro se titulaba *Dianética: el poder del pensamiento sobre el cuerpo* y nos interesa debido a la metáfora que usa Hubbard: el cerebro humano, afirma, funciona como «un ordenador».[5]

Hubbard describe, en múltiples ocasiones, el pensamiento humano en términos de «procesos», «circuitos» y «bancos de memoria», palabras extraídas directamente del mundo de los ordenadores. Una persona es capaz de «arreglar» su mente de la misma forma que puede arreglar un ordenador, sugirió Hubbard. Cuando funcionan con normalidad, nuestros cerebros pueden recuperar todos los datos relevantes y solucionarnos cualquier problema imaginable. Por desgracia, nuestro sistema está lleno de errores de programación que hemos ido acumulando a lo largo de los años, pero pueden solucionarse. Puedes «limpiar tu sistema», por decirlo de alguna forma, para poder funcionar mejor.

«Como cienciólogo, dispongo de la tecnología para gestionar los problemas de la vida», afirma la estrella de cine John Travolta en la página web de este movimiento.[6] En efecto, hasta la fecha los cienciólogos describen a menudo sus reservados métodos como «la tecnología». Los humanos son ordenadores que tienen la capacidad de reprogramarse a sí mismos. La cienciología puede ser un tipo de religión exageradamente moderna, pero en este sentido evoca al dios vikingo Odín y su hacha: nos percibimos en los términos de la tecnología dominante de la época.

En la actualidad, todo el mundo es un poco cienciólogo, en el sentido de que solemos hablar de nuestros cerebros como si fueran «ordenadores biológicos». Imaginamos que «procesamos información» o que nos «reiniciamos» igual que lo hacen los ordenadores, adoptamos términos como *hardware* y *software* y nos los aplicamos a nosotros mismos. Los componentes físicos de los ordenadores, como el procesador, la pantalla, la tarjeta gráfica y la placa base a menudo son denominados *hardware* o soporte físico, mientras que las instrucciones que se codifican luego para que la máquina las obedezca son el *software* o soporte lógico. Del mismo modo, en las últimas décadas se nos ha animado a pensar en nuestros cuerpos como un tipo de soporte físico y en nuestros pensamientos como un tipo de soporte lógico. Es evidente que nuestro cerebro necesita un cuerpo, pensamos, pero solo de la misma forma en la que un programa informático necesita una máquina o un parásito necesita un árbol. Esto, en parte, nos ha conducido a pensar en la inteligencia (o la humanidad, por extensión) como un elemento independiente del cuerpo. El cuerpo se convierte en una especie de robot que lleva a nuestra «persona» por el mundo, un concepto que hemos extrapolado de forma exagerada. Algunos de los grandes pensadores de nuestra época, como el físico Stephen Hawking o el cosmólogo Max Tegmark han predicho que en el futuro incluso seremos capaces de «subir» nuestra consciencia a algo distinto al cuerpo humano.[7]

Esta conclusión se extrae de la idea de que los humanos funcionamos como ordenadores. Si nuestra inteligencia y nuestra personalidad son una forma de soporte lógico, se deduce que debería ser posible «hacerlas funcionar» en una máquina que no sea el cuerpo. La esencia de la humanidad solo es una especie de soporte lógico avanzado atrapado en una prisión biológica. Pero, gracias a la tecnología, en el futuro será posible cambiar el cuerpo por algo mejor. Como cuando transfieres el contenido de tu antiguo ordenador a un modelo nuevo y mejorado. Así, seremos capaces de escapar de nuestros cuerpos y de todo lo que comporta en lo que se refiere a fragilidad, enfermedad y, en última instancia, muerte. Y eso nos lleva de nuevo al terreno religioso. Esta es una historia extraordinaria sobre cómo la humanidad llegará a alcanzar la vida eterna en la Tierra, solo que esta suele contarse en el lenguaje de la ciencia.

La pregunta es si la posteridad encontrará estas ideas tan estrambóticas como nosotros hoy las ideas de René Descartes acerca de que los humanos somos una especie de estatua hidráulica, o si nos parecerán un paso más en nuestro camino hacia una mejor comprensión de nuestros cerebros y nuestros cuerpos.

Que los ordenadores se denominaran «cerebros electrónicos» cuando entraron en escena por primera vez tiene mucho sentido. Llevaban a cabo procesos lógicos, recibían datos sin procesar y devolvían nuevos conocimientos, por lo que parecía que «pensaban». Ya en 1958, John von Neumann, matemático y pionero en el ámbito de la computación, escribió el libro *El ordenador y el cerebro,* que trazaba múltiples paralelismos entre los ordenadores de la época y el cerebro humano. Y aunque este nuevo lenguaje preparaba el terreno para diversos avances científicos, que una metáfora demuestre ser útil no la convierte en cierta.

El cerebro no es un dispositivo digital, sus células no son objetos binarios que puedan encenderse y apagarse. Existen incontables diferencias entre nuestros cerebros y nuestros ordenadores, y la principal es que el cerebro tiene un cuerpo. Es, de hecho, un cuerpo; uno que existe en un contexto, además. Nuestro cerebro interactúa con el resto del cuerpo y nuestro alrededor desde el instante en que empieza a desarrollarse en el vientre materno.

Y este hecho no puede abstraerse sin más.

Hace mucho tiempo, dejamos de pensar en nosotros mismos como si fuéramos polvo y energía hidráulica. Y, del mismo modo que renunciamos a la idea de que éramos telégrafos, redes telefónicas o dispositivos eléctricos, también llegará el día en el que dejaremos de vernos como ordenadores. Una nueva metáfora habrá ocupado su lugar, y lo más probable es que refleje la tecnología futura de la misma forma que la idea de comparar la humanidad con el ordenador refleja la tecnología actual.

Sin embargo, la idea de que el ser humano es «como un ordenador» ya ha tenido consecuencias. La noción de que somos parecidos a un robot de carne y hueso programable ha tenido un gran impacto en la forma en la que organizamos nuestra economía. Para observar dichas consecuencias, solo tenemos que remontarnos a principios de primavera de 2020, el momento en el que una pandemia azotó el mundo.

El 11 de febrero, el número de casos confirmados de covid-19 fuera de China eran cuatrocientos. Cinco semanas después, eran noventa mil. El 22 de enero, Reino Unido elevó el riesgo de «muy bajo» a «bajo». Trece semanas más tarde, habían muerto cuarenta y un mil británicos. En otras palabras: todo estaba bajo control hasta que, de pronto, dejó de estarlo. El virus parecía brotar de la nada. Pero es evidente que no era el caso.

Cuando un profesor explica este tipo de crecimiento, suele recurrir a la descripción de un nenúfar. Imagina un lago con un solo nenúfar en flor una cálida noche de verano. Ahora, imagina que hoy es 1 de junio y que, cada día, el número de nenúfares que hay en el lago se multiplica por dos. Para cuando el calendario marque el 30 de junio, ese mismo largo estará completamente cubierto de nenúfares. Entonces, ¿cuándo estuvo cubierta la superficie del agua solo en un 50%? La respuesta es el 29 de junio.

Para la mayoría de la gente, no es difícil de entender. Es cuestión de lógica: si el número de nenúfares se multiplica por dos cada día, entre el 29 y el 30 de junio pasará de cubrir el 50% al 100%. Para nadie que esté en la orilla pasará desapercibido este cambio drástico, pero lo cierto es que los nenúfares «solo» se habrán multiplicado por dos, igual que hicieron entre el 1 y el 2 de junio.

Pasemos a la siguiente pregunta, entonces: si la superficie del lago estaba completamente cubierta de nenúfares el 30 de junio y solo en un 50% el 29 de junio, ¿qué día estaba solo cubierta en un 1%? La respuesta es el 24 de junio. A diferencia de la respuesta interior, a la mayoría de la gente le parece que este dato es erróneo por instinto. ¿Cómo puede pasarse del 1% de cobertura al 100% en tan solo seis días? Sin embargo, así es justamente como funciona el crecimiento exponencial.

El 24 de junio, cuando no había nenúfares en el 99% del lago, ni en sueños te habrías imaginado que solo seis días después estaría completamente cubierto de estas flores. Así es justo como muchos de nosotros estábamos en febrero de 2020 con la pandemia: mirábamos y veíamos algunos nenúfares, pero era inconcebible que en tan solo unas pocas semanas acabaran copándolo todo y confinándonos en casa, mientras la gente luchaba por su vida en unidades de cuidado intensivo en hospitales de todo el mundo.

Fue el momento en el que economistas y analistas financieros empezaron a clamar a los cuatro vientos que se trataba de un «cisne negro», su expresión favorita para definir algo que no habían sido capaces de predecir.

¿Qué es un «cisne negro»? Efectivamente, es otra metáfora, que popularizó y redefinió Nassim Taleb en el año 2007.[8] En el capítulo inicial de su libro, *El cisne negro: el impacto de lo altamente improbable,* el autor explica la historia sobre cómo los europeos estuvieron convencidos mucho tiempo de que todos los cisnes eran blancos. Hasta que no llegaron a Australia, no se dieron cuenta de que los cisnes también podían ser negros. De golpe, ver a una de estas aves de color negro hizo que todas las conclusiones previas de los europeos quedaran completamente invalidadas. Sí, la antigua creencia de que todos los cisnes eran blancos estaba basada en millones de observaciones llevadas a cabo a lo largo de los siglos, pero solo fue necesario un cisne negro para refutar esa conclusión. Lo cambió todo.

Taleb usa el término «cisne negro» para describir las cosas que no somos capaces de predecir, que quedan fuera de nuestra concepción de lo que «puede ocurrir», pero que, cuando ocurren, son las que tienen un mayor impacto.

Al principio, un cisne negro es algo que no eres capaz de imaginar. En segundo lugar, es algo que tiene unas consecuencias demoledoras que cambian el mundo tal como lo conocemos (como dos aviones que colisionan con el World Trade Center, por ejemplo, o que se declare una guerra mundial tras el asesinato del archiduque austríaco Francisco Fernando en un cruce en Sarajevo).

En tercer lugar, los cisnes negros son algo que tratamos de explicar en retrospectiva. Deberíamos habernos dado cuenta de que Osama Bin Laden suponía una amenaza, pensamos, o que era una muy mala idea que Francisco Fernando hiciera ese viaje a Bosnia. Taleb sugiere que forma parte de la naturaleza humana: una vez ha ocurrido lo inconcebible, queremos ser capaces de explicarlo a toda costa, incluso aunque no seamos capaces.

En resumen, los cisnes negros difieren mucho de los nenúfares del lago. Que los nenúfares van a cubrir toda la superficie del lago el 30 de junio es completamente previsible, siempre y cuando sepamos que cada noche se multiplican por dos en número. Un cisne negro, en cambio, no puede predecirse. Y esta es la razón por la que la cuestión no es ser capaces de divisar un cisne negro concreto antes de que llegue, sino organizar nuestras sociedades y vidas para que resistan los sucesos impredecibles. Este es el principal argumento de Taleb.

¿Fue la pandemia de 2020 un cisne negro? No, no lo fue. Un cisne negro debe ser imposible de predecir y la posibilidad de que hubiera una pandemia mundial de esta naturaleza hacía años que se estaba planteando. Muchos habían predicho este cisne en particular. El propio Taleb escribió que existía el riesgo de que hubiera una pandemia mundial ya en 2007.[9] En este mundo globalizado, la pregunta no era «si» íbamos a vivir una pandemia de ese calibre, sino «cuándo». En pocas palabras, la pandemia de 2020 era un cisne blanco normal y corriente.

Y, sin embargo, acabamos como acabamos.

Los hospitales punteros se encontraron con que no tenían un método establecido para tratar el nuevo virus, las enfermeras de Nueva York se envolvieron en bolsas de basura por falta de EPI, la gente cosía máscaras en improvisadas fábricas caseras y, en economías occidentales, donde hasta entonces parecía posible pedir cualquier cosa que se te antojara con tan solo un par de clics en el teléfono móvil, la harina desapareció de los estantes de los supermercados. Por primera vez desde que se había empezado a medir, el crecimiento cayó en todo el mundo, tanto en países ricos como subdesarrollados, y el sector terciario, el sector que más puestos de trabajo crea en la economía moderna, se vio obligado a cerrar, desde Malmkö-ping hasta Bombay.

En términos puramente económicos, fue una crisis como ninguna otra. Las crisis económicas suelen evolucionar de lo abstracto a lo concreto. La crisis financiera mundial de 2008, por ejemplo, empezó debido a unos productos financieros tan complejos que ni siquiera los financieros que los vendían comprendían en qué consistían. Cuando el mercado por fin se dio cuenta de que ese brillante tesoro era en realidad hipotecas reformuladas de personas que nunca iban a ser capaces de pagarlas, los inversores entraron en pánico. La conmoción hizo caer a unos cuantos bancos estadounidenses, uno tras otro, y la crisis se extendió a toda la economía, donde tuvo consecuencias devastadoras para personas muy reales, quienes perdieron su trabajo, sus ahorros, sus casas y, en algunos casos, incluso su vida. Así es como hemos llegado a concebir las crisis económicas, de una forma en la que el cuerpo humano es, por decirlo de alguna forma, lo último en lo que se piensa.

Pero la crisis de 2020 supuso justo lo contrario. Fue una crisis financiera mundial que se había originado en el cuerpo humano. Algunos de los humanos más vulnerables de la sociedad empezaron a morir a millares debido a un nuevo virus, así que optamos por cerrar grandes partes de la economía formal, echamos el freno voluntariamente a este gigante económico que se había construido para una sola cosa: crecer.

Y, con un frenazo espectacular, se detuvo.

Esto sirvió como recordatorio de un hecho muy básico: la economía se basa en el cuerpo humano. Ahora puede parecer evidente, pero solo hay que pensar en marzo del 2020, cuando el mercado cayó en picado mil quinientos puntos al darse cuenta de esto. En ese momento, un economista tras otro empezaron a denominar el hecho de que un virus infectara a la gente, se propagara y les impidiera trabajar como «cisne negro». En otras palabras: lo percibían como un suceso extraño, difícil de predecir y de una gran repercusión. Pero que los cuerpos puedan infectar otros cuerpos con un virus (que los humanos son, en ese sentido, así de vulnerables y se encuentran atados los unos a los otros) no es un cisne negro. Es la propia condición de la vida humana.

¿Cómo demonios pudimos llegar a olvidarlo?

La revolución digital de la década de 2010 pareció transformar nuestros teléfonos inteligentes en una especie de control remoto. Si tenías uno en la mano, podías pedir cualquier cosa, desde un servicio de limpieza hasta un conductor con tan solo un par de toques. ¿Por qué no alguien que te recoja la ropa de la tintorería o que venga a maquillarte? Lo único que necesitabas era la aplicación adecuada y (por supuesto) medios económicos para pagar. A todos estos servicios nuevos a partir de aplicaciones los llamamos «innovación» y gran parte de ellos sin duda eran ingeniosos. El único problema era que tendíamos a olvidar que había personas al otro lado.

Incluso si pedías un servicio de limpieza con solo tocar un botón, e incluso si era una persona distinta a la que vino la semana pasada, no dejaba de ser una persona. Pero se trataba a los trabajadores de la llamada economía de bolos como si fueran una extensión de la tecnología que los invocaba. Ni siquiera se los llamaba trabajadores, tan solo eran personas que cumplían distintas «tareas».

Las empresas para las que trabajaban solo podían existir en virtud de cinco otras innovaciones. La primera: el *smartphone,* que hizo posible que los clientes pudieran dar toques a la pantalla y pedir todo lo que quisieran tener en casa. La segunda: tecnología cartográfica digital que podía indicarle al jardinero adónde tenía que ir. La tercera: los algoritmos que eran capaces de gestionar el trabajo y poner en contacto a la persona adecuada con el cliente en cuestión. La cuarta: montones y montones de capital de riesgo que los fundadores de la empresa podían quemar hasta que consiguieran cierto monopolio del sector, siguiendo la lógica de la caza de ballenas. Y la última: suficientes personas dispuestas a aceptar un trabajo inseguro y mal remunerado.

La aplicación de transporte compartido Uber organizó el trabajo de sus tres millones de conductores mediante una aplicación que, de forma completamente digital, les indicaba qué pasajeros debían recoger y qué ruta debían tomar. Eso significaba que, si trabajabas para Uber, podías decidir cuándo querías trabajar, durante cuántas horas y a quién dejabas entrar en el coche. A gran parte de los conductores les gustaban estas facetas del trabajo. Por otro lado, también los sometía a una vigilancia constante. La aplicación sabía dónde estaban, a qué velocidad iban y a qué clientes elegían. Si no seguían las instrucciones, se los penalizaba o incluso se les bloqueaba de la plataforma.[10]

Del mismo modo, los trabajadores que seleccionaban los productos en los enormes almacenes de Amazon seguían rutas marcadas casi en su totalidad por algoritmos.[11] La maquinita que llevaban en la mano y usaban para escanear los productos era, en esencia, el jefe. Vigilaba si seleccionabas los cuatrocientos productos por hora y si tardabas siete segundos o más en sacar cada producto del estante. Dejaba constancia de cuándo iban al baño y de si caminaban a la suficiente velocidad por sus rutas.

Los cuidadores del servicio de asistencia a domicilio del famoso y bien financiado estado del bienestar sueco trabajaban en condiciones similares. A menudo recibían el horario del día por teléfono, justo cinco minutos antes de que empezara su turno. El sistema digital te mandaba el horario que dictaría tus movimientos el resto del día. Tu trabajo se dividía en distintas tareas y el teléfono inteligente que llevabas en la mano te decía exactamente cuánto tiempo debías invertir en cada una.[12]

El sistema te decía que la señora Almqvist de la tercera planta necesitaba asistencia para ducharse una vez a la semana. Esto debía durar 0,45 horas. También debía comer tres veces al día, y cada comía emplearía 0,15 horas. Luego, también había trayectos hasta el baño, para los cuales la aplicación te dictaba que debías ayudarla cinco veces al día. Todo el horario era una forma de describir el trabajo en su forma más compartimenta-da posible, casi como si alguien hubiese tratado de codificarlo informáticamente. Tampoco es que un robot pueda realizar este tipo de trabajo actualmente (lo trataremos en más profundidad en el siguiente capítulo), pero bueno.

En Reino Unido, la asistencia a domicilio a menudo solo se paga según el número exacto de minutos que la aplicación asigna a cada trabajador para cada cliente. El tiempo de trayecto entre un cliente y otro se calcula usando el sistema GPS, un cálculo que a menudo no tiene en cuenta el tráfico ni el tiempo que uno tarda en ponerse el abrigo y subirse a la bicicleta. Del mismo modo, el horario informatizado no deja espacio para los imprevistos (que se tengan que cambiar las sábanas o que se derrame un café) y menos aún para jugar a las cartas o hablar de mascotas o esquejes de geranio. Así, el trabajo que haces va cambiando, deja de ser tan asistencial y se vuelve más como un conjunto de tareas individuales que te asigna la tecnología. Quizá no es de extrañar que ese trabajo te agote, puesto que, al fin y al cabo, no eres un robot guiado por un algoritmo. No obstante, así es como te ve el sistema.

Esta forma de organizar el trabajo pretende hacer que el personal sea intercambiable. No importa quién llame a la puerta de la señora Almqvist el martes por la mañana, ya que esa persona solo está allí para ayudarla con su ducha de 0,45 horas y una visita al baño de 0,15 horas. Y esto fue lo que la pandemia de 2020 hizo llegar a un punto crítico.

En Suecia, por ejemplo, salió a la luz que las personas mayores que recibían asistencia en casa (uno de los grupos que más protección necesitaban contra el virus) estaban entrando en contacto de media con dieciséis personas distintas en un periodo de dos semanas.[13] Es decir, que no marcaba ninguna diferencia que estuvieran confinados en casa: el virus entraba cuando desconocido tras desconocido se presentaban ante su puerta para ayudarlos con una visita al baño de 0,15 horas como dictaba una aplicación.

En medio de una pandemia mundial, no puedes pretender que tus trabajadores sean robots. Incluso aunque la persona que te entrega un paquete o que te limpia la casa haya venido por un toque en una pantalla, como si fuera una mera extensión de ese servicio digital, no lo es. Sigue teniendo un cuerpo humano. Esta es la razón por la que, con este nuevo virus, de pronto todos los problemas de la economía de bolos quedaron expuestos. Que la gente se pudiera quedar en casa si estaba enferma era de suma importancia nacional, pero los trabajadores de la economía de bolos no podían hacerlo. No tenían derecho a una baja y a menudo ni siquiera tenían un jefe humano que fuera el responsable o que por lo menos se asegurara de que tenían desinfectante y mascarillas a mano.

En ciudades de Italia y Francia, donde todo se había cerrado, estos trabajadores de la economía de bolos siguieron cumpliendo con sus entregas. Muchos tenían la sensación de que no les quedaba otra opción: quedarse en casa y responsabilizarse de su salud y de la de los demás implicaba perder todo su sueldo.

En Suecia, los cuidadores del servicio de asistencia domiciliaria manifestaron sentirse como potenciales ángeles de la muerte cada vez que su horario digital les dictaba que debían entrar en casa de otro anciano vulnerable sin protección. No eran máquinas, por mucho que su trabajo se organizara como si carecieran de un cuerpo humano.

Los servicios de asistencia domiciliaria que hasta entonces habían considerado que sus trabajadores eran personas intercambiables que desempeñaban tareas laborales específicas ya no podían seguir haciéndolo: al menos no si querían proteger a los ancianos de la muerte. Las aplicaciones de taxis, que durante años habían estado inmersas en batallas legales para eludir cualquier tipo de responsabilidad como empresa, se vieron obligadas a cambiar, aunque solo fuera temporalmente. Aunque solo fuera por no propagar aún más el virus. La crisis económica que siguió tampoco fue un «cisne negro». Fue parte del efecto dominó de la dependencia fundamental que la economía tiene del cuerpo humano.

Y de nuestros intentos por olvidarlo.

En la década de 2010, pensábamos que estábamos creando robots que eran como humanos. Creímos que pronto toda la sociedad estaría automatizada, que las máquinas serían mejores que nosotros en todo en el futuro próximo, gracias al número de transistores que podíamos meter en los microchips que conformaban su cerebro electrónico. Pero resultó que no era tan fácil. Seguimos sin haber creado máquinas que sean como personas. Al contrario, hemos organizado a los humanos como si fueran máquinas.

Y lo hemos llamado innovación.

Creíamos que la forma en la que organizábamos a los trabajadores durante esos años era consecuencia de la nueva tecnología, ya se aplicara al servicio de asistencia domiciliaria en Suecia o a un modelo de negocio en el sector de la peluquería en los Países Bajos. Pero no lo era.

Solo porque exista una tecnología digital que permite a los repartidores ser más autónomos no significa que haya que obligarlos a ser los responsables de encontrar un sustituto si enferman. Una cosa no lleva a la otra. Hoy en día, muchos trabajadores de la economía de bolos se ven obligados a pagar multas a la empresa para la que trabajan si no encuentran un sustituto que les cubra.[14] Y esto, inevitablemente, provoca que la gente se vea obligada a trabajar incluso aunque esté enferma. Existen sistemas similares en todo tipo de empresas, desde empresas emergentes o *start-ups* hasta compañías consolidadas propiedad del gobierno de Francia.[15] La lógica es la misma.

Y ese es el problema.

Uno de los muchos riesgos es que este sistema es un lastre para la verdadera innovación. No hay nada que incentive a estas empresas a pensar de forma creativa de verdad; les hemos puesto las cosas demasiado fáciles para que jueguen con las condiciones laborales básicas de sus trabajadores y ganen dinero haciéndolo. Las empresas se llevan casi todos los beneficios de tratar a su plantilla como si fueran robots sin tener que inventar robots ni pagar para usarlos. Solo pagan el salario mínimo, o menos, para que los humanos trabajen como si fueran robots.

Pero el hecho de que alguien finja que otra persona es un robot no la convierte en un robot. Tampoco crear una aplicación te da derecho a tratar a las mujeres que trabajan como cuidadoras de ancianos como si fueran robots. Una cosa no lleva a la otra. La explotación no es sinónimo de innovación. Claro que la explotación humana no es nada nuevo.

Básicamente, es el modelo de negocio más antiguo del mundo.

Por otro lado, la economía de bolos nos puede dar más de una lección. Existen estudios que han demostrado que las personas que trabajan para estas empresas pueden llegar a tener una mayor sensación de satisfacción a pesar de sufrir también mayor ansiedad por su situación financiera. Es evidente que muchas personas valoran positivamente la flexibilidad que este tipo de trabajo les ofrece y que vale la pena tomársela en serio cuando se reflexiona sobre el futuro del mercado laboral.[16]

Estas investigaciones, sin embargo, suelen centrarse en trabajadores humanos que conducen coches o entregan paquetes. Conocemos mucho menos las opiniones de las mujeres que trabajan en un sistema asistencial que está cada vez más subyugado a esta forma de pensar. Con todo, en el debate internacional se habla mucho de las oportunidades que ofrece la economía de bolos, sobre todo para las mujeres. Como tradicionalmente ellas suelen ser las que se ocupan de la casa y del cuidado de los niños, es difícil que puedan tener trayectorias profesionales como las de los hombres. Y, en este sentido, se supone que la economía de bolos puede salvar la situación.

Una mujer que solía trabajar a tiempo completo como limpiadora ahora puede encontrar oportunidades laborales con las que ganar dinero de vez en cuando, lo que hace que le sea mucho más fácil conciliar la vida laboral con la maternidad. Y hasta cierto punto es verdad: la economía de bolos ha ayudado a que muchas mujeres ganen un dinero que no habrían podido ganar de otra forma.

Las mujeres piden flexibilidad y esta nueva tecnología se la proporciona sin que tengan que fundar su propia empresa. El único problema es que siguen teniendo que hacer frente a cosas que son muy inflexibles, como el precio de la comida y el alquiler cada mes. Siempre y cuando haya tantísimas de estas mujeres viviendo marginadas, no habrá aplicación en el mundo que pueda ofrecerles una flexibilidad real. Irán aceptando cualquier trabajito que les salga. Estén enfermas o no. Tengan a sus hijos enfermos o no. Se sientan seguras trabajando para ese cliente o no.

Nos devanamos los sesos tratando de que se nos ocurran un sinfín de soluciones tecnológicas complejas para ayudar a las mujeres, cuando disponemos ya de la consabida solución del dinero contante y sonante, que puede dar para mucho. ¿Por qué no empezamos pagándoles a las mujeres un salario digno para unos trabajos que desempeñan un papel tan clave en el funcionamiento del mundo?

Con esto no quiero decir que tengamos que volver a un mundo en el que el trabajo sea de por vida y de nueve a cinco. Ese modelo se construyó para otra sociedad. La cuestión es que, cuando tratamos de crear algo nuevo, tenemos que partir de la realidad.

Y la realidad es el cuerpo humano. La economía es el cuerpo humano. Un cuerpo que trabaja, un cuerpo que necesita cuidados, un cuerpo que crea otros cuerpos. Cuerpos que nacen, envejecen y mueren. Cuerpos que necesitan ayuda a lo largo de muchas etapas de la vida y una sociedad que pueda organizar todo este proceso. La cuestión es que el cuerpo es algo radical. Admitir la existencia del cuerpo tiene un enorme impacto en la economía. Una sociedad organizada alrededor de las necesidades que tienen en común los cuerpos humanos sería radicalmente distinta de la sociedad en la que vivimos y que creemos que es la única posible.

Tomarse el cuerpo en serio es crear una economía que atribuye a las necesidades humanas un lugar primordial. De pronto, los elementos físicos como el hambre, el frío o la enfermedad, la falta de un sistema sanitario o de puericultura se convierten en problemas económicos esenciales.

Recordarnos la importancia del cuerpo equivale a recordarnos que la impotencia y la dependencia absoluta también forman parte de la experiencia humana. A recordarnos que el cuerpo nace de otro cuerpo y que cuando sale del vientre materno y ve la luz del día lo hace a merced de lo que lo rodea. La enfermedad puede hacerte dependiente de nuevo, igual que suele hacerlo la edad. Y no hay nada malo en esto.

Forma parte de ser humano.

El cuerpo nos recuerda todas esas cosas que nos incomodan: nuestra vulnerabilidad y nuestra dependencia de los demás. Son las mismas cosas que se nos ha enseñado a considerar como «femeninas». Al fin y al cabo, eso ha hecho siempre el patriarcado: coger las partes de la experiencia humana que nos dan miedo, etiquetarlas como femeninas y marginarlas. Y, como ya hemos visto, eso significa que nos perdemos a nosotros mismos de vista, pero también implica que construyamos una economía que no tiene en cuenta ese pequeño detalle: la existencia de nuestros cuerpos. La pandemia de 2020 ha demostrado que esta situación es insostenible con tanta claridad como hubiésemos podido desear.

Vuelve a aparecer el fantasma de la jerarquía que hemos creado entre lo que consideramos femenino y masculino. Hace que huyamos corriendo de todo aquello que denominamos «femenino» y que encontramos en nosotros, lo que nos lleva a ver el cerebro como un ordenador y la humanidad como una especie de robot controlado por un algoritmo, estatua hidráulica, intercambio telefónico o lo que sea que no tiene ninguna relación con los cuerpos que de verdad nos traen al mundo.

Todo parece más fácil que mirar nuestros cuerpos y aceptar lo que significa existir. Tengas el género que tengas.

Y no solo por nosotros, sino por toda la sociedad.

No es cuestión de que exista una «verdad» en el vientre que hayamos extraviado o que necesitemos recuperar mediante un baile energético dedicado a una divinidad bajo la luz de la luna. Hemos dejado que el cuerpo femenino represente la esencia corporal de la humanidad. Y luego hemos ido y hemos negado nuestra realidad corporal justamente debido a esta asociación con lo femenino.

Las consecuencias son colosales. Y no solo en el ámbito económico.

Gran parte de lo que nos une empieza en el cuerpo humano. Nuestra salud no es solo nuestra. Esta ha sido la verdad incómoda que ha puesto de manifiesto la pandemia. Nuestra salud está vinculada a la salud de los demás, a la salud del planeta y a la de la tierra, a la salud de nuestros ancestros y a la de nuestros futuros hijos e hijas. Eso por no mencionar la salud de la economía. En pocas palabras, formamos parte de un todo mucho mayor.

René Descartes señaló las estatuas hidráulicas que había en Saint-Germain-en-Laye y afirmó que la humanidad era una variante de aquello. ¿Qué diferencia hay entre él y los futuristas de nuestra época, que señalan los algoritmos y los ordenadores y sostienen que somos iguales? Es una pregunta sincera. Y una petición de humildad. De hecho sabemos muy poco sobre cómo funcionamos. Así que, ¿por qué vamos a negar lo evidente: que tenemos un cuerpo y que nos hace a la vez vulnerables y dependientes de los demás?

Los dioses vikingos no te tallaron con un hacha. No eres una estatua hidráulica ni un intercambio telefónico ni un ordenador. Llegaste a este mundo, llorando y pataleando, tras salir de un vientre rojo sangrante y palpitante.

Asúmelo.

Y crea una economía que se base en algo que de verdad sabemos que es cierto.

8

En el que Serena Williams derrota a Garri Kaspárov

Una Serena Williams de nueve años lanza una pelota de fútbol americano de una punta a otra de una pista de tenis en Compton, al sur de Los Ángeles. Alrededor de esta época, su padre declara al mundo que un día Venus llegará a número uno del tenis mundial femenino y que su hija menor, Serena, será incluso mejor. Y no es hasta unos siete años después, cuando Venus sale de la nada y llega a la final del torneo Open de Estados Unidos, que la gente empieza a creerlo.[1]

Serena y Venus se lanzaban la pelota de fútbol americano la una a la otra. Tras empezar a tan solo un metro de distancia a cada lado de la red, las hermanas se iban alejando despacio, lanzamiento a lanzamiento, hasta que se encontraban tras cada línea de saque y la pelota giraba en el aire entre ellas.

Su padre, que también era su entrenador, había empezado a jugar al tenis a una edad madura, gracias a vídeos que sacaba prestados de la biblioteca local. En una de estas cintas de vídeo, vio el ejercicio con la pelota de fútbol americano. Resulta que para hacer rotar en espiral una pelota de fútbol americano lanzándola de una punta a la otra de una pista de tenis se necesita hacer casi el mismo juego de manos que para hacer un saque por encima de la cabeza.

Lo que hace que un saque de tenis sea un tiro tan difícil de dominar es que no solo requiere de golpear la pelota por encima de la red a toda velocidad, sino también de que caiga en el cuadro de saque del otro lado. Por sí mismo, ya debería ser prácticamente imposible: tienes que darle un buen garrotazo a la pelota para que pase por encima de la red, pero también podría provocar que la pelota cruzara la pista a tal velocidad que no cayera en el cuadro a tiempo.

Claro que si tienes la altura suficiente es mucho más fácil hacer el saque correctamente con algo de fuerza: solo tienes que darle un golpetazo hacia abajo con todo lo que tienes. Sin embargo, Serena Williams solo llegaría a medir un metro setenta y cinco centímetros. De ahí que practicara con el balón de fútbol americano.

Porque todo es cuestión de giro.

Cuando se saca en tenis, la clave está en no darle a la pelota de forma plana. Al contrario, tienes que estirarte, saltar y prácticamente lanzar la raqueta a la pelota. Este lanzamiento es lo que hace que la pelota gire, lo que a su vez hace que el aire a su alrededor haga lo mismo. Se forma una bolsa de aire de baja presión debajo de la pelota y, cuando el aire se eleva, la pelota desciende, lo que provoca que casi se detenga y caiga en el lugar correcto.[2]

Sir Isaac Newton, padre de la física moderna, observó este fenómeno ya en el siglo XVII desde su ventana del Trinity College, en Cambridge, cuando por casualidad miró el jardín mientras la gente jugaba al tenis.[3] El padre de Serena Williams lo entendió a partir de las cintas de vídeo que sacó prestadas de la biblioteca de Compton. Cualquiera que aprenda a hacer girar una pelota de fútbol americano por una pista de tenis será capaz de incorporar ese mismo juego de muñeca en su saque. La clave es la repetición: hacer lo mismo una vez tras otra hasta que se queda grabado en el cuerpo, por decirlo de alguna manera.

Muchas de nuestras capacidades humanas se basan en esta forma de inteligencia corporal o memoria muscular. De hecho, cada día dependemos de este conocimiento para vivir. No obstante, el cuerpo humano es un detalle que se suele ignorar cuando se trata de inventar máquinas que se parezcan a nosotros. Por eso existen problemas técnicos en todo, desde la inteligencia artificial y los robots hasta los coches sin conductor, el eje de este capítulo. Muchos de estos problemas pueden vincularse a nuestras ideas sobre el género, ya que están relacionadas con la distinción que hacemos de cuerpo y mente, que a menudo presenta la mente como masculina y el cuerpo como femenino. De ahora en adelante, las ideas que trataremos pueden parecer un tanto complicadas de asimilar, puesto que una cosa es saber que había coches eléctricos a principios del siglo XX, reírse ante las nociones que la gente tenía de lo femenino y lo masculino, y ver cómo las ideas de la época (que los coches tenían que ser ruidosos y peligrosos para ser coches «de verdad») están relacionadas con la idea de masculinidad que ha prevalecido, y otra muy distinta, y mucho más difícil, es reconocer que cometemos errores muy parecidos hoy en día.

Pero eso no significa que dejemos de cometerlos.

Así que volvamos a Serena Williams y a la pista de tenis de Compton.

En esa época, la familia Williams tenía una furgoneta Volkswagen de color amarillo y la usaba para llevar a las hijas menores a tenis y de vuelta a casa. Habían sacado uno de los asientos de la furgoneta para que hubiera más espacio para un carrito de la compra viejo que iba lleno de pelotas de tenis que Serena y Venus usaban para practicar un saque y un tiro, día tras día y año tras año.

Después de pasarse la pelota de fútbol americano entre ellas, las dos hermanas se colocaban de lado y sacaban una vez tras otra por encima de la red. Este tipo de práctica de saque puede parecer una forma muy monótona de matar las horas, pero eso se debe a que no sabemos lo que le pasa por la cabeza a Serena Williams. Cada golpe que da Serena está cargado de información a la que ella está reaccionando todo el rato mediante pequeños reajustes. Escucha cada golpe, lo nota. Sabe exactamente dónde está su raqueta en todo momento y nunca desvía los ojos de la pelota. Repite cada tiro una vez tras otra hasta que este conocimiento se convierte en algo instintivo. Pero no lo es, ni mucho menos.

Al menos, no lo es si una se lo plantea desde un punto de vista teórico.

Para ganar en el tenis, en el preciso instante en que el tiro abandona la raqueta de tu contrincante tienes que descubrir más o menos hacia dónde se dirige, una ecuación que te exige medir la velocidad inicial de la pelota y el ritmo de desaceleración, considerar cualquier viento o giro, y calcular las posibles trayectorias de la pelota, al mismo tiempo que tienes en cuenta la superficie en la que estás jugando, desde la hierba de Wimbledon hasta la superficie dura y sintética de Melbourne. Y entonces, al final, dispones de un milisegundo más o menos para reaccionar con la raqueta al resultado de todos estos cálculos.

Pero el único cálculo que verás hacer a Serena Williams en una pista de tenis es contar: uno, dos, tres, cuatro, cinco. La mejor jugadora de tenis de la historia siempre hace rebotar la pelota cinco veces antes del primer saque y dos veces antes del segundo. Resulta que obligar a la mente a concentrarse en una tarea simple y repetitiva es la mejor manera de acallarla.

Cuando sale a la pista, Serena Williams no piensa en ecuaciones. Su saque consiste en una serie de movimientos que, repetición tras repetición, ejercicio tras ejercicio y año tras año, su cuerpo ha ido asimilando. Aunque Serena Williams se sentara contigo y te explicara todo lo que hace en una pista de tenis (incluso si le fuera posible comunicar todo lo que sabe sobre este deporte) eso no implicaría que tú fueras capaz de usar una raqueta igual que lo hace ella.

«Es posible saber más de lo que podemos explicar», escribió el filósofo y economista húngaro Michael Polanyi.[4] Es lo que se suele denominar «la paradoja de Polanyi». Solo porque sepas todo lo que puede saberse sobre conducir un coche (te hayas leído todos los libros y manuales y sepas dibujar el interior de una bujía con los ojos vendados) no significa que seas capaz de conducir uno de verdad. La mayoría de los que sabemos conducir lo hacemos sin ser capaces de comunicar del todo lo que hacemos cuando nos ponemos al volante. ¿Qué buscas exactamente cuando miras por el retrovisor? ¿Qué sonidos tratas de oír de forma inconsciente? ¿Por qué se te ha ido la mano al cambio de marchas?

Cada día, los humanos hacemos cosas que somos incapaces de describir, ya sea derrotar a María Sharápova en varios sets seguidos o agarrar al vuelo el bol de cristal que se acaba de caer de la repisa de la cocina. No has sido capaz de calcular la trayectoria del bol que caía, pero aun así has podido agarrarlo, ¿verdad? Esta es la paradoja de Polanyi: eres capaz de hacer más de lo que eres capaz de explicar. Y aunque pueda parecer una obviedad, cuando se trata del trabajo que pueden o no realizar las máquinas, las consecuencias son demoledoras.

Quizá te acuerdes de Ida Rhodes, la pionera de la computación estadounidense, del capítulo sobre la potencia de una chica y la potencia de un ordenador. Comparaba su habilidad de programar ordenadores con su habilidad de enseñar matemáticas, que, en esencia, se trata de lo mismo: la habilidad de explicar cómo hacer algo de una forma que el otro sea capaz de entender.

Para conseguir que una máquina haga algo, primero tienes que explicarle qué quieres que haga. Eso significa que debes diseccionar la tarea en pasos más pequeños y luego escribir un programa que le pida a la máquina que las realice una por una. Así que, durante mucho tiempo, si no éramos capaces de explicarle algo a una máquina de esta forma, esta no sería capaz de hacerlo.

Es una consecuencia de la paradoja de Polanyi.

Si no eres capaz de explicar lo que haces para poder ver esa silla que hay en un rincón, es difícil conseguir que un ordenador haga lo mismo. ¿Cómo sabes que es una silla y no una tortuga? Es difícil de explicar. Por esa misma razón siempre ha sido muy complicado conseguir que las máquinas hagan algo como «ver».[5]

En cambio, otras cosas han sido bastante fáciles. Por ejemplo, es bastante fácil explicar cómo calcular que cuatrocientos cincuenta dividido entre cinco es igual a noventa. Por consiguiente, hace mucho tiempo que tenemos máquinas que nos ayudan con este tipo de problema. El hecho de que sea más fácil conseguir que las máquinas hagan unas cosas y mucho más difícil conseguir que hagan otras ha condicionado el desarrollo tecnológico. La paradoja de Polanyi implica que para un robot será difícil competir con Serena Williams y reproducir aquello en lo que ella es tan buena. Serena Williams ve, siente, sopesa, se adapta y actúa por instinto basándose en la información que le transmiten sus sentidos, pero no es capaz de explicar lo que hace porque es «instintivo». Sin embargo, hay otros deportes en los que las máquinas son mejores.

Veamos, por ejemplo, el ajedrez.

Corre el año 1985 y Garri Kaspárov tiene veintidós años. El joven soviético ha sido invitado a Hamburgo, ubicado en lo que todavía es Alemania del Este. Más tarde, ese mismo año, Kaspárov se convertirá en el campeón del mundo de ajedrez más joven de la historia.[6]

Kaspárov se encuentra de pie en medio de una sala enmoquetada, vestido de modo informal con una camisa a rayas y una chaqueta veraniega de color verde. Se ha colocado un conjunto de mesas a su alrededor en las que hay un total de treinta y dos tableros de ajedrez. Kaspárov ha venido para enfrentarse a treinta y dos ordenadores y ganará todas las partidas. Incluso aunque la prensa internacional esté bastante más interesada en lo que Kaspárov llegue a declarar sobre la situación política de la URSS para *Der Spiegel* (un tanto sorprendente) que, en su demostración con los ordenadores, la partida de ajedrez es lo que hace que se trate de una visita histórica.

A principios de la década de 1980, había cinco empresas que fabricaban las mejores máquinas contra las que jugar al ajedrez que el público general podía adquirir. Estas empresas mandaron sus mejores modelos de ordenador a Hamburgo. Kaspárov necesitó cinco horas para derrotarlas a todas y nadie se sorprendió. En ningún momento pudo Kaspárov imaginarse que tan solo doce años después iba a perder contra un único ordenador.

Las tornas se volvieron muy rápido.

En 1997, cuando tenía treinta y cuatro años, Kaspárov perdería su infame partida contra el superordenador Deep Blue, de IBM, en Nueva York. Esta vez la partida llenó portadas de periódicos en todo el mundo y se informó del resultado como si fuera el fin indiscutible de la supremacía humana en la Tierra. Si un ordenador era capaz de derrotar un cerebro como el de Kaspárov, el resto ya podíamos rendirnos, daba a entender.

Había llegado la era de las máquinas.

El Deep Blue valía diez millones de dólares en 1997. Pero hoy en día puedes bajarte una aplicación en el teléfono móvil que sería capaz de derrotar a Kaspárov. De hecho, ahora un solo ordenador es capaz de igualar con facilidad la hazaña que realizó Kaspárov en 1985, pero al revés: es capaz de enfrentarse a treinta y dos grandes maestros humanos del ajedrez y ganarlos a todos. Hasta tal punto se ha invertido el equilibrio de poder entre humanos y máquinas.

¿O no?

Si lo pensamos con más detenimiento, es evidente que no hay ordenador que sea capaz de repetir de verdad lo que Kaspárov hizo en Hamburgo en 1985. Imagínatelo ahí, de pie, un joven de veintidós años, rodeado de tableros en una sala enmoquetada. No solo juega contra treinta y dos ordenadores, también se traslada de un tablero al otro y agarra las piezas con sus propias manos.[7] Y esto, como el propio Kaspárov también ha señalado, las máquinas de hoy en día no son capaces de hacerlo bien. El proceso físico de agarrar una pieza de ajedrez y colocarla en el tablero sin tumbarla es algo que podría hacer un niño, pero para una máquina acarrea una serie de problemas, precisamente porque se trata de un proceso físico.

Se trata de un fenómeno muy conocido en el ámbito de la robótica. Es bastante fácil enseñar a las máquinas matemáticas avanzadas y ajedrez; en cambio, es mucho menos fácil enseñarles habilidades motrices. Kai-Fu Lee, uno de los inversores más destacados de China en inteligencia artificial, afirmó hace poco: «A la inteligencia artificial se le da muy bien pensar, pero a los robots se les da muy mal mover los dedos».[8] ¿Qué implica todo eso para nosotros a nivel económico?

Pongamos, por ejemplo, limpiar. Creemos que limpiar es fácil, o al menos así es como se valora a nivel económico en el mundo actual. Las personas cuyo trabajo consiste en limpiar casas y despachos son, en su mayoría, mujeres. También suelen ser las peor pagadas de todo el mercado laboral y a menudo tienen un tono de piel que se discrimina. La lógica económica que se esconde detrás de la mala consideración de la labor de limpieza es que creemos que es un trabajo «que podría hacer cualquiera».

Si un virus mortal paraliza toda la economía británica, entonces sí, el doctor y catedrático Needhorne de Warwick será capaz de limpiarse la casa. No quedará tan impecable como cuando lo hace la limpiadora, pero se las apañará.

Limpiar no exige una formación especializada, creemos. Pero eso es porque somos humanos y no máquinas. No valoramos el genio corporal innato que todos tenemos. Sin embargo, planteémoslo desde la perspectiva de los pobres robots: la paradoja de Polanyi hace que sea mucho más fácil para un ordenador aprender todo lo que el catedrático Needhorne sabe sobre fósiles del mundo que sobre limpiar la casa. Mucho, mucho más fácil. De la misma forma que no serías capaz de jugar al tenis como Serena Williams solo porque ella te explique en qué piensa cuando está en la pista de tenis, el robot no será capaz de limpiar la casa del catedrático Needhorne solo porque le expliquemos cómo se hace.

Limpiar es, de hecho, una actividad muy compleja.

Una noche, el catedrático Needhorne está leyendo en la cama, en la planta de arriba. Dominado por el entusiasmo por algo que ha leído en el libro, tira sin querer la taza de té que tiene en la mesita de noche. El té caliente se derrama sobre la mesita y mancha la sábana y la alfombra. Si por alguna razón, su madre entrara justo en ese momento en la habitación, iniciaría tres procesos distintos y paralelos sin pensárselo dos veces.

Primero, agarraría un trapo para limpiar el té de la mesita de noche, luego una esponja para absorber el té que se ha derramado sobre la alfombra, y luego se pondría a quitar la ropa de cama.

Mientras friega la alfombra, instintivamente notará cuánta presión debe hacer para poder limpiarla. Y si, en cualquier momento, empieza a sospechar que fregar podría afectar negativamente al color de la alfombra, de inmediato dejará de ejercer tanta presión, casi sin pensar. De hecho, lo haría casi todo sin pensar, incluso darle una reprimenda al catedrático Needhorne. Para un robot, hacer algo así es todo un milagro.

Como derrotar a María Sharápova en varios sets seguidos.

En resumen, hay una razón por la que los robots sirvientes que estamos acostumbrados a ver en cómics siguen siendo una quimera. El problema principal al que se enfrentan las máquinas es la imprevisibilidad de nuestras casas. Limpiar una casa implica un amplio abanico de diferentes situaciones. No se le puede decir a un robot «haz la colada»: si lo haces, primero tiene que saber moverse y adónde dirigir sus diversas cámaras y sensores. Necesita comprender la diferencia entre calcetines y pantalones, servilletas rojas y sábanas blancas, entre lana y algodón.

A los humanos nos parece muy fácil desenvolvernos en entornos imprevisibles, lo que no es nada sorprendente, teniendo en cuenta que somos producto de unos doscientos mil años de vida en este entorno imprevisible que llamamos planeta Tierra.[9]

Las máquinas no gozan de la misma ventaja. Puede que sea más fácil construir una casa que se limpia sola que un robot capaz de limpiar nuestras casas actuales de forma satisfactoria. Si fueras a construir una casa que se limpia sola desde cero, podrías adaptar el entorno a la máquina, en vez de hacerlo al revés. Podrías colocar distintos sensores en el suelo y que los

181

muebles enviaran información sobre sus niveles de polvo a un núcleo central. O algo parecido.

Este ha sido tradicionalmente nuestro enfoque para remediar las dificultades que las máquinas sufren al enfrentarse a la imprevisibilidad de nuestro mundo. Solemos colocarlas en su propio «universo», un entorno hecho más a medida para sus necesidades, también conocido como «fábrica». Ahí sí que pueden lucirse los robots sin que la complejidad del mundo exterior los afecte. No es sorprendente que los trabajos de nuestra economía que se han automatizado con más rapidez hayan sido los de las fábricas.[10]

Es aquí donde ha sido más fácil que los robots releven a los humanos. Más adelante exploraremos en profundidad este punto, sobre todo los estudios económicos que demuestran que es más probable que los robots sustituyan a hombres que a mujeres. Pero esto también está relacionado con la paradoja de Polanyi: si las máquinas pueden hacer lo mismo que un humano en una fábrica, pero no mismo que una mujer cuando limpia una casa, entonces, en el futuro, limpiar puede convertirse en un trabajo más seguro que ser un operario. Y si los hombres trabajan en una fábrica y las mujeres en casa, creo que te puedes imaginar cómo irá la cosa.

Pero lo veremos más adelante.

Sigamos con el cuerpo, por ahora. Puesto que a la inteligencia artificial se le da muy bien pensar, pero muy mal mover los dedos, entonces ¿por qué no priorizamos las preocupaciones físicas igual que lo hicimos con el ajedrez, por ejemplo, cuando tratamos de desarrollar esta tecnología? No, pensábamos que si las máquinas eran capaces de aprender a lograr cosas «complicadas» (como derrotar a Garri Kaspárov en una partida de ajedrez), entonces, casi automáticamente, serían capaces de hacer cosas «fáciles» como separar la ropa para lavarla.

Y no fue así.

A pesar de los grandes avances que se han producido en el desarrollo de máquinas que pueden realizar diagnósticos médicos complejos, un robot seguiría teniendo problemas para hacer el trabajo de, por ejemplo, un camarero de un restaurante de tu localidad.

De hecho, el robot será capaz antes de calcular la trayectoria exacta de un cometa por el cielo que de predecir cómo el interior de un restaurante se verá afectado por un par de niños de tres años sueltos. Son el tipo de cosa impredecible que los humanos gestionamos de forma instintiva.

Hans Moravec, especialista en robótica, escribió que la explicación de este fenómeno se encuentra en la propia evolución. Las habilidades que un camarero usa pueden parecer simples a primera vista, pero son producto de miles de millones de años de desarrollo a través de los cuales la raza humana ha practicado y refinado el arte de la supervivencia en la Tierra. Sabemos cómo movernos a través del espacio o a levantar vasos de pesos diferente de una mesa y sabemos que, si hay agua en el suelo, hay riesgo de que alguien resbale. La complejidad que supone ver, escalar o entender por instinto que la pelota que surca el aire directa hacia ti te va a dar en la cabeza puede ser algo que no valoramos y damos por sentado, pero eso no significa que no sea complejo. Solo que es invisible. El ajedrez y las matemáticas son otra cosa.

No hace tanto que nos dedicamos a estas dos cosas, señala Moravec.

Y, como no las hemos estado practicando durante miles de millones de años, hemos aprendido las leyes de las matemáticas y la lógica del ajedrez a través de procesos más conscientes. Todos hemos trabajado en nuestras tablas de multiplicar y alguien nos ha explicado las normas del ajedrez. Y eso significa que somos capaces de explicárselas a un ordenador. Así, las máquinas aprendieron a ser buenas en álgebra y en ajedrez, lo que es fantástico, por supuesto. Pero eso no significó automáticamente que fueran capaces de realizar cualquier tarea económica. ¿Y por qué creímos que lo iban a hacer?

La partida que Garri Kaspárov jugó y acabó perdiendo contra Deep Blue solo duró una hora, pero en los medios de comunicación se presentó como una especie de lucha existencial entre la creatividad humana y la fría y calculadora comprensión del mundo de un ordenador. Si el ordenador ganaba, un ejército de máquinas sin rostro pronto se apoderaría del mundo. La humanidad tendría que aceptar su posición inferior en este planeta. Nuestra única esperanza para que las máquinas no se hicieran con el poder era un caballero andante que procedía de la recién descompuesta Unión Soviética: Garri Kaspárov. Tal era el drama existencial que extrapolamos a esa partida. ¿Qué ganaría? ¿La habilidad humana de resolver problemas a través de las sensaciones y el instinto? ¿O la fuerza bruta de millones de ecuaciones por segundo?

Como sabemos, fue Kaspárov quien perdió. Y, así, parte del mundo pensó que el resto era de prever. Si un ordenador era capaz de derrotar a Garri Kaspárov al ajedrez, probablemente era cuestión de tiempo que las máquinas fueran capaces de hacer cualquier otra cosa.

«Ser un maestro del ajedrez siempre se ha considerado un símbolo de inteligencia más general. Es una asunción incorrecta, a mi entender», escribió Kaspárov el año 2018. Dimos mucha importancia a sus partidas contra Deep Blue porque creíamos que nuestra humanidad radica en nuestra inteligencia. Y que la inteligencia equivale a poseer la habilidad de ganar al ajedrez.

Sin embargo, existe una plétora de otras cosas que las máquinas hacen mejor que nosotros y que no han provocado que lleguemos a unas conclusiones tan dramáticas. La primera vez que construimos una carretilla elevadora que era capaz de transportar más de lo que un humano habría podido, no nos pusimos a divagar sobre el final de nuestro predominio en la Tierra. Los murciélagos ven mejor en la oscuridad: ¿significa eso que en cincuenta años serán nuestros amos y señores?[11] ¿Por qué creímos que una máquina que era capaz de derrotarnos al ajedrez iba a desarrollar la habilidad de hacer también todo lo demás?

Y aquí es donde entra en juego el género.

Rodney Brooks, especialista en robótica, ha afirmado que hace tiempo que los investigadores de inteligencia artificial consideran que la inteligencia es la habilidad de tratar de resolver «las cosas que hombres científicos con un alto nivel educativo consideran que son complicadas».[12] Esta es la razón por la que a los ordenadores se les encomendó la labor de jugar al ajedrez, de demostrar teoremas matemáticos y aventurarse con álgebra compleja. En el mundo del hombre científico, estas tareas tienen una elevada consideración.

Pero ese mundo ha demostrado ser muy pequeño.

Queríamos construir «máquinas humanas», pero nuestra definición de lo «humano» estaba basada en un tipo de masculinidad académica y racional. Los ordenadores se reservaron para los problemas que nos parecían «complicados», lo en nuestra mente era sinónimo de esas actividades que habíamos aprendido a considerar «masculinas». Luego, llegamos a la conclusión de que, si las máquinas eran capaces de gestionar estos problemas «masculinos», serían capaces, por tanto, de dominar el resto del mundo.

Pero no lo fueron. Y nos quedamos atascados en esa problemática durante mucho tiempo.

Por supuesto, cabe preguntarse si las cosas hubieran sido distintas de haber más mujeres trabajando en inteligencia artificial. Si los precursores de la inteligencia artificial no hubiesen sido un grupo reducido de profesores hombres y blancos, ¿habría considerado la investigación que limpiar era un problema igual de legítimo que el ajedrez? ¿Habríamos llegado más lejos en materia de desarrollo tecnológico?

Posiblemente.

Ahora tenemos formas de sortear la paradoja de Polanyi, pero conllevan sus propias limitaciones. Ciertas máquinas son capaces de aprender de forma autónoma a hacer cosas solo con la práctica. Se denomina «aprendizaje automático», pero para que funcione se necesitan unas cantidades tan ingentes de datos que puede llegar a ser problemático. Los datos en nuestro mundo también suelen estar basados en los hombres, no en las mujeres.

Pero, sobre todo, se trata de un proceso que hay que estar rehaciendo constantemente. Si has programado a tu robot para que aprenda solo a recoger una botella del suelo, por ejemplo, en principio tendrás que empezar de cero si quieres que recoja una taza de café en vez de una botella. Como sabemos, los humanos no funcionamos así: somos capaces de aplicar una habilidad general para recoger cosas de una forma natural.

Solo hay que observar a una niña de un año con sus juguetes, cómo se le caen y los recoge. Puede que se caiga o que busque a tientas el sonajero que se le ha caído al suelo, pero no tendrá ninguna dificultad en aplicar lo que ha aprendido recogiendo una pala al problema que supone recoger una pelota. Un robot que la viera pensaría que es una genia de la inteligencia motriz.

Ahora imagina que tienes un coche autónomo. El coche necesita aprender por sí mismo a leer las señales de tráfico. Pero para que la máquina sea capaz de obedecer la orden de: «Si ves una señal de *stop*, detente», primero necesita saber qué aspecto tiene una señal de *stop*.

Tú, que eres un humano, solo ves una señal roja. Pero tu coche, que es autónomo y se conduce solo, es controlado por un algoritmo, y el algoritmo, en cambio, «ve» distintos conglomerados de líneas. Así es cómo le hemos enseñado a descodificar las imágenes en matemáticas para poder entenderlas de forma gradual.

Ahora imagina que conduces este coche por una carretera rural. Activas el piloto automático y te recuestas y te relajas mientras el coche va solo y el sol brilla. De pronto, dos señales de tráfico, colocadas a ambos lados de la carretera te informan de que el límite de velocidad cambia de cincuenta kilómetros por hora a treinta kilómetros por hora. Pero le ha pasado algo a una de las señales. Alguien le ha pegado cinta, porque está dañada: quizá la embistió un alce o la destrozó un adolescente de la zona. Ahora bien, un humano es capaz de percibir que le ha ocurrido algo y no le daremos mayor importancia. Nuestro cerebro lee la señal de «treinta» sin tener que dedicarle ni un pensamiento de más. Pero no ocurrirá lo mismo con tu coche autónomo: este no piensa, calcula. Y eso significa que ese pedazo de cinta causa un problema grave en el sistema. El algoritmo interpreta la señal como una de ochenta kilómetros por hora en vez de treinta, solo porque tiene un poco de cinta. El coche acelera tranquilamente y al coger una curva muy cerrada sales disparada de la carretera y te estrellas.

—¡La paradoja de Polanyi! —podrías exclamar, si no te hubieras desmayado aún.

La cuestión es que la realidad no es blanca o negra como un tablero de ajedrez. Y eso crea problemas constantemente para las máquinas, porque sobreviven calculando, mientras que, en muchos sentidos, los humanos sobrevivimos «sintiendo», a través del cuerpo. Por este motivo, a las máquinas les va mejor en las fábricas.

Sin embargo, es evidente que podríamos hacer con los coches autónomos lo mismo que hemos hecho con otras máquinas. Podríamos construirles un «universo» específico para ellos con carreteras especiales que solo ellos puedan usar para esquivar así los problemas del mundo real que tienen ahora, desde señales salpicadas de nieve hasta peatones imprevisibles. Las carreteras deberían construirse de forma que estos vehículos guiados por algoritmos pudieran viajar en paz, lejos de la complejidad del tráfico de coches conducidos por humanos. Pero, en ese caso, ¿cuál sería la diferencia entre un coche autónomo y, pongamos, un tren? ¿Acaso no podríamos llamar a este tipo de carreteras, no sé, vías? Sí, podríamos viajar en vehículos individuales de una forma que actualmente no es posible con las líneas de tren, pero no es esta la manera con la que se vende la idea de los coches autónomos. Los emprendedores tecnológicos nos han prometido coches autónomos que son capaces de circular con tráfico normal como hacemos con nuestros coches hoy en día, sin que se produzca ningún cambio en la sociedad, pero con la ventaja añadida de poder jugar a videojuegos en el asiento trasero. Estos coches no existen y muchos dudan de que lleguen a existir algún día.

«Los elefantes no juegan al ajedrez» dice Rodney Brooks.[13] Y los elefantes son muy listos de todos modos. En muchos sentidos, son más inteligentes que nuestros ordenadores más rápidos, aunque, en muchos otros, son menos inteligentes. En resumen: es complicado. Los perros parecen ser capaces de entender cuándo sus propietarios están tristes, pero a los ordenadores les resulta complicado. ¿Cuál es más inteligente en realidad? Solo porque una máquina sea capaz de derrotar a Garri Kaspárov en una partida de ajedrez, eso no significa que sea capaz de vencer a Serena Williams a una partida de tenis. Lo que ella expresa es una forma de inteligencia distinta. Una inteligencia corporal. Y en ella también radica gran parte de lo que nos convierte en humanos.

Pero, por alguna razón, nos cuesta admitirlo.

El ajedrez es un juego de guerra y las casillas del tablero son el campo de batalla. Cuando en el siglo VI se inventó el ajedrez en la India, todas las piezas eran hombres. No fue hasta que el juego llegó a Europa cuatrocientos años después que una de las piezas empezó a denominarse «reina». En esa época, era la pieza más débil del tablero.

La única mujer que había en el juego tenía la menor movilidad de todas. Solo podía avanzar una casilla cada vez y solo en diagonal. Pero entonces, en el siglo XV, algo cambió.[14] El poder de la reina aumentó dentro del tablero, igual que en el mundo real.

La clase dominante de Europa de pronto estaba gobernada por mujeres como Catalina la Grande de Rusia o Isabel I de Castilla. Por consiguiente, la reina del ajedrez también empezó a usar más espacio en el tablero. De pronto, era la única pieza que podía moverse en cualquier dirección, la que quisiera, y hasta donde quisiera. En la actualidad, el rey del ajedrez no es más que un peón con pretensiones, a pesar del título que ostenta. Aun así, quienes juegan al ajedrez siguen siendo principalmente hombres y el tipo de inteligencia que requiere el ajedrez es algo que asociamos con lo masculino.

Es decir, que cuando llegó el momento de crear una máquina pensante, la convertimos en un hombre. O en lo que, de forma implícita, consideramos que es un hombre. Y al hacerlo, pasamos por alto muchas de las facultades que en realidad nos permiten vivir en el mundo como humanos, solo porque las consideramos «femeninas» y, por tanto, no pasa nada si se las menosprecia o se las da por sentadas.

Esto ocurre tanto en el ámbito económico como en las máquinas que construimos.

Serena Williams en una pista de tenis es una de las expresiones más puras del tipo de inteligencia humana que las máquinas tienen muchos problemas para replicar. Sí, una máquina puede darle a una pelota con más fuerza. Y sí, puede que llegue el día en el que los robots sean capaces de jugar al tenis de una forma brillante: al fin y al cabo, una pista de tenis es un entorno bastante predecible comparado con el resto del mundo. Pero esa no es la cuestión.

La cuestión es que vemos el mundo como si fuera un tablero de ajedrez y de forma equivocada asumimos que lo que hacía que siguiera girando era exclusivamente el pensamiento racional. El hecho de que nos hayamos anclado a este tipo de falacia está estrechamente ligado con nuestra percepción del género.

David Foster Wallace escribió un ensayo muy aclamado sobre la estrella masculina del tenis Roger Federer.[15] En su ensayo, Foster Wallace afirma que, al altísimo nivel de Federer, el deporte no es sino una expresión de la belleza humana. Porque sí, resulta que los hombres también tienen cuerpos, aunque quizá percibamos a Roger Federer como «menos corporal» que Serena Williams: al fin y al cabo, él es un hombre blanco y ella, una mujer negra. En 2018, el *Herald Sun* publicó una caricatura de Serena Williams que la Asociación Nacional de Periodistas Negros de Estados Unidos calificó de «racista y sexista» y que exhibía «rasgos negros demasiado exagerados, totalmente innecesarios».[16] Las mujeres negras a menudo son reducidas a esta idea de fuerza física, pura y amenazadora, que se considera más primitiva.

En su ensayo, Foster Wallace aborda la belleza de Federer en particular, una belleza que no tiene nada que ver con su sexo o los preceptos culturales. Cuando juega a su máximo rendimiento, lo que Federer expresa con su juego es, de acuerdo con Foster Wallace, una belleza que es universal.

El deporte puede, en sus mejores momentos, convertirse en un medio de reconciliación del espectador con el hecho de que tiene un cuerpo. Grandes jugadores como Federer son capaces de catalizar nuestra consciencia de lo maravilloso que es estirarse, sentir, ver y moverse en este mundo: de interactuar físicamente con la materia. Piensa en el momento en el que un bebé se da cuenta de que puede llevarse las manos a la cara. Esa sensación. Cuando somos adultos, necesitamos que nos lo recuerde Roger Federer.

Es evidente que Serena Williams y Roger Federer son capaces de hacer cosas con sus cuerpos con las que el resto solo podemos soñar. Pero estos sueños son importantes, afirma Foster Wallace. ¿Por qué? Porque nos ponen en contacto con nuestra propia humanidad al conectarnos con nuestros cuerpos.

Sin embargo, el autor también señala que para muchos hombres esto puede ser muy incómodo. El cuerpo recuerda al hombre sus debilidades. Como todos sabemos, el cuerpo será el que muera un día. Y no solo eso: es el cuerpo el que un día hará que el hombre dependa de otros y de su alrededor, debido a enfermedades y al envejecimiento. El hombre no quiere que se lo recuerden. La dependencia no cuadra con su rol de género.

Y esta es la razón por la que, como hemos visto, el cuerpo se ha percibido como femenino durante milenios. Se considera que las mujeres están más ligadas a la realidad de su cuerpo a través del nacimiento, la leche del pecho y la sangre que emana de su útero. Las mujeres tenían que ser el cuerpo para que los hombres pudieran ser otra cosa. Seguimos enseñando a los hombres que vencer al cuerpo es sinónimo de convertirse en un hombre. Pero un par de testículos no son menos corporales que un par de ovarios. Con todo, seguimos considerando a lo masculino como una cierta forma de intelecto racional que controla a la máquina que es su cuerpo. La mujer, en cambio, se puede reducir por completo a su cuerpo físico.

Y ahora hemos vuelto a la tragedia intrínseca del patriarcado: que cuando los géneros son definidos por oposición, nadie accede al espectro completo de lo que significa ser humano.

David Foster Wallace sostiene que, aunque muchos hombres desean ver a Roger Federer en la cancha central de Wimbledon, no son capaces de aceptar la experiencia de la belleza deportiva tal como es. Por eso consideran el deporte una especie de guerra. Se trata de una técnica para distanciarse.

Los hombres a menudo hablan de su «pasión» por el deporte. Pero se trata de una pasión que debe expresarse mediante la sintaxis de la guerra para que sea aceptable para otros hombres. El hombre esconde esta experiencia de belleza física que busca su alma en el deporte mediante la forma en la que habla del tema, lo aborda en términos de jerarquía, análisis técnicos o un sentido nacionalista o tribal de «nosotros» contra «ellos». Pero la actitud compulsiva de recitar de un tirón estadísticas deportivas, aporrearse el pecho, pintarse la cara y corear canciones de guerra desde las gradas son cosas a las que un hombre recurre para hacer que la experiencia deportiva que lo pone en contacto con su cuerpo sea compatible con su propia idea de masculinidad.

Fue este ideal masculino, al que le aterroriza admitir la importancia del cuerpo, el que trató de construir la tecnología a su imagen y semejanza.

Y así fue como terminamos con máquinas capaces de derrotar a Garri Kaspárov.

Pero no a Serena Williams.

FUTURO

9

En el que nos olvidamos de preguntar por Mary

Corría el año 1842 y Friedrich Engels tenía veintidós años. Ya iba siendo hora, en opinión de su padre, de que su hijo se sobrepusiera a su radicalismo juvenil. Así que lo echó de la casa familiar, situada en lo que ahora es Alemania occidental, para que pasara dos años en Mánchester, en el norte de Inglaterra.[1] En esta ciudad textil, el joven Engels tenía que trabajar en el despacho de una fábrica de tejidos de algodón que fabricaba hilo de coser. Tras haber disfrutado de los beneficios de la vida de los mandos intermedios, regresaría a Alemania refrenado, diligente y conservador. Al menos, ese era el plan de su padre. Pero resultó ser un error de cálculo: el viaje a Mánchester desencadenaría que Engels fundara el comunismo moderno con su amigo Karl Marx.[2]

Engels hijo fue, en muchos sentidos, el primer representante real de la izquierda caviar, un hombre que había disfrutado de cazar zorros y comer langosta toda su vida. Pero, cuando llegó a Mánchester, se encontró con una ciudad inmersa en la Revolución industrial, conocida a menudo como la «primera era de las máquinas». Y lo que Engels vio en Mánchester hizo que se le atragantara la langosta.

Las nuevas máquinas habían llegado para apoderarse de esta ciudad septentrional y la industrialización iba a toda máquina. Había locomotoras de vapor, fábricas y enormes chimeneas que expulsaban humo al cielo. La gente abandonaba su choza en el campo y los productos caseros a cambio de una nueva vida en la ciudad. La tecnología parecía arrastrar a toda la sociedad consigo en un camino agreste y lleno de baches hacia… Bueno, la verdad es que nadie lo sabía.

A los economistas les gusta el desarrollo tecnológico: la innovación es lo que puede provocar que todo el mundo tenga un mejor nivel de vida, suelen pensar. Y puede que tengan razón. Tal y como dijo el economista Joseph Schumpeter: el capitalismo no trata de producir «más medias de seda para las reinas, sino de ponerlas al alcance de las trabajadoras de las fábricas».[3] Y si tu objetivo es que las trabajadoras de las fábricas se pongan medias de seda, sin duda necesitarás algún tipo de desarrollo tecnológico.

Dado que es la innovación la que aumenta la productividad en la economía, esta implica que los salarios de las trabajadoras puedan aumentar: de pronto, pueden fabricar veinte medias de seda en el mismo tiempo que antes llevaba confeccionar solo cinco.

Y si las máquinas pueden hacer los trabajos más duros y peligrosos de la fábrica, entonces la mitad de las trabajadoras pueden dedicarse a otra cosa. Cuando la sociedad se enriquece, puede invertir en su educación, por ejemplo. Antes de que te des cuenta, la mitad de las trabajadoras se habrán convertido en ingenieras textiles y directoras de revistas de moda. Al menos, así es como se supone que deberían ir las cosas.

Inventamos nuevas máquinas y estas, a su vez, nos liberan de trabajos que preferimos no hacer. Y como estas máquinas también nos enriquecen, la nueva riqueza crea demanda de nuevas cosas (como salones de belleza para perros, jarrones de cerámica importados y galletas con pepitas de chocolate). Y esto crea nuevos trabajos secando a los perros, sirviendo pasteles y vendiendo objetos de cerámica, trabajos más enriquecedores y mejor pagados que los que había antes. Por otro lado, el precio de las medias de seda caerá (las podemos fabricar mucho más rápido, al fin y al cabo) y, de esta forma, las trabajadoras de las fábricas podrán llevar medias de seda, un lujo que en la generación anterior estaba solo reservado para un puñado de reinas. Esta es la idea general de cómo deberían ir las cosas. Es evidente que muchas cosas pueden salir mal en este proceso, tal como Engels descubrió en Mánchester.

El futuro comunista trabajaba en Salford, situada al oeste de la ciudad. En esa época, era un radical confundido que solo había visto a Karl Marx una vez. Pero en la planta baja de la fábrica de Salford se enamoró de una mujer irlandesa, joven y políticamente activa, que lo cogería de la mano y le mostraría cómo era de verdad la primera era de las máquinas.

O quizá, sobre todo, el espantoso precio que había que pagar por ella.

Engels sería testigo de cómo los migrantes irlandeses malvivían en casas destartaladas con ventanas rotas, de las familias sumidas en la oscuridad, en sótanos húmedos, en la inmundicia y la miseria.[4] Plantas bajas de fábricas cuyo aire estaba tan cargado de polvo que los trabajadores tosían sangre o en las que las máquinas estaban tan juntas que los cuerpos de los trabajadores a veces quedaban atrapados. Se dio cuenta de lo habitual que era ver por toda la ciudad cuerpos humanos completamente deformados (rodillas que se doblaban al revés, tobillos muy hinchados, columnas vertebrales que se doblaban en ángulos antinaturales). Conoció a niños obligados a trabajar doce horas al día y a los que azotaban si no eran capaces de mantener el ritmo. Recorrió la orilla del río y se encontró con el espantoso hedor de los deshechos, además de su sustancia viscosa y negruzca, y vio cómo las chimeneas ocultaban el sol de verano tras nubarrones negros de humo.

Engels se convirtió en un Dante del siglo XIX: fue bajando de un círculo a otro de un infierno de condiciones inhumanas. Y, luego, lo escribió todo. Su libro, *La situación de la clase obrera en Inglaterra*, era una furiosa acusación periodística redactada por un expatriado alemán de veinticuatro años que trabajaba en mandos intermedios de una fábrica de hilo de coser. Karl Marx, falto de inspiración en Londres, se enfureció tanto al leer la descripción de Engels de las horribles condiciones que había en Mánchester que volvió a agarrar la pluma para finalizar su gran obra, *El capital*.

Con el tiempo, millones de personas serían asesinadas en nombre de Marx y Engels en algunas de las dictaduras más crueles del mundo. Pero eso no quita que el joven Engels viera aquellas atrocidades en la década de 1840 en Mánchester. El sufrimiento que significó la primera era de las máquinas fue horripilante.

Y lo peor de todo es que las cosas podrían haber sido distintas. Las máquinas no tenían por qué haber destruido las vidas de las personas. Podríamos haber prohibido la explotación infantil, arrojar basura al río y la jornada laboral de doce horas. Podríamos haber construido viviendas decentes y haber legislado una seguridad social, seguridad laboral y escaleras de incendios. En ese caso no solo habríamos salvado millones de vidas, sino que quizá habríamos conseguido lo que no logró el padre de Engels: evitar que su hijo se convirtiera en un revolucionario.

En este sentido, la historia del siglo XX podría haber sido muy distinta. La gran lección que hay que extraer de todo esto es que siempre hay una alternativa. No es la tecnología la que decide cómo organizamos la economía. Somos los humanos.

Muchos expertos afirman que estamos viviendo en la «segunda era de las máquinas», una al menos tan dramática como la que presenció Engels.[5] Se acerca la era de los robots, o eso dicen, y pronto será posible automatizar la mayor parte de las tareas. Hoy en día disponemos de tecnología capaz de entender lo que decimos, reaccionar a ello e informarnos al respecto; tenemos algoritmos capaces de cribar millones de documentos legales y encontrar justo lo que estamos buscando; impresoras 3D que pueden imprimir partes sueltas de motores de avión y cirujanos que pueden operar de forma remota usando brazos robotizados cargados de bisturíes.

Y espera a que esta nueva tecnología se extienda de verdad por todos los ámbitos de la economía, nos dicen; entonces *todo* cambiará. La segunda era de las máquinas no solo significará que los camioneros y los dependientes de establecimientos de comida rápida pierdan su puesto de trabajo, sino que también se augura el final de los abogados de patentes, consultores de empresas y especialistas de recursos humanos. Esta vez, los robots también van a por los empleos de la clase media.[6]

Puede que te cueste asimilar todo esto. Porque sí, es verdad que tu teléfono móvil es más avanzado ahora de lo que lo era ayer y sí, puede que te hayas dado cuenta de que muchos coches nuevos ya son capaces de estacionar en paralelo solos y, sí, parece que se desata una crisis política tras otra. Pero de ahí a ¿una revolución industrial? ¿El final de nuestras viejas costumbres? Seguro que lo de ahora no equivale a la naturaleza radical de lo que observó Engels en la década de 1840, ¿verdad?

Pero todo depende de dónde estés.

Las revoluciones industriales suelen darse a un nivel muy regional al principio. El economista Carl Benedikt Frey ha descrito cómo la alta sociedad rural inglesa de las novelas de Jane Austen se dedicaba a disfrutar de sus condados sureños mientras se proponían matrimonio los unos a los otros entre tacita y tacita de té, totalmente ajenos a que la industria textil de Northamptonshire (a tan solo ciento sesenta kilómetros) estaba a punto de desplomarse.[7] De la misma manera, gran parte del mundo se despertó conmocionada en noviembre de 2016 al enterarse de que Donald Trump se había convertido en el próximo presidente de Estados Unidos. ¿Cuáles eran las tensiones sociales que no habíamos visto?

Los robots, sin duda, eran una de ellas. Los economistas señalaron enseguida que los estados que habían votado a favor de Donald Trump en 2016 también eran en los que más puestos de trabajo habían sido sustituidos por máquinas.[8] En los últimos años, hemos presenciado una concentración gradual de los trabajos mejor pagados y de la mayor parte de todo el capital en las grandes ciudades, mientras otras regiones han quedado abandonadas a su suerte. Más tarde, hemos visto cómo gran parte de estas mismas regiones se vengan votando a partidos populistas. Si de verdad estamos viviendo el inicio de una segunda era de las máquinas, nuestras economías y nuestras vidas cambiarán para siempre.

La única pregunta es cómo.

Uno de los análisis más influyentes postula que la economía se va a dividir en tres. En primer lugar, tendremos la élite: los que ya son multimillonarios seguirán enriqueciéndose gracias a las mejoras tecnológicas. Esto conllevará que se adelanten al resto de la sociedad, no solo a nivel económico y social, sino también a nivel biológico, sostienen ciertos futurólogos. Incluso serán capaces de aplicarse la nueva tecnología a sí mismos y convertirse así en una especie de superhumanos capaces de modificar biológicamente su cuerpo y lograr cualquier cosa, desde la vida eterna hasta la capacidad de ver a través de las paredes. La consecuencia será que los ricos se distanciarán del resto de la humanidad y reescribirán irremediablemente el futuro biológico de la humanidad.

Al menos para sí mismos.

En el segundo grupo, justo por debajo de la élite, habrá otra clase de personas que también tendrán una buena vida, o al menos eso creen los futurólogos. Esta clase estará compuesta de todas las personas que conseguirán ganarse la vida ofreciendo un abanico de servicios personales a la élite. Por ejemplo, instructores de pilates, terapeutas de pareja, profesores de escuelas privadas, estilistas y *coaches* para la vida. Las personas que realizarán estos trabajos para la élite conformarán la nueva clase media de la sociedad y la élite dispondrá de cantidades ingentes de dinero que emplear en ellos.

Luego, habrá un tercer grupo. Y aquí es donde empiezan los problemas. Este grupo consta de todas las personas a quienes los robots han ido dejando sin trabajo: la gente que solía conducir taxis, trabajar en quioscos, redactar contratos legales o seleccionar paquetes en almacenes.[9] Miles de millones de personas que ya no serán necesarias en la economía solo porque dispondremos de máquinas que podrán hacer todo lo que ellos hacían en el mercado laboral, solo que mucho mejor y por mucho menos dinero.

De esta forma, miles de millones de personas se quedarán sin trabajo de forma permanente. No serán necesarias nunca más y no habrá crecimiento en el mundo que les pueda ofrecer un empleo. El futurólogo Yuval Noah Harari denomina a este grupo «la clase inútil». ¿Qué vamos a hacer con todas estas personas que ya no necesitaremos? En los últimos años, esto se ha convertido en uno de los principales debates de las conferencias tecnológicas sobre el futuro, cuya entrada te saldría por unos buenos diez mil dólares.[10] Y les ha dado qué pensar a los multimillonarios que están entre el público.

¿Qué harán con su tiempo todas las personas que la economía ya no necesite? ¿Podemos confiar en que se sentarán tranquilitos en su casa y jugarán a videojuegos? ¿O se van a rebelar (¡ay, qué horror!)? ¿Marcharán hacia Silicon Valley, empuñando horcas? ¿Votarán a líderes políticos que sean perjudiciales para los negocios o a los que crean que las empresas tecnológicas deberían pagar impuestos, como todo el mundo? ¿Esta «clase inútil» causará disturbios en las calles o destrozará los coches voladores? ¿Forzará a la élite a salir de sus búnkeres autosuficientes y respetuosos con el medio ambiente con tejados de placas solares y guardias robot armados en la puerta? Un búnker puede comprarse, claro. Pero no hace ninguna gracia tener que quedarse ahí encerrado durante mucho tiempo: en casa del pobre dura poco la alegría, ya se sabe.

Esta es la razón por la que un gran número de conocidos multimillonarios del ámbito de la tecnología ha empezado a defender la idea de una renta básica universal.[11] Esto significaría que todo el mundo, tenga trabajo o no, tendría garantizados ciertos ingresos mensuales por parte del Estado. La idea es que, si millones de personas van a volverse «superfluas» para la economía, entonces seguramente será mejor pagarles para que al menos no se mueran de hambre. Con suerte, eso también comportará que no empiecen una revolución. Es decir, que la élite tiene que apoquinar para poder gozar de tranquilidad: toma, aquí tienes una renta básica universal, ahora déjame en paz con mi cuerpo alterado biológicamente y mi ejército de sirvientes robot, si no te importa.

Durante los últimos años, han ido surgiendo diferentes versiones de esta historia (que la segunda era de las máquinas dividirá la sociedad en tres grupos). La gente puede discrepar sobre qué acción habría que tomar, pero la historia sigue siendo la misma: la segunda era de las máquinas implicará un desempleo masivo a unos niveles nunca vistos. Pero ¿es verdad que un grupo tan grande de personas acabará siendo «superfluo» para la economía? Para responder a esta pregunta, debemos adoptar una perspectiva que a menudo se ignora en el debate sobre la segunda era de las máquinas: la de las mujeres.

Volvamos al libro de Friedrich Engels sobre su experiencia en el Mánchester de la década de 1840 y vayamos a la página 154. El joven Engels nos narra una historia que le contaron por carta. Empieza así:[12]

Había una vez un hombre llamado Joe. Se encontraba de viaje por Lancashire y, en las afueras de Mánchester, decidió buscar a un viejo conocido que se llamaba Jack. Después de preguntar un poco por ahí, al final consiguió la dirección de su viejo amigo. Pero algo no cuadraba. Al parecer, Jack vivía en un sótano húmedo que consistía en una sola estancia, escasamente amueblada. Cuando Joe entró, vio a su amigo sentado junto a la chimenea. Pero ¿qué demonios estaba haciendo?

Jack estaba sentado en un escabel, ¡zurciendo las medias de su mujer! Joe por poco no cayó redondo de la sorpresa. Jack, muerto de la vergüenza, trató al instante de esconder las medias tras la espalda. Pero ya era demasiado tarde.

—Jack, ¿qué perversidad estás haciendo? ¿Dónde está la señora? —le preguntó Joe—. ¿Por qué haces tú esta tarea?

Entonces, Jack se vio obligado a confesar su vergüenza. Entre gimoteos, le explicó a Joe que bien sabía que remendar las medias no debería ser tarea suya, pero es que su pobre esposa Mary trabajaba todo el día en la fábrica. Salía de casa a las cinco y media de la madrugada y no regresaba hasta las ocho de la tarde, y cuando llegaba estaba tan agotada que no le quedaba energía para hacer nada más. Así pues, Jack tenía que ocuparse de la casa igual que lo hacía Mary, puesto que él llevaba más de tres años sin trabajar. Desde que las máquinas habían llegado a Lancashire, los únicos trabajos que había eran para mujeres y niños, se quejó.

—Vas a encontrar antes cien libras en la calle que trabajo para un hombre —le dijo.

Y entonces rompió a llorar.

—Nunca habría creído que tú o que otra persona me vería zurciendo las medias de mi mujer, puesto que está mal. Pero es que la pobre apenas se tiene en pie, temo que acabe en cama y entonces no sé qué será de nosotros.

Acto seguido, Jack le describió con voz lastimera cómo era la vida familiar antes de que las máquinas llegaran a la región. Él y Mary vivían en una casita con muebles. En esa época era él, el hombre, el que se iba a trabajar y Mary, la mujer, la que se quedaba en casa.

—Pero ahora el mundo se ha vuelto del revés. Mary tiene que irse a trabajar y yo tengo que quedarme en casa, cuidar de los niños, barrer, limpiar, cocinar y zurcir —sollozó—. Ya lo sabes, Joe, [lo duro que es] para el que estaba acostumbrado a que las cosas fueran diferentes.

Joe coincidió con todo esto y miró a Jack con tristeza mientras se sentaba ante el fuego. La trágica historia de su amigo lo había conmovido mucho, motivo por el cual describió este encuentro en una carta que acabó llegando a manos de Friedrich Engels.

Joe maldijo las máquinas. Maldijo a los propietarios de las fábricas y al gobierno, que había dejado que ocurriera todo. Después de contar la historia, Friedrich Engels planteó la siguiente pregunta retórica: «¿Puede uno imaginarse una realidad más descabellada que la que se describe en esta carta?».

Las máquinas habían creado una economía que «priva de sexualidad al hombre y despoja a la mujer de toda su feminidad», afirmó Engels. De hecho, en Lancashire había muchas familias en la misma situación que la de Jack. En la primera era de las máquinas llegaron las nuevas invenciones y se quedaron con los trabajos mejor pagados, que, en la mayoría de los casos, eran los que habían realizado los hombres. En su lugar, las fábricas empezaron a ofrecer trabajo a mujeres y niños, puesto que la fuerza física ya no era necesaria para producir de la misma forma. Y, como las mujeres y los niños no se consideraban igual de valiosos, uno podía pagarles un tercio del sueldo de un hombre y no pasaba nada. De pronto, la esposa y dos de los hijos de un hombre tenían que trabajar en la fábrica solo para reemplazar el salario que este solía llevar a casa. El hombre, por su parte, a menudo se quedaba en casa.

Cabe señalar que lo interesante de cómo describe Engels la escena del hombre desempleado que solloza junto al fuego es que no se centra en la cuestión en sí. Pone el foco en la sensación de desesperanza que abruma a Jack: ha perdido su orgullo y su sentido como hombre en la vida. Esta es la razón por la que Engels quiere que su lector se indigne.

Y muchos lectores lo hicieron.

Es evidente que el dolor de Jack es muy real y, sin duda, no es motivo de risa. La masculinidad herida es un asunto grave. Es una fuerza que hace incrementar la violencia, el suicidio y la tragedia familiar, una fuerza que tiene el poder de crear heridas emocionales que se transmiten de generación en generación, en círculos viciosos de orgullo pisoteado y desesperanza. Los hombres también tienen que desempeñar sus roles de género y los hombres también sufren por ello.

Los desarrollos tecnológicos arrebataron a Jack todo lo que le daba valor. Le habían dicho toda la vida que tenía que trabajar y sustentar a su familia o no podría considerarse un hombre de verdad. Y él se lo había creído. Había hecho lo que se le había pedido. Pero entonces las máquinas lo despojaron de cualquier oportunidad de ser un hombre de verdad y, si no podía ser un hombre «de verdad»… Bueno, entonces, no era nada.

Al menos eso era lo que le habían hecho creer.

No, no era raro que Jack quisiera romper las máquinas o que las maldijera con amargura mientras se quedaba sentado en el sótano húmedo con las medias de Mary en el regazo. La Revolución industrial le había destrozado la vida. Ningún economista que hubiese viajado al pasado en una máquina del tiempo lo hubiera podido consolar con el hecho de que las mismas invenciones que lo habían dejado sin trabajo acabarían conllevando una gran prosperidad en la sociedad (ni aunque hubiesen salido de la máquina del tiempo para enseñarle unos gráficos ni le hubiesen dicho que los logros tecnológicos de la primera era de las máquinas acabarían permitiendo a sus tataranietos a vivir como instructores de yoga o consultores de empresas). Jack no lo habría entendido.

Si una transformación tecnológica de la sociedad no se gestiona de la forma adecuada, corre el riesgo de provocar la destrucción de muchas vidas. Que esta misma tecnología vaya a comportar crecimiento y riqueza más adelante no sirve de consuelo para aquellos que son sacrificados por el camino. Es el caso de Jack. Y es el motivo de la rabia de Engels.

Existe, sin embargo, una pregunta que Engels no planteó. Y que en realidad es muy básica. Hemos oído hablar mucho a Jack, pero ¿qué opina Mary?

No lo sabemos.

¿Detestaba Mary la situación (trabajar duro en la fábrica mientras Jack le zurcía las medias en casa)? ¿O lo había aceptado? Por la noche, ¿le quedaban energías para sonreírle y pestañearle a su marido, para avivar su masculinidad herida? ¿Lo despreciaba? De ser ese el caso, ¿lo hacía a sus espaldas o sin esconderse?

¿O quizá le parecía que el nuevo orden familiar estaba bien? ¿O quizás deseaba tener un poco más de dinero o que Jack estuviera más contento?

No tenemos ni idea.

Engels nunca le preguntó nada a Mary.

La primera era de las máquinas significó una enorme renegociación del género y de los roles de género. Y lo mismo hará la segunda. El problema es que raras veces nos planteamos este elemento de la tecnología en sus inicios. Damos un sinfín de conferencias sobre cómo los robots afectarán el mercado laboral, pero la mayor parte del tiempo el tema del género no aparece, a pesar del hecho de que nuestra percepción del género afecta plenamente la forma en la que está estructurado el mercado laboral. Que las mujeres hagan ciertas cosas y que los hombres hagan otras responde a cómo funcionan nuestras economías en la actualidad. Quizá no queremos que funcionen de esta forma.

Pero lo hacen.

La mayoría de las mujeres trabajan sobre todo con otras mujeres, mientras que la mayoría de los hombres trabajan sobre todo con otros hombres. En Europa, el 69 % de todas las mujeres asalariadas trabajan en industrias en las que más del 60 % de los trabajadores son mujeres. En Alemania, el 69 % de todos los hombres trabajan en industrias en las que al menos un 70 % de sus compañeros son hombres. En Estados Unidos, el 80 % del profesorado de primaria y enseñanza media, así como de enfermeras y secretarias, son mujeres.[13] Suecia, por su parte, es una de las economías europeas más segregadas por género: más del 16 % de todas las mujeres suecas tienen profesiones en las que las mujeres constituyen el 90 % de las trabajadoras. Y, cuando tenemos hijos, la segregación no hace más que aumentar: más mujeres optan por trabajos más flexibles (y, por tanto, peor pagados) mientras que los hombres suelen hacer justo lo contrario.

Si pueden, al menos.

Las profesiones dominadas por mujeres y las profesiones dominadas por hombres pueden cambiar a veces. Namibia y Tanzania tienen una proporción de mujeres electricistas mucho mayor que Noruega, por ejemplo.[14] Pero, en general, hay más mujeres trabajando en el sector terciario mientras que los hombres abundan más en el sector industrial.[15] Y esto explica, en parte, por qué la pandemia de 2020 afectó tantísimo a las mujeres: cuando restaurantes, peluquerías y clínicas de fisioterapia se vieron obligados a cerrar, muchas mujeres perdieron su trabajo. Desde la década de 1970, las recesiones a menudo se han llamado en inglés *mancessions* («hombre-cesiones», literalmente) debido al impacto desproporcionado que suelen tener en el empleo masculino, pero esta vez fue diferente, porque empezó en un sector económico en el que trabajan muchas mujeres.

El mercado laboral está, por decirlo de forma sencilla, dividido por géneros. Y, si tenemos que asumir que nos encontramos en una segunda era de las máquinas que cambiará drásticamente nuestro mercado laboral, entonces sus efectos también tendrán sesgo de género. La única pregunta es cómo.

La historia reciente se podría explicar de la siguiente manera: hace unos trescientos años, de repente, empezamos a desarrollar máquinas que eran físicamente superiores al cuerpo humano, al menos, cuando se trataba de levantar, martillear, tirar, mover y arrastrar cosas. Fue la primera era de las máquinas. Como consecuencia, la fuerza física de una persona perdió importancia para el mercado laboral. Eso implicó que Jack acabara zurciendo las medias de Mary, ya que la fuerza de sus brazos había sido sustituida por una máquina que ahora podía manejar una simple mujer. O un niño.

Se puede encontrar a Jack en las estadísticas económicas de la época: a pesar de todas las nuevas invenciones del siglo

XIX, los salarios permanecieron largo tiempo estancados. Durante muchos años, la nueva prosperidad no se tradujo en una mejora de la vida de la gente normal. Más bien al contrario. Cuando Engels escribió con entusiasmo revolucionario que los propietarios de las fábricas «se hacían ricos con la miseria de la masa de asalariados», solo estaba constatando un hecho.[16] El crecimiento en Inglaterra no tenía parangón y, sin embargo, la gente estaba cada vez más empobrecida.

Y así continuó durante las primeras cuatro décadas del siglo XIX. Este periodo se apodó más tarde «la pausa de Engels», en honor a este hombre.

Pero entonces la pausa llegó a su fin. El pobre Jack seguramente murió sin trabajo e infeliz en el sótano húmedo, pero su nieto consiguió trabajo, un trabajo mejor con un salario mejor. La nueva tecnología que se había introducido en la sociedad con unas consecuencias tan dolorosas había empezado a crear nuevos puestos de trabajo. El nieto de Jack no tenía que ocuparse de la casa ni zurcir medias, podía labrarse una carrera y comprarse una gran casa en un barrio residencial de las afueras. Llevó una vida con la que Jack nunca hubiera soñado. Cuando el crecimiento económico empezó por fin a beneficiar a más que a unos pocos, no solo solucionó la crisis de la masculinidad, sino también una gran cantidad de problemas.

Una familia tras otra fueron saliendo de la pobreza, mientras los países empezaban a disfrutar de la nueva riqueza que trajeron las máquinas. La sociedad la recibió y la invirtió en cosas como sistemas públicos de sanidad y educación, que a su vez estimularon el crecimiento. Y, poco a poco, ocurrió algo fantástico. Desde el momento en el que las máquinas fueron más fuertes a nivel físico que los humanos, eximieron a muchas personas de la tarea de levantar y cargar pesos. Los tataranietos de Jack no trabajaban con sus propias manos, ¡trabajaban con un Excel! Entramos en lo que llegaría a conocerse como «economía del conocimiento». Lo que una persona podía ofrecer al mercado laboral ya no procedía de sus músculos, sino de su cerebro. Del «levanto, luego tengo trabajo» al «pienso, luego tengo trabajo». Y así es como creímos que quedarían las cosas. Nos parecía bien esta división. Las máquinas se encargarían del trabajo pesado mientras los humanos pensaban. Pero entonces llegó la segunda era de las máquinas.

Y amenazó con cambiarlo todo drásticamente otra vez. O al menos eso dicen.

Lo que ocurre con la inteligencia artificial es que se supone que pronto será más inteligente que nosotros. Esta es la razón por la que todos hemos entrado en pánico: si nuestro cerebro es lo que cuenta en la economía y los cerebros electrónicos pronto serán superiores a los biológicos, ¿qué le quedará a la humanidad? ¿Qué va a hacer? ¿Más allá de unirse a las máquinas y convertirse en una especie de cíborg modificado genéticamente que puede buscar en Google dentro de su propia cabeza?

Aun así, sabemos hace mucho tiempo que ni los exámenes de coeficiente intelectual ni las notas de la escuela predicen el éxito económico que tendrá una persona.[17] Hay otros elementos que juegan un papel importante.[18] ¿Pueden reproducirlos también las máquinas, sean cuales sean esos elementos?

Una gran cantidad de esos «otros elementos» son precisamente las cosas que a las máquinas tanto les cuesta: desde la inteligencia emocional, la habilidad de forjar relaciones humanas o calar a otra gente a comprender lo que ocurre entre dos personas cuando se conocen y sobrellevarlo sin problemas. La capacidad de sacar lo mejor de los demás y de entender lo que ocurre en realidad en un grupo; en resumen, gran parte de lo que condescendientemente hemos calificados de «habilidades blandas». A los hombres futurólogos les resulta fácil afirmar que, si las máquinas tienen un coeficiente intelectual superior, se acabó la partida para la humanidad. Pero el problema es que la «economía del conocimiento» siempre se ha basado en muchas otras cosas a las que los futurólogos no han prestado nunca demasiada atención. Por ejemplo, la «economía de las relaciones» y la «economía de los cuidados».

Lo que hace que la economía siga funcionando no se limita a la fuerza física y la capacidad de raciocinio de la humanidad. La labor de cuidar, generar confianza, comprender las necesidades de los demás y gestionar distintas situaciones y personas a nivel emocional conforma una parte invisible de toda economía. También conforma un amplio porcentaje de casi cualquier trabajo. Pero no solemos percibir lo «blando» como una habilidad. Porque la consideramos femenina.

Lo mismo ocurre en el mercado laboral. Las cualidades que tendrán importancia una vez la inteligencia artificial nos supere en raciocinio serán sobre todo las que ahora calificamos de «femeninas». Y, por consiguiente, las menospreciamos a nivel económico.

Cuando se aborda la cantidad de trabajos que los robots de verdad serán capaces de reemplazar, los economistas discrepan. Algunos estudios afirman que el 47 %;[19] otros, el 9 %.[20] Dos cifras muy distintas.[21]

No obstante, al menos hay cierto consenso en lo que se refiere a dónde está el cuello de botella y el tipo de industrias en las que el avance imparable de las máquinas será más problemático.[22]

Los economistas suelen mencionar tres ámbitos principales. El primero se ha abordado en el capítulo octavo: los robots tienen dificultades para realizar muchas de las tareas físicas que los humanos hacemos sin pensar. Es decir, que la paradoja de Polanyi importa en el mercado laboral. Es más fácil automatizar la inteligencia de Garri Kaspárov que la de Serena Williams.

El segundo ámbito en el que las máquinas tienen carencias es en el de la creatividad humana. No podemos saber lo que la tecnología será capaz de lograr en las próximas décadas, pero en la actualidad los humanos son mucho mejores que los robots en trabajos que requieren de una buena dosis de pensamiento creativo. Si te cuesta explicar en términos sencillos qué es exactamente lo que haces en el trabajo cada día, seguramente tu empleo no corre peligro de ser automatizado.

El tercer ámbito en el que las máquinas se topan con dificultades es cualquier labor que exija poseer inteligencia emocional. Las emociones humanas nos proporcionan unas habilidades que son muy importantes para el mercado laboral. Cualquier persona que se dedique a cuidar de otras personas, convencer a otras personas o comunicarse con otras personas se encuentra a salvo. La mayor parte de los estudios económicos sugieren que lo más probable es que no vayamos a tener robots enfermeras, profesoras de preescolar, psiquiatras ni trabajadores sociales a corto plazo.[23]

Sin embargo, eso no significa que no haya espacio para los robots o la inteligencia artificial en ámbitos laborales con predominancia femenina como el de la asistencia. Pongamos por ejemplo el cuidado de las personas mayores: la nueva tecnología tiene el enorme potencial de proporcionar a muchos ancianos una sensación de libertad completamente nueva. Si llegamos a disponer de coches autónomos como los que nos han prometido, las personas mayores podrán desplazarse como nunca antes: del huerto hasta donde estén los nietos y luego al bingo el jueves por la noche, a pesar de que ya no tengan la vista ni la capacidad de reacción de su juventud.

Del mismo modo, los robots del ámbito de la asistencia a personas mayores no tienen por qué ser una pesadilla distópica: ancianos abandonados y sentados, como zombis, delante de un par de máquinas centelleantes. Si se usa adecuadamente, la tecnología puede proporcionar independencia y dignidad a las personas mayores. Seguro que muchos preferirían que los ayudara un robot a ir al baño antes que una persona desconocida. Y, aunque quizá no siempre quieras ver a un médico robot, eso no significa que no resultaran de suma utilidad en una pandemia, por ejemplo. La cuestión es que cuesta imaginar un hospital completamente automatizado del mismo modo que hay quioscos o estaciones de tren completamente automatizadas. También cuesta imaginar que algo que no sea humano pueda dar servicios de calidad como el cuidado de los niños.

Por esta razón, muchos estudios económicos recientes demuestran que la probabilidad de que un robot elimine un puesto de trabajo es mayor en industrias en las que predominan los hombres que en los sectores en los que predominan las mujeres.[24] De hecho, según ciertos análisis, cuanto más predominio de mujeres hay en un sector, menor riesgo existe de que los robots se apoderen del trabajo.

Y eso nos lleva de nuevo a Jack y Mary.

A lo largo de la historia, las relaciones con otras personas han tenido más peso en la supervivencia económica de la mujer que en el caso del hombre. Al no disfrutar de las mismas oportunidades que los hombres para alcanzar la independencia económica, muchas mujeres han vivido literalmente de su habilidad de construir, alimentar y mantener relaciones sociales. Por esta razón, las mujeres se han especializado justo en esas áreas en las que parece que las nuevas máquinas tendrán más problemas.

Supongamos que de verdad estamos viviendo la segunda era de las máquinas y que las máquinas se quedan de pronto con todos los trabajos de los hombres, sean banqueros o albañiles. Se crearía una economía en la que gran parte de las cosas que consideramos «femeninas» tendrían una demanda como nunca antes, ya que seguiremos necesitando personas en asistencia sanitaria, cuidado de ancianos y guarderías. ¿Serán los hombres sin trabajo entonces los que conformen la «clase inútil» de la economía mientras las mujeres conservan sus puestos de trabajo y, en muchos sentidos, definen la nueva era económica a través de su especialización en las emociones y el cuidado, las mismas habilidades en las que conservaremos una superioridad competitiva frente a las máquinas?

Jack, en paro, se sienta en el sótano húmedo viendo vídeos de YouTube de Jordan Peterson mientras Mary asiste a un curso de Brené Brown sobre «la vulnerabilidad como aptitud de liderazgo». ¡Bienvenidos a la segunda era de las máquinas!

Esta es la consecuencia potencial de los desarrollos tecnológicos actuales que los futurólogos masculinos han pasado por alto. ¿Es posible que los problemas económicos del futuro no estén tan relacionados con no haber animado a las niñas a aprender a programar como con no haber animado a los niños a cuidar?

Lo interesante es que gran parte de los trabajos con los que los robots tienen más problemas son los mismos que no valoramos demasiado bien en el mercado laboral. Solo hay que ver cómo se paga a las cuidadoras: suelen ser los trabajos menos seguros y con los peores salarios de todo el mercado laboral.

Quienes trabajan con personas ganan menos dinero que quienes trabajan con números o motores. La pregunta es si este principio básico de la economía va a cambiar ahora. ¿Si las máquinas se quedan con la mayor parte de los trabajos relacionados con los números y los motores de los coches pueden imprimirse con algún tipo de impresora 3D, aumentará el estatus del trabajo relacionado con personas?

Las feministas llevan muchos años sosteniendo de que deberíamos otorgarles más valor a los cuidados. En primer lugar, porque les parece poco razonable que una comadrona gane una cuarta parte de lo que gana un banquero. Y, en segundo lugar, porque los salarios bajos en gran parte del sector cuidados son una de las razones principales por las que en la actualidad las mujeres ganan menos que los hombres. Aproximadamente tres cuartas partes de las personas que trabajan en servicios sanitarios y sociales son mujeres en toda la OCDE. Eso significa que son veinte millones de mujeres frente a 6,3 millones de hombres. Las mujeres también suelen ser las que ocupan los puestos de trabajo peor pagados dentro del sector.

Las políticas escandinavas en igualdad de género han sido más ambiciosas que las de prácticamente cualquier otro lugar del mundo. Suecia invierte aproximadamente el mismo porcentaje de su producto nacional bruto en prestaciones por paternidad y puericultura que Estados Unidos en el ejército. A pesar de todo esto, la brecha salarial de género no es menor en Suecia que en muchas otras partes de Europa, incluyendo países en los que no se ha promovido ninguna política general de igualdad en materia de género. La brecha salarial de género sueca tampoco ha cambiado prácticamente en más de treinta años.

Es decir, que las medidas políticas ambiciosas para ayudar a las personas a compaginar la vida familiar con la laboral no parecen ser suficientes para que las mujeres sean capaces de mejorar su posición en todos los niveles de la sociedad. Parece que hay algo más frenando el progreso económico de las mujeres, algo que no tiene nada que ver con la falta de guarderías o padres dispuestos a cambiar pañales.

Este algo está relacionado con las habilidades que consideramos valiosas para la economía y las que creemos que podemos dar por sentadas. Hay dos formas posibles de solucionar este problema. O las mujeres tienen que empezar a buscar trabajos en los ámbitos dominados por hombres en proporciones mucho mayores, dejar de arrinconarse en el gueto rosa y mal pagado del sector asistencial y estudiar para ser ingenieras en vez de especialistas en recursos humanos, o tenemos que cambiar radicalmente cómo valoramos distintas profesiones.

La primera solución parece bastante simple: enseñar a las niñas a programar, construir, calcular y llevar las finanzas. El único problema es que (tal como hemos visto con los programadores y las secretarias) normalmente el estatus de un sector disminuye cuando más mujeres acceden a él.[25] El problema no es que los hombres se hayan quedado con todos los trabajos bien pagados, sino que hay ciertos trabajos que están bien pagados porque los desempeñan hombres.

Y eso solo nos deja la segunda estrategia: tratar de romper por completo con la forma en la que pensamos en lo que respecta a hombres, mujeres y valor económico. Es mucho más peliagudo. Muchísimo más. Al fin y al cabo, ya hemos visto hasta qué punto nuestras ideas sobre el género pueden frenarnos en todos los sentidos, desde los productos que inventamos hasta el modo en el que organizamos nuestra economía. Pero quizás, en este sentido, los robots nos echen una mano: podría ser un efecto colateral de la segunda era de las máquinas.

Puesto que a los robots no se les dan bien los cuidados, los sentimientos ni las relaciones, a los humanos no les quedará más remedio que especializarse en ellos. Las máquinas, por tanto, invertirían milenios de orden patriarcal, además de lograr que los coches vuelen y las medias de seda no tengan carreras. ¿Será este el resultado de la segunda era de las máquinas? ¿El momento en el que el futuro se escriba en femenino y el matriarcado se alce como una sociedad altamente tecnificada basada en las relaciones? ¿Un mundo en el que alguien que no quiera desarrollar sus capacidades emocionales quede atrás a nivel económico y en el que a los hombres en paro que no quieran hacer el curso de Brené Brown solo les quede aceptar su renta básica universal y pasarse los días mandando correos electrónicos cargados de odio a las políticas desde sótanos oscuros?

Bueno, puede que nos estemos dejando llevar.

Si repasamos la investigación económica, vemos que la hipótesis de que los hombres se verán más afectados por la segunda era de las máquinas no tiene por qué ser cierta. Sí, hay muchas mujeres en los sectores asistenciales, sociales y en la educación y, además, son ámbitos que seguramente será más difícil automatizar que otros. Pero las mujeres también tienen más trabajos basados en procesos que los hombres. Se sientan en las cajas de los supermercados y se dedican a tareas administrativas en distintas empresas y la mayoría de los analistas creen que este tipo de trabajo será automatizable, lo que significa que gran parte de estas mujeres perderá su trabajo.[26] Diversos estudios incluso sugieren que, por esta razón, habrá más mujeres que hombres que se queden sin trabajo debido a la segunda era de las máquinas, al menos en las primeras etapas.

Aun así, si esto llegara a ocurrir, estas mujeres seguramente tendrán opciones donde elegir. Una mujer desempleada que soliera ser cajera de supermercado estaría a un paso menos de convertirse en cuidadora que, por ejemplo, un hombre desempleado que fuera camionero. Y entonces será cuando los roles de género podrían recibir una mayor consideración económica, igual que durante la primera era de las máquinas. En resumen, cuando el rol de género masculino choca con una revolución industrial que avanza a toda máquina, posee el potencial de frenar el desarrollo tecnológico y provocar grandes tensiones sociales. Lo hemos vivido antes. Solo hay que preguntárselo a Jack.

Imagina un gobierno que de pronto se enfrenta al desafío político de ofrecer formación a doscientos mil camioneros en paro para que se conviertan en camilleros de hospital. Supongamos que las máquinas les han arrebatado la mayor parte de los trabajos que había en el sector del transporte, mientras que aún se requiere mano de obra humana en el sector asistencial. ¿Cuál sería una respuesta política adecuada?

Mientras el gobierno trata de encontrar una solución, surge un nuevo partido populista. Su líder promete proteger el trabajo de los camioneros cueste lo que cueste y así el orgullo masculino nacional quedará intacto. Evoca el mismo dolor que Engels describía a través de Jack en la década de 1840: las máquinas me han quitado el trabajo y ahora tengo que convertirme en «mujer» para poder sobrevivir a nivel económico, cuando durante toda la vida me han enseñado que un hombre no puede caer más bajo. Si existe un gran grupo de población masculina que se siente así, no es que sea precisamente la receta para la estabilidad social, la paz y la tranquilidad.

Pero quizá no hay que ser tan dramáticas. La mayor parte de trabajos no se automatizarán directamente. Lo que ahora denominamos «trabajo» no es algo homogéneo, sino un conjunto de tareas distintas que hemos decidido que una persona con un título concreto debería realizar entre las nueve de la mañana y las cinco de la tarde de lunes a viernes. No hay ninguna ley natural que diga, por ejemplo, que lo que denominamos abogado tenga que hacer siempre lo mismo que asociamos a su oficio en la actualidad.

Solo hay que pensar en las tareas que distintos programas de ordenador han absorbido en tu profesión durante las últimas décadas. Hace veinte años hacíamos cosas en las oficinas que hoy en día ni se nos ocurren. Cuando llegaron los cajeros automáticos, las cajeras de los bancos dejaron de contar billetes, pero conservaron el trabajo: este simplemente cambió. Así que, tal vez, la pregunta debería ser de qué forma la tecnología cambiará las atribuciones de un trabajo y no si lo usurpará por completo.

Veamos, por ejemplo, el caso de los radiólogos. Se trata de una profesión en la que la inteligencia artificial ya puede competir con las personas.[27] La inteligencia artificial ha demostrado ser fabulosa a la hora de dar con los diagnósticos correctos a partir de radiografías, por ejemplo. Pero ¿les ha quitado el trabajo a los radiólogos? No. ¿Han descendido en picado sus salarios? No, eso tampoco.[28]

Interpretar radiografías y otras imágenes médicas solo es una pequeña porción del trabajo de un radiólogo. Muchos radiólogos a menudo realizan cirugía avanzada y, quizá lo más importante, todo radiólogo se pasa gran parte de su jornada laboral comunicándose con los demás. Su trabajo como especialista consiste en explicar los resultados a otros médicos, lo que lo convierte en un puente humano entre una tecnología cada vez más especializada y el resto de las personas que conforman la organización médica. Este futuro poco desalentador puede aguardarnos a muchos en los años venideros, cuando se acabe desarrollando la segunda era de las máquinas. Se nos liberará de los elementos más robóticos de nuestros trabajos y nos veremos obligados a especializarnos en trabajar con otras personas. La humanidad combinada con la pericia de especialista será un elemento muy buscado en el mercado laboral, mientras que las habilidades «blandas», las sociales, serán cada vez más importantes en un mayor número de trabajos.

Esta es una visión mucho menos dramática de lo que podría pasar. Pero tampoco está exenta de sus propias condiciones de género. Precisamente, esas capacidades emocionales y sociales que se convertirán en requisitos en esta situación no son compatibles con el rol de género con el que se ha educado a muchos hombres. Por consiguiente, puede que sea más difícil para estos hombres encontrar su nuevo rol en el mercado laboral. Para que la nueva tecnología marque una diferencia, los métodos laborales también deben estar hechos a su medida. En este sentido, el rol de género masculino actual podría suponer un problema. Si se niega a formarse para convertirse en cuidador, Jack continuará enfurruñado viendo vídeos de Jordan Peterson.

O tal vez ocurra justo lo contrario. Ya hemos visto lo fluidos que pueden ser los roles de género. La computación pasó de ser un trabajo mal remunerado ejercido por mujeres negras a un ámbito de alto estatus que solo los cerebros de los hombres blancos se consideraban capaces de entender. ¿Podría ocurrir algo similar con las llamadas «habilidades blandas» en la segunda era de las máquinas?

La historia se reescribirá. Nuestros nietos aprenderán que la «inteligencia emocional», la «intuición», y el «instinto de cuidar» siempre han sido inherentes a la naturaleza humana, al menos desde que Jesús les lavó los pies a los apóstoles el Jueves Santo. ¿Tal vez en el futuro escribirán simpáticos libros infantiles en los que se anime a las niñas a aspirar a carreras que se desarrollen en el sector de la asistencia, dominado por hombres y con puestos muy bien pagados? Puede que te eches a reír y sacudas la cabeza, pero ¿podemos no aceptar que al menos es tan plausible como que las personas modifiquen genéticamente sus cuerpos y suban su cerebro a la nube?

La cuestión más importante es que cuando tratamos de entender la segunda era de las máquinas, hay que tener en cuenta el género. No podemos analizar el impacto que la tecnología tiene en el mercado laboral sin reconocer que el mercado laboral está organizado por géneros.

No podemos olvidarnos de preguntar sobre Mary.

En concreto, nos enfrentamos a una elección política. Casi todo el debate sobre la segunda era de las máquinas se ha centrado hasta ahora en cómo adaptar las personas a la tecnología que se está desarrollando. No al revés: la tecnología a las personas.

¿Los robots se quedarán con el 47 % de los trabajos o con el 9 %? Es la pregunta que ansiamos responder en estos últimos años. Es evidente que, si nuestro cometido es adaptar la sociedad a los robots y no al revés, hay que conocer el porcentaje. Nos dará tiempo para prepararnos. Pero esta forma de pensar conduce a un debate en el que tratamos de predecir en lugar de influir en el desarrollo de la tecnología.

Es un poco como tratar de adivinar el tiempo que hará los festivos de agosto.

El hecho es que las máquinas no solo «se acercan». Alguien tiene que pagarlas, inventarlas, construirlas y venderlas. Si la era de los robots se acerca es porque los estamos creando. Y eso siempre encierra también una dimensión política.

Cuando William Lee se presentó ante la reina Isabel I con su nueva máquina de coser medias en 1589, la soberana se negó a concederle una patente.[29] La reina no quería arriesgarse a dejar sin trabajo a todos los empleados de la industria de las medias de Inglaterra, del mismo modo que no quería crear más monopolios. Uno podría pensar que no es relevante sacarlo ahora a colación: sí, en el pasado el Estado condicionaba el desarrollo tecnológico mediante la obstaculización, como hizo Isabel I, pero ahora ya no funciona así. Ahora somos más sabios. Hemos llegado a ver que el Estado no puede ni debe tratar de usar tácticas férreas para contener la nueva tecnología. La razón por la que hemos hecho semejantes saltos tecnológicos durante los últimos tres siglos es que, a diferencia de Isabel I, no hemos tratado de gobernar la tecnología con medios políticos.

O quizás un poco sí.

De hecho, la primera era de las máquinas se produjo en el Reino Unido sobre todo gracias a las decisiones políticas que tomó el Estado británico. En concreto, optó por la intervención militar en defensa de las máquinas: se apostaron catorce mil soldados armados en la campiña inglesa para impedir que los desempleados atacaran las nuevas máquinas con mazos. Gran parte de los vándalos fueron colgados o exiliados a Australia y así solucionó el Estado el problema: deshaciéndose de quienes se interpusieron en el avance de la revolución tecnológica.[30]

Es decir, no es verdad que la primera edad de las máquinas llegara de casualidad y por voluntad propia: necesitó de intervenciones políticas muy tangibles. Llegó un momento en el que había más soldados británicos en el Reino Unido defendiendo a las máquinas de alborotadores violentos que enfrentándose a Napoleón en España.[31]

Y esa no fue una guerra europea de poca monta.

Si los robots tienen cierto impacto en el mercado laboral es porque se lo permitimos. No se trata solo de cómo los regulamos y financiamos, sino también de cómo valoramos cada cosa a nivel económico.

Tu iPhone no lo han construido robots: siguen montándolo principalmente manos femeninas y humanas en India y China. No solo se explica con la paradoja de Polanyi, sino que a los robots aún les cuesta tener habilidades motrices finas. También tiene mucho que ver con el hecho de que las manos de las mujeres sean tan baratas en la economía mundial.

¿Quién querrá inventar robots que reemplacen las manos femeninas si siguen costándoles tan poco a las empresas? En otras palabras: el salario bajo y nuestra aceptación despreocupada de que las mujeres y las personas con un tono de piel más oscuro ganen muy poco dinero por trabajos muy duros pueden frenar el desarrollo tecnológico.

¿Quién querría inventar una casa que se limpie sola cuando vivimos en un mundo en el que las mujeres se ganan la vida limpiando a ocho dólares la hora? ¿Quién querría que la tecnología resolviera problemas que siguen siendo invisibles cuando las mujeres se ocupan de ellos de forma gratuita? Lo que valoramos y lo que no valoramos hoy en la sociedad afecta al tipo de tecnología que se desarrollará mañana. No tiene nada de extraño, solo tenemos que ser conscientes de ello. Entonces nos daremos cuenta de que siempre tenemos elección y que la mejor manera de predecir el futuro es creándolo.

No hay necesidad de que exista una «clase inútil» de miles de millones de personas que deambule por la calle sin oficio ni beneficio, robando y destrozando los coches voladores de la élite. Sí, puede que acabemos en un mundo así, pero no será por consecuencia de la tecnología. Será consecuencia de las elecciones que hemos ido haciendo por el camino.

Incluso aunque fuera posible automatizarlo todo, en una versión extrema de las predicciones de los futurólogos, siempre y cuando haya quien necesite cuidados, personas que necesiten contacto y comunicación, y niños que necesiten ánimos, conocimiento y abrazos, habrá cosas que los humanos puedan hacer en la economía. Entonces, la cuestión se reduciría a cómo financiar los trabajos humanos y esta pregunta es fácil de responder: es una elección política. Podemos usar la riqueza generada gracias a la nueva tecnología para dejar que una reducida élite se convierta en multimillonaria y modifique su cuerpo genéticamente, o podemos usarla para construir una sociedad muchísimo más humana que en la que vivimos ahora; una sociedad basada en valores completamente distintos y con un análisis completamente nuevo sobre lo que de verdad importa a la inmensa mayoría.

Igual que la primera era de las máquinas acabó liberando a muchas personas de un trabajo manual agotador, la segunda era de las máquinas también tiene el potencial de liberarnos, de permitirnos dedicar más tiempo a alimentar nuestra creatividad y nuestras relaciones. Dicho de otro modo, la tecnología debería brindarnos la oportunidad de dedicar nuestros días a las cosas que más valora la mayoría de las personas. El potencial revolucionario de la segunda era de las máquinas no solo reside en la tecnología en sí misma. Reside en el potencial que posee la tecnología de ponernos frente a nuestra propia humanidad.

Nos hemos tragado con demasiada facilidad la versión de la historia en la que los robots nos robarán el trabajo. Esta versión atrapa nuestra imaginación y, a la vez, confirma ciertas cosas sobre nosotros que creemos que son ciertas. Pero también es peligroso, en la medida en que difumina cualquier otra alternativa y dibuja un solo futuro inevitable en el que no nos quedará otra que adaptar las sociedades y, de camino, a nosotros mismos. Que esta versión nos haya parecido tan convincente no es tanto una cuestión de que hemos sobreestimado las máquinas sino que nos hemos subestimado a nosotros mismos. O al menos a las partes de nosotros que hemos aprendido a calificar de femeninas y, por consiguiente, a menospreciar tanto a nivel económico como existencial.

No estamos acostumbrados a valorar lo importantes que son los sentimientos, las relaciones, la empatía y el contacto humano para la economía. O lo trascendentales que son estas cosas para la humanidad en su conjunto. Estamos acostumbrados a pensar en ellos como una especie de guinda del pastel, como un extra que puede resultar de todo lo demás, en vez de la infraestructura social que quizás sea la más fundamental de todas. Y eso es exactamente lo que es. Esto es lo que los robots pueden enseñarnos y, de esta forma, la nueva tecnología tiene el potencial de hacernos más humanos, no menos.

Friedrich Engels asumió que Jack era el protagonista de esta historia, cuando desde el principio lo era Mary.

10

En el que decidimos no quemar el mundo en la hoguera

La princesa Ana de Dinamarca tenía quince años cuando se desposó con el rey Jacobo VI de Escocia en 1589. Jacobo había escogido a Ana a partir de un retrato, y se convirtieron en marido y mujer en una boda por poderes sin haberse llegado a conocer.

El mar del Norte los separaba, pero cuando llegó septiembre, la princesa iba finalmente a surcar las aguas desde la costa occidental de Dinamarca hasta la costa oriental de Escocia para conocer a su marido y ascender al trono.[1]

La tarea de conducir sana y salva a la princesa hasta su destino recayó en el almirante danés Peder Munk. Doce barcos majestuosos zarparon de Dinamarca en otoño, pero el viaje fue un desastre. En dos ocasiones, los barcos se acercaron tanto a la costa escocesa que divisaron tierra y, ambas veces, unos vientos huracanados los arrastraron de nuevo hacia Noruega.

O al menos eso es lo que se cuenta.

El almirante estaba preocupado. No eran las típicas tormentas de otoño, pensó: nunca en su vida había experimentado algo semejante. Justo cuando empezaba a inquietarse, una tercera tormenta se abatió sobre ellos. Los vientos rasgaron las velas y zarandearon la flota. Arrancaron un cañón de su tronera, que rodó por cubierta y atropelló a ocho marineros daneses ante los ojos de la princesa. En ese momento, el almirante tomó la decisión de dar media vuelta y condujo a la princesa sana y salva a Noruega.

El rey Jacobo quedó desolado al enterarse de que su joven esposa tenía problemas para cruzar el mar del Norte. Incluso tomó la insólita decisión de ir a buscarla él mismo. Con un gran esfuerzo, logró llegar a Noruega, donde lo esperaba su esposa. Pero, cuando el tiempo volvió a empeorar por enésima vez, la pareja tuvo que esperar casi seis meses antes de zarpar rumbo a Escocia de nuevo.

A estas alturas, el rey Jacobo había oído los ocasionales rumores sobre brujería que corrían entre la tripulación danesa, puesto que la corte Copenhague llevaba un tiempo obsesionada con este tema. El rey escocés estaba cada vez más convencido de que algún tipo de brujería había ocasionado este contratiempo y de que alguien con cierto domino de la magia negra no quería que su reina ascendiera al trono. Estaba aterrorizado.

El almirante Peder Munk regresó a la capital danesa, donde se había tomado la decisión de llegar al fondo de lo ocurrido. Alguien debía tener la culpa de los problemas que había tenido la princesa para cruzar el mar del Norte: al fin y al cabo, por poco no le había costado la vida. La culpa recayó en primera instancia en el tesorero danés, a quien se acusó de no haber provisto la flota como era debido, de haber escatimado hasta el punto de provocar un desastre cuando los barcos se encontraron con las implacables tormentas de otoño. Sin embargo, el tesorero no aceptó tales acusaciones. Culpó de todo a las brujas. Las pérfidas brujas habían debido de mandar algún tipo de demonios para que abordaran las naves y provocaran las tormentas, sostuvo. Y la gente lo creyó. Poco después, el Estado danés ejecutó a doce mujeres por embrujar los barcos. Tres de ellas fueron quemadas en la hoguera en el castillo de Kronborg, en Elsinor, y el humo negro se elevó sobre el estrecho de Øresund.

Aunque el rey Jacobo no se había mostrado especialmente temeroso de la magia negra antes, todo cambió después del viaje. Se empeñó en vengarse de las brujas que habían provocado las tormentas. Sus soldados pronto encontraron a una partera que se llamaba Agnes Sampson y le arrancaron una confesión mediante torturas. Setenta personas fueron perseguidas por este suceso y por otro fenómeno meteorológico inexplicable en lo que terminó convirtiéndose en el juicio de brujería más importante de Escocia. Agnes Sampson fue quemada en la hoguera en febrero de 1591 y hoy en día sigue diciéndose que su espíritu deambula, desnudo y sangrante, por los pasillos del palacio de Holyrood, la residencia de la monarquía británica en Edimburgo.

El rey Jacobo nunca superó lo de las tormentas de aquel invierno. Incluso llegó a escribir un manual sobre la caza de brujas.[2] Literalmente: una guía para encontrar, reconocer y atrapar brujas. Culpar a las mujeres de los fenómenos meteorológicos es una costumbre antiquísima. Durante años, los papas sostuvieron que las brujas podían echar a perder la cosecha, y también había una creencia muy extendida en Europa en esa época de que eran capaces de controlar la lluvia o invocar la tormenta y los rayos a voluntad.[3]

Las brujas podían hacer que cayera granito del cielo y que los campos se secaran. Si el tiempo empeoraba, entonces lo mejor, igual que había hecho el almirante Munk tras abortar la misión del mar del Norte, era preguntar si alguien había ofendido a alguna bruja últimamente. ¿Hacía mal tiempo o había alguna mujer ofendida por ahí en busca de venganza?

El tiempo se había estado comportando de una forma muy extraña aquellos años. Europa atravesaba un período que más tarde llegaría a conocerse como «la Pequeña Glaciación» o «la Pequeña Edad del Hielo». Fue una época de inviernos muy crudos que empezó en 1590, el mismo año que el rey Jacobo y su princesa consiguieron por fin llegar a Escocia. Desde ese invierno en adelante, el tiempo se volvió más frío y húmedo. Helaba cuando no tocaba, caía granizo del cielo y las aldeas se inundaban. Los ratones llegaban en manadas y unos gusanos extraños devoraban las cosechas. Las consecuencias económicas fueron enormes: en una sociedad mayormente agraria, la meteorología dicta las perspectivas económicas, que, en este caso, caían en picado, igual que las temperaturas.

A menudo escaseaba la comida, tanto porque las cosechas se echaban a perder como porque los cambios climáticos implicaban que el bacalao y otros pescados dejaran de emigrar tan al norte. De pronto, ya no era posible pescar de la misma forma en muchas partes del norte de Europa.[4] Habían sido las brujas las que acabarían cargando con gran parte de la culpa de que la naturaleza se volviera contra de la humanidad de esta forma.

La economista Emily Oster ha vinculado los mayores juicios por brujería europeos con estos cambios climáticos.[5] Se acusó hasta un millón de personas en Europa, sobre todo mujeres, de brujería, y la mayoría fueron ejecutadas. Las que asesinaron eran mayormente mujeres pobres y viudas, y es evidente que está relacionado: era difícil que una se mantuviera a sí misma sin marido. Muchas mujeres se veían obligadas a vivir de las limosnas y eran las mismas contra las que se se ahora se volvía la sociedad.

La vida era dura y la gente se sentía insignificante, víctima de los caprichos de la Madre Naturaleza. Las mujeres pobres que suplicaban comida sin éxito quizá maldecían entre dientes cuando las echaban. Si entonces llegaba una tormenta o se moría una vaca, a menudo se las acusaba de brujería. Eso también significaba que sus acusadores no tendrían que sentirse malos cristianos por haber arrojado a la calle a una mujer hambrienta: seguramente estaba confabulada con el demonio.[6]

Los estudios de las cazas de brujas modernas han demostrado unos patrones similares. A principios del milenio, hubo mujeres de la región rural de Tanzania que fueron acusadas de brujería y asesinadas cuando llovía demasiado o demasiado poco;[7] los ingresos medios en Tanzania por aquel entonces eran comparables a los de la Europa occidental a principios del siglo XVII.[8] En India, la persecución de las brujas también se ha relacionado con conflictos provocados por la pobreza. Si a la familia de un hombre fallecido no les cae bien la viuda, acusarla de brujería puede ser el modo de conseguir que renuncie a la propiedad de la tierra que ha heredado.[9] De este modo, las cazas de brujas pueden ser una forma efectiva de eliminar a las mujeres difíciles con las que nadie quiere lidiar.[10]

En su libro superventas sobre brujas del año 1486, el sacerdote alemán Enrique Kramer escribió que «toda la maldad no es nada en comparación a la maldad de una mujer».[11] Continuó: «Qué es una mujer […] sino un castigo ineludible, un mal necesario […], una maldad de la naturaleza, ¡pintada con bellos colores!». Sostenía que la mujer era «más amarga que la muerte», más débil que el hombre tanto en cuerpo como en alma y, por supuesto, más carnal.[12] La brujería provenía de la lujuria insaciable de la mujer, imaginaba él. Su vagina nunca tenía suficiente. ¡Solo había que mirar su forma! Era este deseo malsano lo que ponía en contacto a la mujer con el demonio y la llevaba a su perdición.

Si todo esto te parece exagerado, incluso para el siglo XVI, que, como todo el mundo sabe, fue súper feminista, algo de razón no te falta. Muchas de las instituciones de la época, desde el Vaticano hasta la Inquisición española, rechazaron gran parte de lo que Kramer sostenía sobre las brujas.[13] Sin embargo, el libro tuvo influencia. Se difundió por todo el continente gracias a la última tecnología de la época (la imprenta) y radicalizó a los hombres a los que llegó porque jugaba con ideas culturales que ya existían.

Tradicionalmente, hemos percibido a las mujeres como una versión deformada del hombre. El alma y el intelecto de un hombre se asociaban al sol, a lo cálido, a lo seco. La mujer, en cambio, era lo frío, lo mojado y lo húmedo; se creía que era más peligrosa cuando menstruaba. La mujer representaba los aspectos más corruptores de la naturaleza humana y, por tanto, a nadie le sorprendía que el demonio quisiera tener trato con ella.

A lo largo de la historia, la bruja ha adoptado muchas formas, desde la señora vieja y fea con la nariz aguileña hasta la preciosa hechicera que atrae a los hombres solo para convertirlos en cerdos. La primera mujer acusada de brujería en los conocidos juicios de Salem fue Tituba, una mujer esclavizada y racializada, probablemente una indígena centroamericana.

En muchos sentidos, el miedo a la bruja siempre ha significado al miedo al poder de la mujer. Pero también era miedo a que las mujeres se congregaran e hicieran cosas juntas. Era evidente que las mujeres que iban a ver a otras mujeres se dirigían a un aquelarre de brujas a bailar con el demonio. ¿Qué otra cosa iban a hacer, si no?

Por esta razón, los grandes juicios de brujería en Europa también parecieron cambiar la naturaleza del propio demonio. Antes, solía adoptar la forma de distintos diablillos, sin duda malos y exasperantes, pero nada que no pudiera espantarse con unas cuantas salpicaduras de agua bendita bien dirigidas. El demonio era un sirviente que uno podía invocar para encomendarle maldades y, como eran los humanos quienes podían hacerlo aparecer, no se encontraban totalmente desvalidos.

Pero todo esto cambiaría durante los juicios de brujas europeos de finales del siglo XVI y principios del XVII. De pronto, eran las mujeres a las que había que perseguir, de modo que los hombres empezaron a imaginar que era el demonio quien invocaba a la bruja y no al revés. El demonio dejaba su marca en la bruja y tenía relaciones sexuales violentas con ella, tras las cuales ella se convertía en su sirvienta y él en su proxeneta, amo y señor en una combinación aterradora. Era tan importante presentar a la mujer como subordinada al hombre que, incluso cuando se la acusaba de poseer poderosa magia negra, se la seguía pintando como esclava de una fuerza masculina. En pocas palabras, el demonio empezó a tener más preponderancia en todo este tema: las brujas debían tener un superior masculino.[14]

Los juicios de brujería europeos en muchos casos se centraron en mujeres que ejercían de comadronas, preparaban hierbas medicinales o se ganaban la vida curando a animales o personas. En esa época, los médicos trataban a los ricos de la sociedad con unas supuestas «medicinas» que hoy en día nos costaría diferenciar de meras pócimas. Las brujas, en cambio, trataban a los pobres, a los que no podían permitirse otra cosa.

Durante mucho tiempo, numerosas sociedades aceptaron a las brujas. Tener una reputación de bruja incluso podía ser una estrategia comercial, aunque no estuviera exenta de riesgo. Si la gente te consideraba peligrosa, era más probable que te dieran comida si se la pedías. Al fin y al cabo, no querrían que maldijeras a sus vacas.

Para otras mujeres, la brujería era más bien una actividad comercial más tradicional: aliviaban achaques y curaban a los enfermos a cambio de un pago. La repentina elevación de la brujería de un ritual de magia y una forma de medicina que había existido durante generaciones a una conspiración demoníaca que amenazaba a toda la sociedad fue precisamente lo más extraño de los juicios de brujería europeos. ¿Por qué la gente se volvió contra las brujas en ese momento particular?

Una explicación posible sería el cambio climático y la Pequeña Glaciación. Si las brujas eran capaces de controlar el tiempo, y el tiempo de pronto se había vuelto más peligroso, entonces las brujas se convertían en una amenaza más importante para la sociedad.

Pero no todo el mundo coincide en que la culpa la tuvo el tiempo. El economista Cornelius Christian, por ejemplo, ha señalado que un periodo de abundantes persecuciones de brujas en Escocia coincidió con muy buenas cosechas.[15]

Otros economistas también debaten la persecución de brujas en términos de un desgraciado efecto colateral de la tensa competición del mercado religioso.[16] En las regiones en las que los católicos y los protestantes competían por los conversos, muchas brujas fueron quemadas en la hoguera, señal, quizá, de que los líderes religiosos estaban tratando de demostrar sus méritos como el credo que adoptaba una postura más dura respecto a la brujería de una forma muy parecida a la que ahora los partidos políticos compiten por sostener la postura más dura contra la delincuencia o la inmigración.

Existen muchas teorías. Algunas culpan al catolicismo de los juicios de brujas. Otras al protestantismo. Otras a la religión en general. Hay quienes creen que estuvieron relacionados con brotes periódicos de intoxicación por cornezuelo, un tipo de hongo alucinógeno presente en ciertas variedades de cereal, mientras que otros opinan que estaban relacionados con drogas en general. La matanza de personas acusadas de brujería a menudo se describe como un arrebato insólito de… Bueno, no sabemos muy bien qué. De algo inexplicable. Y es evidente que se hace para despolitizarlo todo. Los juicios de brujas fueron y seguirán siendo violencia (sobre todo, aunque no de forma exclusiva) contra las mujeres.

Es lógico que se culpara a las brujas de las tormentas y las malas cosechas de la Pequeña Glaciación de Europa, puesto que nuestras percepciones de la naturaleza y la feminidad están relacionadas.[17] La razón por la que se puede responsabilizar a una mujer del tiempo meteorológico se debe a que se considera que está más unida a la naturaleza que un hombre. Hasta 1979, todos los huracanes y las tormentas tropicales recibían nombres femeninos en Estados Unidos. Las feministas estadounidenses lucharon mucho para cambiarlo: «¿Podemos tener al menos puñetera igualdad a nivel meteorológico?», pensaron. Pero estas cosas suelen ser mucho más profundas.

Durante siglos nos han enseñado a pensar en la naturaleza en femenino, como algo oscuro, escurridizo, aterrador, siniestro, impredecible y húmedo, pero también con la habilidad de producir vida en su vientre. En nuestra cultura, la Madre Naturaleza es, sin duda, una mujer. Tradicionalmente, la labor de del hombre ha sido controlar la naturaleza y recoger sus frutos, alzarse sobre ella gracias al dominio que ejerce. Pero cuando algo sale mal en este proceso, como que una tormenta arrastre a dicho hombre a la costa equivocada o que los escarabajos se zampen las cosechas, entonces se suele asumir que la naturaleza «femenina» tiene que haberse descarriado. Y que el hombre tiene que recuperar el control. Con violencia, si es necesario.

Esto es precisamente lo que el rey Jacobo de Escocia trató de hacer tras las infortunadas tormentas de otoño.

Al quemar a aquellas mujeres, buscaba recuperar algo de control masculino sobre la naturaleza y la vida.

Siempre se ha considerado que las mujeres están más unidas al mundo físico a través de su cuerpo. Si eres capaz de parir, menstruar y dar el pecho tienes que ser más animal que el hombre, solemos pensar. Igual que una persona racializada siempre se ha considerado más «parte de la naturaleza» que la persona blanca, y la mujer racializada más «parte de la naturaleza» que la mujer blanca.

Si no eres un hombre blanco, debes de ser parte de la naturaleza, se nos ha enseñado. Eso significa que no eres lo bastante refinada ni estás dotada de la misma racionalidad intelectual que el hombre blanco. A lo largo de los años, esta idea se ha usado para legitimar muchas de las peores formas de subordinación que existen en la sociedad. Al fin y al cabo, siempre se le ha dicho al hombre blanco que puede hacer prácticamente lo que quiera con la naturaleza. Es decir, que, si alguien te compara con la naturaleza, no suele ser algo bueno. Normalmente quiere decir que, igual que a la naturaleza, hace falta ponerte en tu lugar.

Sabemos lo que ha implicado para las mujeres y las personas racializadas a lo largo de la historia el hecho de que se las compare con la naturaleza, pero ¿qué ha significado para la propia naturaleza?

Percibimos a la Madre Naturaleza como una mujer. En nuestra cultura patriarcal, solemos pensar en ella como una mujer afectuosa, misteriosa y bonita, pero también aterradora e indescifrable. Su furia puede ser sobrecogedora, pero es otro cantar, algo distinto a la dura tecnología masculina con la que tratamos de dominarla. Puede que la idolatremos y la adoremos, pero la pregunta es si la respetamos y si de verdad estamos interesados en llegar a conocerla.

Al menos como algo más que un recurso que explotar.

En el mundo occidental, se nos ha inculcado que la naturaleza existe para ser dominada por el ser humano, igual que las mujeres existen porque Adán necesitaba compañía y podía permitirse tener una costilla menos. Hasta ese punto, tanto la naturaleza como la mujer existen, en gran parte, para servir al hombre. Esta idea encierra la clave de la mayor parte de los problemas de la actualidad. Y, quizá, también del más peliagudo de todos: la emergencia climática.

Los partidos políticos y los líderes que se están esforzando más para negar la emergencia climática en la actualidad suelen ser siempre los mismos que quieren poner a las mujeres en su sitio. En su opinión, ambas cosas están relacionadas. El dominio de la naturaleza atañe al rol de género masculino y ni la mujer ni la naturaleza (y aún menos Greta Thunberg) pueden decirle al hombre lo que puede y no puede hacer.

En Estados Unidos, una proporción parecida de hombres y mujeres creen que el cambio climático es real y que tiene su origen en la acción humana, pero las mujeres están más preocupadas. Tienen una mayor tendencia a pensar que el cambio climático las perjudicará personalmente y que supone una amenaza para las plantas, los animales y las generaciones futuras. Las mujeres también apoyan políticas como la regulación del CO_2 como agente contaminante y la imposición de límites estrictos de CO_2 en mayor medida que los hombres.

En Suecia, los investigadores de la Universidad Tecnológica Chalmers han inaugurado el primer centro de investigación académica dedicado al estudio del negacionismo climático. Para ellos, la masculinidad es un tema de estudio evidente. Los hombres niegan la gravedad del cambio climático mucho más que las mujeres y además se sienten mucho más amenazados de una forma más primaria, no por el cambio climático, sino por el movimiento que pretende ponerle freno.

Existe un solapamiento cada vez mayor entre nacionalismo, antifeminismo, racismo y una oposición a todo lo que representa el movimiento contra el cambio climático. Puede parecer extremadamente ilógico al principio, hasta que uno recuerda a las brujas y la identificación de la naturaleza con la mujer.

El cambio climático no solo es el mayor problema de nuestra época que requiere de innovación, sino que también está enzarzado con gran parte de nuestras ideas sobre el género. Ser un hombre de verdad equivale a dominar la naturaleza, no a llegar a acuerdos para su beneficio. Y esto último es justo lo que la emergencia climática parece exigirnos ahora.

Hemos desarrollado la idea de que cierto estilo de vida, cargado de gasolina, es muy «masculino», y luego hemos colocado esta lógica masculina por encima de todos los demás valores. Así que, cuando ha resultado que este estilo de vida masculino y patriarcal no es sostenible, hemos descubierto que no podemos renunciar a él. Porque lo hemos valorado por encima de todo lo demás. Incluso de la muerte.

Muchos de los hombres que niegan el cambio climático también menosprecian a las mujeres eminentes del movimiento contra el cambio climático con una intensidad que no es casual ni nace de un desagrado personal hacia las adolescentes suecas que llevan trenzas. No, está relacionado con su percepción del movimiento contra el cambio climático como una amenaza para la sociedad industrial moderna basada en los combustibles fósiles que ha estado dominada por la masculinidad blanca y heterosexual. Si los combustibles fósiles desaparecen, la masculinidad desaparece con ellos, según creen.[18] Y por eso el tema se vuelve tan existencialista. Se ha convertido en una dinámica política clave en muchas sociedades.

Los trabajos de la industria minera del carbón en Estados Unidos, a nivel económico, constituyen una parte insignificante de la economía general del país. Aun así, vimos el importante papel simbólico que desempeñaron los mineros del carbón en la política económica del presidente Donald Trump. Cabe señalar que es extraño que los combustibles fósiles en concreto hayan adquirido tanta importancia cultural. Pero si algo se ha visto a lo largo de esta obra es que la masculinidad a menudo parece depender de elementos bastante aleatorios, desde maletas sin ruedas hasta la manivela de los coches.

Pero también se ha visto que nuestras ideas sobre el género pueden cambiar. Tal vez en el futuro nos reiremos de nuestra lucha actual por conseguir que muchos hombres adopten un estilo de vida más respetuoso con el medio ambiente, igual que ahora sacudimos la cabeza ante lo impensable que les parecía a los hombres ponerle ruedas a la maleta hace cuarenta años.

De hecho, no hay nada que impida a los hombres seguir siendo hombres en casas que funcionan con energías renovables o sin comer filetes medio crudos los siete días de la semana. Sin embargo, al mismo tiempo no deberíamos subestimar el poder que nuestras ideas sobre el género ejercen en el mundo. A los hombres que tienen muy poco, estos roles de género les pueden parecer el último ápice de certeza que les queda.

Si no se gestiona con cuidado, la política económica corre el riesgo de alimentar la ya de por sí sexista dinámica política en lo que se refiere al cambio climático de una forma que podría resultar ser peligrosa. No puedes privar a un hombre de su trabajo bien pagado en una refinería de petróleo de Escocia, darle un trabajo temporal e inseguro en televentas y luego burlarte de él en el periódico porque de repente detesta a Greta Thunberg. Lo anterior es una tragedia, pero puede evitarse. La política debe tomar cartas en el asunto. Debe asegurar que se crean trabajos seguros retribuidos como mínimo igual de bien que aquellos que muchos hombres se verán ahora obligados a abandonar por el bien del planeta.

Es muy factible: gran parte de los (bautizados a la ligera) «trabajos sostenibles» del sector energético, por ejemplo, están bien remunerados y no exigen que uno tenga educación universitaria.[19] Así, puede gestionarse la transición económica de una forma que evite enfrentar a las mujeres urbanas, liberales y con consciencia climática con los hombres blancos de regiones industriales abandonadas en una especie de guerra de sexos en la que el futuro del planeta está en juego.

No nos queda tiempo para estas cosas.

Aun así, nuestra percepción de la propia naturaleza sigue ligada a nuestras ideas sobre la masculinidad y la feminidad. Y eso no solo afecta a los hombres populistas de derechas que se manifiestan en contra del cierre de minas de carbón y los impuestos sobre los vuelos. Nos marca a todos: los términos en los que pensamos sobre la relación entre la humanidad y la naturaleza refleja los términos en los que pensamos sobre mujeres y hombres, a menudo sin que nos demos cuenta.

La «Madre Naturaleza», decimos, y sí, suena bien. Pero ¿qué es una «madre» en realidad, en la sociedad patriarcal? Es alguien de quien se espera que entregue todo lo que tiene sin quejarse, que carezca de necesidades propias y dedique toda su vida a los demás. Mamá limpia todo resto de suciedad cambiándonos los pañales, y cada mañana al levantarnos alguien ha limpiado la cocina y fregado el suelo y podemos dedicarnos a tirar los juguetes por doquier sin pensar ni por un segundo cuánto tiempo llevará recogerlos. Nuestra noción de una madre es, en esencia, la de una mujer que nos cuida y nos quiere independientemente de cómo nos comportemos. Y eso es lo último a lo que necesita asimilarse el planeta ahora mismo.

Igual que una niñita muy querida imagina que su madre solo existe para ella, estamos convencidos de que la Tierra existe solo para nosotros. Para un bebé muy pequeño, la madre no es una persona de pleno derecho ni tiene necesidades ajenas a las de su pequeña. Nuestra sociedad asume, desde un punto de vista económico, que las mujeres realizarán el trabajo de cuidadora sin recibir dinero a cambio, sin exigir ni quejarse, así que, si la naturaleza es una mujer, es evidente que tiene el mismo deber de cuidar. Siempre tiene que apoyarnos y cuidarnos, sin importar cómo nos comportemos. De lo contrario, es una mala madre: «¡Arde, bruja, arde!».

Miramos las fotografías de nuestro planeta hechas desde el espacio, fascinados por su belleza redonda y perfecta mientras flota en la oscuridad infinita del universo. A diferencia de otras cosas, nos hace desear cuidarla: tenemos que cosificar la Tierra para ser capaces de sentir amor por ella. Queremos que sea preciosa y vulnerable, y solo entonces nos sentimos inclinados a protegerla. O, al menos, a no ahogarla con nuestra contaminación. Queremos poseerla, admirarla y que ella nos cuide. Pero no queremos entenderla en profundidad. No queremos aceptar su complejidad. Idealmente, queremos saber lo justo de ella para poder controlarla y sacarle todo lo que queramos.

En pocas palabras: esta no es una relación sana.

No perseguimos a las brujas debido a su magia. No fueron los hechizos ni los calderos ni las pociones lo que nos incomodó. La verdad es que no toda la magia es igual. Solo hay que preguntárselo a cualquier alquimista que se precie.

Durante siglos, los alquimistas intentaron crear oro y descubrir el secreto de la eterna juventud a través de mejunjes malolientes y símbolos misteriosos, pero, a diferencia de las brujas, los alquimistas en general gozaban de buena consideración en la sociedad. Es decir, que al parecer importaba si la persona que murmuraba palabras místicas ante un caldero era una bruja o un alquimista. Y los alquimistas solían ser hombres, mientras que las brujas solían ser mujeres.

Algunos de los eruditos más brillantes del mundo fueron alquimistas, incluyendo al padre de la física moderna, Isaac Newton, y el fundador de la química moderna, Robert Boyle.

En la actualidad, Isaac Newton suele ser considerado el primer científico moderno. Su descubrimiento de la gravedad nos enseñó a ver el mundo a través del pensamiento frío y racional en contraposición al misticismo y el antojo divino, según nos dicen en la escuela. Sin embargo, no es del todo correcto.

En 1936, el gran economista inglés John Maynard Keynes logró hacerse con grandes montones de las notas de Isaac Newton, papeles que nadie había estudiado hasta entonces.[20]

Cuando Keynes los examinó, le proporcionaron una imagen completamente distinta del fundador de la física moderna.

Las notas de Newton estaban llenas de fórmulas mágicas, símbolos místicos y profecías. Era un hombre que había escrito más de un millón de palabras sobre alquimia a lo largo de su vida. Newton, tal como observó Keynes, «no fue el primer hombre de la edad de la razón», sino «el último mago».[21]

Las ideas alquímicas referentes a los espíritus invisibles quizás incluso ayudaran a Isaac Newton a imaginar una fuerza invisible y extraña como la gravedad y que luego tratara de calcularla. Aun así, eso no evita que usemos sus principios matemáticos para mandar cohetes al espacio. El padre de la física moderna era un mago (aunque solo fuera a tiempo parcial) y, de haber sido mujer, habría sido una bruja a tiempo parcial y lo más probable es que hubiese acabado en la hoguera. Sí, también se quemaron a hombres científicos, pero ni por asomo tantos como brujas.

No obstante, esta comparación no se sostiene, puesto que, si Isaac Newton hubiese sido mujer, es evidente que nunca hubiera podido estudiar en una universidad tan ilustre como Cambridge, lo que nos lleva a una de las diferencias fundamentales que existían entre magos y brujas.

En los cuentos, los magos son hombres cultos y solemnes que viven en grandes castillos o torres altas. Es decir, que disponen tanto de riqueza material como de contactos. Por otro lado, las brujas, a pesar de sus habilidades mágicas, viven en cabañas destartaladas con techos hechos de galletas de jengibre en un extremo del bosque. En este sentido, los cuentos son un reflejo de la realidad: la bruja, como es una mujer, no tiene acceso a la gran biblioteca del hombre, a la educación y al conocimiento formal. La bruja tenía que apañárselas con las hierbas que encontrase en los bosques y el conocimiento heredado de su madre, mientras que extraía su poder de los ancestros, la naturaleza o los animales. Era todo a lo que ella tenía acceso.

Hoy en día, los alquimistas han sido rehabilitados en cierto sentido, puesto que muchos historiadores los consideran una especie de precursores de los químicos, lo que hace que las notas de Isaac Newton también se comprendan mejor.[22]

Sí, los alquimistas preparaban pociones mágicas, pero también analizaban metales, refinaban sales y creaban tintes y pigmentos, sostienen ahora sus defensores. Los alquimistas hacían cristal, fertilizantes, perfumes y cosméticos además de destilar y producir ácidos. En muchos sentidos, el alquimista que no deja de hacer experimentos es el arquetipo de la imagen actual del inventor chiflado con el pelo alborotado y distintas probetas con líquidos que explotan en un quemador frente a él.

Pero no existe un arquetipo cultural como este para las mujeres. ¿O sí?

«How dare you?» («¿Cómo os atrevéis?»), rugió Greta Thunberg en su ya clásico discurso de 2019 en las Naciones Unidas en Nueva York.[23] La activista sueca contra el cambio climático se refería a la falta de acción por parte de los líderes mundiales (pasados y presentes) para detener el cambio climático.

La respuesta a la pregunta de Thunberg es, en realidad, muy simple. Los líderes mundiales normalmente se atreven a arriesgarse porque parte de ellos creen que la tecnología del futuro será capaz de solucionar por ellos al menos parte del problema que supone el cambio climático. Lo que decidimos hacer y no hacer cuando se trata de la emergencia climática está directamente relacionado con nuestra concepción de la tecnología.

Charles C. Mann, periodista estadounidense especializado en ciencia, ha descrito el debate sobre el medio ambiente de las últimas décadas como una guerra entre «magos» y «profetas».[24]

Por un lado, tenemos a los profetas catastrofistas. Dicen que, si no respetamos los límites de nuestro planeta, si no reducimos, conservamos, protegemos y dejamos de consumir, la Tierra pronto dejará de ser habitable.

Por otro lado, tenemos a los magos. Estos consideran que la innovación y la tecnología son la solución a nuestros problemas ambientales: ¡no, no podemos reducir, tenemos que inventar la forma de salir de esta crisis! La tecnología es lo que nos salvará, piensa el mago, así que no hay razón para enfurruñarse. Ha llegado el momento de ponerse a trabajar y empezar a inventar, ya que eso es lo que la humanidad ha hecho siempre.

El profeta ve la inventiva de la humanidad como el problema en sí mismo. Insistimos en innovar constantemente, a expensas del planeta, del reino vegetal, del animal y de nosotros mismos. Deberíamos contentarnos con llevar vidas más simples, en mayor armonía con la naturaleza, gruñen los profetas, mientras piensan que los magos deberían estar mejor informados.

Pero, para los magos, el mensaje de los profetas de reducir y cambiar nuestro modo de vida es fraudulento a nivel intelectual. Revela el racismo que existe en el mundo, piensa el mago. Los profetas no son más que occidentales blancos y ricos diciéndole al resto del mundo que nunca podrá experimentar el tipo de prosperidad de la que ha disfrutado el Occidente blanco. ¡No habrá nevera ni coche para ti, lo siento! Vergüenza debería darte soñar con crecimiento y riqueza. El mago piensa que la lógica del profeta es tan vergonzosa como absolutamente innecesaria: la humanidad siempre ha sido capaz de inventar e innovar para salir de otros atolladeros y gran parte de la historia de la humanidad se ha enfocado en cómo dominar un mundo natural que está constantemente tratando de matarnos. ¿Por qué iba a ser diferente la emergencia climática?

El profeta, a su vez, desdeña la fe ingenua del mago en la humanidad y la tecnología. Puesto que, en la práctica, sostiene el profeta, la conmovedora oda a la innovación del mago no es más que un modo de evitar cambiar el estilo de vida actual. Todas sus razones están corrompidas y el mago no hace más que proporcionar una fachada para las grandes y perversas empresas capitalistas que dependen de que sigamos consumiendo y atiborrándonos del mundo sin preocuparnos. Los capitalistas insensatos están muy contentos de esconder su avaricia y sus cortas miras en las bonitas palabras del mago sobre la salvación tecnológica, piensa el profeta. Pero lo único que pueden hacer los nuevos inventos en esta situación es empeorar el inevitable conflicto entre la humanidad y la naturaleza, sostiene el profeta. Y así el debate no cesa.

Por un lado, tenemos a los magos que intentan experimentar y crear cosas nuevas mientras los profetas advierten que nos estamos conduciendo a la muerte. Charles C. Mann señala que todo esto se reduce a los valores. El mago percibe el crecimiento y la innovación como la gran bendición de la humanidad, mientras que el profeta valora la estabilidad y la conservación. Los magos se ven atraídos por las soluciones grandiosas y altisonantes, como mandar espejos que reflejen la luz del sol a la atmósfera o construir grandes plantas de energía nuclear. En este sentido, el primer ministro británico, Boris Johnson, sería el típico mago en lo que atañe al cambio climático, igual que Elon Musk.

El profeta, a su vez, se ve atraído por lo local y lo descentralizado y le encantaría tener su propia cosecha y generar su propia energía en casa. El conflicto entre magos y profetas no es, según Mann, un conflicto entre lo bueno y lo malo, sino entre dos conceptos distintos sobre lo que es la buena vida.[25] ¿Es más importante la libertad individual que la coherencia? ¿Es más importante experimentar que conservar? ¿Deberíamos reducir o deberíamos inventar más?

Todos reconocemos el debate, porque llevamos varias décadas inmersos en él. Además, tanto a los magos como a los profetas les gusta exagerar un poco sus peculiares puntos de vista sobre la Madre Naturaleza. El mago a menudo la ve como un recurso inagotable a la espera de que la explote. La naturaleza no tiene otro valor que como materia prima para sus máquinas. Y, si la Madre Naturaleza acabara muriendo en uno de los experimentos del mago, en cierta manera este piensa que siempre será capaz de encontrar un nuevo planeta que colonizar. Una vez le haya sacado todo el jugo a su amante actual, la cambiará por un equivalente más joven y, como sabemos, esa no es forma de tratar a una mujer.

En cambio, casi parece que al profeta le excite el hecho de que la Madre Naturaleza, a sus ojos, se esté muriendo. Se sienta como un caballero trágico junto a su cuerpo moribundo mientras alaba su belleza pasiva, que para él es aún más preciosa por el hecho de que esté enferma. En realidad, nunca ha estado comprometido con la relación hasta que no se ha dado cuenta de que ella se está muriendo. El profeta se arriesga a convertirse en el rey loco Théoden de *El Señor de los Anillos* de J. R. R. Tolkien, que afronta su problema particular (que haya un ejército de orcos ante las murallas de la ciudad) abandonándose a la idea de que ya no queda ninguna esperanza.

Probablemente la mayoría nos damos cuenta de que la solución a la emergencia climática debería encontrarse tanto en el mago como en el profeta: hemos tanto de inventar como de cambiar nuestra forma de vida. En muchos casos, estas dos cuestiones están interconectadas: solo cuando cambiemos nuestro comportamiento para que sea más sostenible habrá demanda de más productos verdes, y solo entonces se realizarán invenciones en esa misma dirección. Así es como suelen funcionar las cosas. Del mismo modo, solo cuando tomemos la decisión colectiva de tomarnos la emergencia climática en serio seremos capaces de dedicarle recursos mediante el poder del Estado de forma que podamos contribuir a que la innovación tome un rumbo más verde. Los dos están relacionados.

«El crecimiento económico no solo tiene un porcentaje, también un rumbo» sostiene la economista Mariana Mazzucato. Pero los magos y los profetas suelen ignorarla.

Tal como Charles C. Mann señala en su libro sobre magos y profetas: «Lo que me sorprende es que estos argumentos lleven sosteniéndose tanto tiempo sin que la mayoría de las personas encuentre el punto medio». Solemos estar a favor de unos o de otros y, cada vez más, nos atrincheramos en nuestras respectivas posiciones, por mucho que el reloj siga girando y el hielo se esté derritiendo. La razón por la que nos hemos quedado encallados contemplando este duelo entre el mago y el profeta está relacionada con la percepción de la tecnología que sustenta su visión del mundo. La percepción predominante de la tecnología en nuestra sociedad es lo que resulta, como hemos visto en esta obra, sumamente problemática.

Estamos acostumbrados a concebir la tecnología como una fuerza imparable que arrastra consigo la historia. El relato predominante sobre inteligencia artificial, más allá los elementos sexistas que ya hemos abordado, implica que lo único que puede hacer la humanidad es adaptarse, tanto ella misma como la sociedad. Inventamos una herramienta y luego otra, y la segunda siempre es más grande, mejor y más eficiente que la primera: innovación tras innovación en una sucesión encadenada en la que cada «generación» tecnológica conduce, inevitablemente, a la siguiente. Nuestro camino hacia el futuro es inflexible y las invenciones surgen, listas para dominar el mundo, de los cerebros de distintos genios masculinos solo para empujarnos al resto en su misma dirección.

Según la forma en la que tendemos a hablar sobre las invenciones, cualquiera se llevaría la impresión de que son las participantes activas de la historia mientras que la humanidad ocupa un lugar pasivo.«El coche creó los barrios periféricos actuales», decimos.

«La lavadora liberó a las mujeres».

«La inteligencia artificial amenaza a los camioneros».

A menudo y de forma errónea imaginamos que son nuestras invenciones tecnológicas las que hacen cosas por la sociedad y los individuos que la conforman. Como ya hemos visto, no es así como funcionan las cosas. Cuando tenemos en cuenta un factor como el género, se hace evidente cómo la tecnología está siempre condicionada por nuestras ideas preconcebidas del mundo, de la economía y nosotros mismos.

Muchos profetas pueden ponerse gallitos y decir que la tecnología y las invenciones no nos salvarán de la amenaza climática, pero, en realidad, no tienen ni idea.

El profeta climático se arriesga a parecerse al ganador del Nobel Albert Michelson, el físico que en un discurso de 1894 declaró: «Ya hemos descubierto todas las leyes y los hechos fundamentales más importantes de la física».[26] Al cabo de unos años, por supuesto, llegaron la teoría de la relatividad de Einstein y la mecánica cuántica, que cambiaron el mundo.

No sabemos lo que ignoramos.

Y eso atañe a toda la innovación.

En este caso, sabemos muy poco sobre lo que ignoramos y más si tenemos en cuenta la cantidad de personas que hemos dejado al margen y cuyas ideas nunca se han convertido en invenciones o innovaciones.

Por un lado, nuestras sociedades alaban la innovación y el emprendimiento como nunca antes. Por el otro, hemos visto cómo el sistema financiero ha excluido a las mujeres con una eficiencia asombrosa. Cuando el 97 % de todo el capital de riesgo va a parar a manos masculinas, hay algún elemento de base muy equivocado en ese modelo; en cómo percibimos el riesgo, la innovación y el emprendimiento.

Al darnos cuenta de cuánta gente hemos ignorado por diversas razones, también percibimos la cantidad de potencial humano sin explotar que estamos desperdiciando. Vivimos un momento histórico en el que están alzando la voz grupos cuyas experiencias hasta ahora no han contado en la historia de la humanidad. Si escuchamos a las personas a las que nunca hemos escuchado, llegarán muchas ideas nuevas. Es cuestión de lógica, a fin de cuentas.

La forma en la que explicamos la historia de la tecnología no solo excluye a las mujeres de una forma fundamental, sino que además implica que nuestra definición de la tecnología ha cambiado sin cesar para excluir las aportaciones de las mujeres. Cuando los hombres tejían medias se trataba de un trabajo técnico y respetado; cuando lo hacían las mujeres, eran labores. Cuando las mujeres elaboraban la mantequilla era una tarea simple de criadas, cuando la elaboraron los hombres era una actividad técnica. Cuando las mujeres programaban ordenadores se consideraba una ocupación que cualquiera podía desempeñar, pero cuando lo hicieron los hombres de pronto exigía un tipo muy específico de cerebrito que, en su genialidad, no era capaz ni de lavar el cuerpo al que estaba vinculado ni preocuparse de demostrar habilidades sociales básicas.

A lo largo de la historia, la innovación se ha visto condicionada por el género de todas estas formas distintas. Hemos visto cómo las maletas no empezaron a ir sobre ruedas hasta que cambiamos nuestra visión de la masculinidad. Que los coches eléctricos perdieran ante los de gasolina se debe, en parte, a que se los consideraba femeninos, y que las telas suaves y maleables no contaban porque se percibían como femeninas. La economía actual y su lógica de los tiempos de la caza de ballenas sigue dejando a las mujeres al margen. Y las peores condiciones económicas de las mujeres y la responsabilidad constante de encargarse del hogar y de los hijos implican que no puedan participar en la invención del mundo del mismo modo. Todo esto ha condicionado las máquinas que hemos construido, las ideas que hemos tenido y el mundo que hemos creído que era posible. En otras palabras, hasta este momento, hemos estado inventando con una mano atada a la espalda.

¡Imagina lo que podríamos conseguir si cortáramos la cuerda!

También es cierto que no surgirá ninguna «solución tecnológica» como un rayo de la nada. Aunque a muchos magos les guste imaginar que una bruja aparecerá de pronto con una tecnología que permita hacer la fotosíntesis de forma artificial y pueda consumir todo el dióxido de carbono superfluo en una semana, es poco probable que ocurra. La tecnología casi nunca se convierte en realidad de esta forma. Ni siquiera la rueda, como ya hemos visto. Fue necesario un amplio abanico de otros artefactos y miles de años para que aprovechara su potencial, desde el macadán hasta crear una sociedad capaz de compartir la responsabilidad del mantenimiento de las carreteras.

Y esta vez no disponemos de miles de años.

La cuestión no debería ser si la tecnología puede o no salvarnos del cambio climático, sino qué tipo de tecnología, construida sobre qué tipo de suposiciones, puede ayudarnos con la emergencia que estamos viviendo.

Si vamos a solucionar la emergencia climática, tenemos que encontrar nuevas formas de observarlo todo, desde la ropa que llevamos hasta la comida que acaba en nuestro plato. La innovación no solo consiste en construir máquinas enormes que zumban, es evidente, ni tampoco en descubrir un nuevo combustible que alimente la misma vieja tecnología hecha a partir de los mismos planos. Y no puedes llenar el desierto de árboles sin pensar en cómo los agricultores de la región cultivan esa tierra.

Otro problema que supone el duelo climático entre el mago y el profeta es que a menudo no se trata de invenciones ni de un cambio de comportamiento. De hecho, el cambio de comportamiento a menudo puede *ser* la innovación, o la innovación podría *requerir* de un cambio de comportamiento, o quizás la innovación *derive* de un cambio de comportamiento. Hemos creado falsas dicotomías.

En retrospectiva, parece una locura que no pusiéramos ruedas a las maletas hasta la década de 1970. Pero si retrocedes y observas nuestra noción de qué se consideraba masculino y femenino en esa época, tiene todo el sentido del mundo. ¿Significa eso que eran nuestras concepciones sobre el género las que tenían que cambiar para que las maletas pudieran ir sobre ruedas? ¿O que la maleta con ruedas era necesaria para que las mujeres se animaran a viajar solas con mayor frecuencia?

Puede que un poco de ambas.

Es lo que suele pasar con los grandes descubrimientos: derivan de una habilidad de imaginar otro mundo y construir un producto para dicho mundo antes de que exista. Esta será la clave de gran parte de la innovación medioambiental. Para que se te ocurra la idea del producto que hará posible que otro tipo de vida sea asequible y popular, primero tendrás que ser capaz de imaginar una manera nueva de existir.

Tal como hemos visto, nuestra percepción de la naturaleza deriva directamente de nuestras ideas básicas sobre el género: que la tecnología está hecha para someter a la naturaleza, igual que el hombre está hecho para someter a la mujer. Por tanto, la tecnología tiene prioridad sobre el mundo natural, igual que las cualidades que consideramos «masculinas» tienen prioridad sobre las que hemos aprendido a considerar «femeninas». Todo esto implica que reduzcamos la Tierra a un mero contenedor gigante de energía. La próxima revolución tecnológica no puede estar basada en la misma idea.

Ha llegado el momento de dejar a un lado al mago y al profeta. Mejor hablemos de la bruja.

Porque ¿cuál es la diferencia entre un mago y una bruja, en realidad?

Podrías responder que los magos son hombres y las brujas son mujeres. Pero no es verdad. También hay brujos. Hubo hombres que practicaban la brujería. Y también se los quemó en la hoguera. No, la diferencia entre la bruja y el mago reside en su respectiva relación con la naturaleza. El mago lee libros pesados en lo alto de su torre. Adquiere el conocimiento que estos le ofrecen y aprende a aplicarlo en el mundo que se extiende al otro lado de los muros del castillo. La bruja, en cambio, deambula por el bosque, buscando hierbas mágicas, ensuciándose las manos. Además, la bruja (ya sea buena o mala) también celebra ritos. Baila desnuda en un extremo del bosque, hace ofrendas bajo la luz de la luna y realiza algún tipo de ritual con sangre menstrual o plantas medicinales o lo que sea. Es decir, que la bruja casi siempre está relacionada con algún elemento espiritual.

No encontrarás este elemento en el mago de la misma manera.

Aunque en los libros de *Harry Potter*, de J. K. Rowling, llaman «bruja» a Hermione Granger, en realidad es una maga. En inglés, «mago», es decir, *wizard*, no tiene femenino. Y debería, claro.

Lo que diferencia a la bruja del mago es la actitud de esta para con la naturaleza. A la bruja le interesa estar en contacto y entender las plantas que le proporcionan poderes mágicos, no solo porque le brindan poderes, sino porque esa conexión significa algo para ella. El mago, en cambio, ni se molesta. A él le interesa la magia por el poder que le brinda sobre el mundo exterior. No le interesa cómo lo conecta consigo mismo, su cuerpo o el cosmos. Es mucho más cercano a la visión de la tecnología que domina la sociedad actual. Y por eso necesitamos a la bruja. No porque sea una mujer, sino por lo que representa: una senda que aún no hemos tomado.

Somos seres tecnológicos igual que somos seres de la naturaleza, y uno de los retos principales de los próximos años será integrar ambas realidades. Nuestra magia procede de la naturaleza y, aunque también puede utilizarla y condicionarla, siempre debe hacerse de una forma sostenible. Quizás la bruja es el único modelo de esto que tenemos, y no es casualidad que tendamos a concebirla como una mujer.

El principal problema tanto con el mago como con el profeta es que se perciben como ajenos a la naturaleza. Al fin y al cabo, es como se ha definido la masculinidad. No eres tu madre. La naturaleza es ajena a ti. Hacer daño a la naturaleza es hacernos daño a nosotros mismos, pero continuará sucediendo si seguimos percibiendo la naturaleza como «femenina» y lo «femenino» como algo que hay que subordinar a las fuerzas masculinas de la tecnología.

A lo largo de la historia de la humanidad, hemos hecho grandes esfuerzos por crear una versión de la historia en la que los humanos se perciben como una forma de tecnología. Para ello, hemos hablado de nosotros mismos en términos tecnológicos, desde estatuas hidráulicas hasta ordenadores. Ha sido un modo de distanciarnos del hecho de que formamos parte de la naturaleza que percibimos como femenina y, por tanto, inferior. Es el motivo por el que incorporar a las mujeres al relato es tan esencial.

Lo cambia todo.

La imagen que tenemos actualmente de nuestro propio desarrollo es la del simio peludo que poco a poco se incorpora hasta convertirse en un hombre barbudo que agarra un palo de madera afilado, lo convierte en una lanza y empieza a apuntar a su alrededor con ella. Así es como nació la tecnología, pensamos, y es la historia que aún define nuestra economía.

El mito del simio peludo con la lanza nos ha conducido al relato actual dominante de un violento padre del ingenio que trae cosas nuevas al mundo a través del conflicto, la competitividad y la evolución de las ideas a expensas de todo lo que le rodea. Nos dice que avancemos rápido y rompamos cosas y que no hay otra forma de hacerlo; que este es el precio a pagar por la innovación en la economía.

Si ese relato es cierto, entonces sí, la única forma de sobrevivir en este planeta será hacer lo que el profeta nos exige desde la cima de su montaña: «¡PARAD!». ¡Parad de crecer, parad de experimentar, parad de inventar! Por el amor de Dios, parad.

Pero si incluimos las herramientas de las mujeres en la historia de la tecnología (tal como hemos visto), todo su significado cambia. Si las primeras herramientas no eran para cazar, sino, pongamos, palos excavadores, ya no está tan claro que las invenciones de la humanidad siempre tengan que aplastar, dominar y explotarlo todo. Si dejamos de ignorar a las mujeres y lo que hemos decidido que representan, toda la narrativa que contamos sobre nosotros, sobre la economía y sobre el mundo se convierte en otra cosa. El mundo cambia: surge un nuevo camino.

Ahí tenéis a la madre del ingenio.

Y dice que ha llegado la hora de volver a casa.

Notas

Capítulo 1

1. Esta descripción sobre cómo Bernard Shadow tuvo su idea se basa en Joe Sharkey, «Reinventing the Suitcase by Adding the Wheel», *New York Times* del 4 de octubre de 2010, disponible en https://www.nytimes.com/2010/10/05/business/05road.html.

   Los pormenores de la entrevista que Joe Sharkey hizo a Bernard Sadow en 2010 se confirmaron en una entrevista con el autor el día 11 de agosto de 2020. Una descripción similar de lo que ocurrió en dicha entrevista puede encontrarse en Matt Ridley, *How Innovation Works*. Esta obra también se basa en la entrevista de 2010 de Sharkey. Cuando Robert Shiller abordó esta invención en Robert Shiller, *The New Financial Order*, pidió a su entonces ayudante de investigación que realizara una entrevista telefónica a Sadow. Parece que ya no existe ninguna transcripción de esta entrevista, pero en *The New Financial Order* se relatan los sucesos, y se trata, en esencia, de lo mismo que aparece en el artículo de Sharkey del 2010 publicado en el *New York Times,* por lo que se deduce que es fidedigna. En la entrevista con el autor realizada el 11 de agosto de 2020, Sharkey afirmó que Sadow había manifestado su desacuerdo respecto a parte del contenido de su artículo del 2010 después de su publicación en el *New York Times*. Sharkey no fue capaz de recordar exactamente cuáles fueron dichos desacuerdos, pero no estaban relacionados con cómo se había citado a Sadow ni con la descripción de las circunstancias de su invención. Sharkey recordaba que estaban relacionados con que se mencionara también la invención de Robert Plath.
2. En Libby Nelson, «The US Once Had More than 130 Hijackings in 4 Years. Here's Why They Finally Stopped», disponible en https://www.vox.com/2016/3/29/11326472/hijacking-airplanes-egyptair.
3. Existe cierta incertidumbre respecto al lugar exacto en el que se hallaba Bernard Sadow cuando se le ocurrió la idea. El detalle de que se encontraba de camino a aduanas en el aeropuerto en aquellos instantes de inspiración deriva de la entrevista que le hizo Joe Sharkey para el *New York Times* en 2010. En una entrevista con el autor el 11 de agosto de

2020, Sharkey afirmó que la transcripción de la entrevista ya no existe, puesto que dejó el *New York Times* hace mucho tiempo, pero que, tal y como recuerda, fue el mismo Bernard Shadow quien se lo dijo.

4. Existen otras versiones de cómo Bernard Sadow construyó (o incluso encargó) su maleta con ruedas. He optado por esta, ya que es la de Joe Sharkey, que se basa en una entrevista directa con Sadow en el año 2010. Muchas otras versiones de la historia no se basan en conversaciones directas con el inventor y, por esa razón, las considero menos fiables.

5. Lo señala Steven Vogel en *Why the Wheel is Round,* pág. 1.

6. Véase, por ejemplo, Richard W Bulliet, *The Wheel,* págs. 50–59 para un resumen de estas teorías.

7. Aleksander Gasser, «World's Oldest Wheel Found in Slovenia». La versión archivada se encuentra disponible aquí: https://web.archive.org/web/20160826021129/http://www.ukom.gov.si/en/media_room/background_information/culture/worlds_oldest_wheel_found_in_slovenia/.

8. Citado a partir del inglés de la patente US3653474A, United States Patent Office.

9. Hay ejemplos de maletas con ruedas anteriores a la de Bernard Sadow, como también se verá más adelante en este capítulo. Parece ser un fenómeno general que muchas personas tengan una idea similar alrededor de la misma época independientemente unos de otros. Ocurre con muchas invenciones. Quién llega a figurar como «el inventor» es cuestión de suerte en muchas ocasiones. En el material publicado, sin embargo, hay una especie de consenso de que Bernard Sadow debería ser considerado el inventor de la maleta de ruedas. Las patentes estadounidenses de maletas de ruedas que precedieron a la de Bernard Sadow son, por ejemplo, la de Arthur Browning (1969), Grace y Malcolm McIntrye (1949), Clarence Norlin (1947), Barnett Book (1945) y Saviour Mastrontomio (1925).

10. El premio de economía no es un premio Nobel «real» en el sentido de que no formaba parte del testamento de Alfred Nobel. La economía tal como la conocemos hoy no existía por aquel entonces. El nombre correcto del premio es, por tanto, «El premio del Sveriges Riksbank en ciencias económicas en memoria de Alfred Nobel».

11. Robert Shiller, 2003, *The New Financial Order,* pág. 101.

12. Extraído de una entrevista que llevó a cabo el ayudante de investigación de Shiller cuando trabajaban en la obra *The New Financial Order.*

13. «Me echaron de todos los sitios donde la presenté, desde Sterns, a Macy's, a Abraham & Straus, de todos los grandes almacenes», dijo Sadow. «Me tomaron por loco, ¿a quién se le ocurre crear una nueva maleta?».

14. Matthew Syed, *Rebel Ideas,* págs. 131–2.

15. John Allan May, «Come What May: A Wheel of an Idea», pág. 13.

16. Véase Robert Shiller, *Narrative Economics,* págs. 37–8.

17. Del original, Nassim Nicholas Taleb, *Antifragile,* págs. 187–92.

18. Diecisiete años de media. Sin embargo, Taleb menciona ejemplos mucho más exagerados.

19. Véase, por ejemplo, Malcolm Gladwell, «Creation Myth».

20. El ratón del ordenador, una idea que Xerox, a su vez, sacó de Douglas Engelbart, un ingeniero e inventor estadounidense.

21. Que la rueda no cambió el mundo de inmediato es una observación que realiza con detalles y pormenores el autor Richard W. Bulliet en *The Wheel,* págs. 20–24.

22. Nassim Nicholas Taleb realiza esta observación en *Antifragile* y Richard W. Bulliet la analiza en profundidad en *The Camel and the Wheel.*

23. Esta es la base de la invención que Bernard Sadow destaca en su registro de patente de 1972. Se refiere sobre todo a vuelos, lo que además también refleja el hecho de que el inventor es estadounidense. Las discusiones europeas sobre maletas y los problemas de cargar con ellas parecen más relacionadas con el ferrocarril.

24. «Looking at Luggage», *Tatler,* 25 de enero de 1961, págs. 34–5.

25. «Portable Porter Has Arrived», *Coventry Evening Telegraph,* 24 de junio de 1948.

26. En la década de 1940 existía un producto con el mismo nombre, *Portable Porter,* en Estados Unidos, creado por una empresa distinta: MacArthur Products Inc., Indian Orchard, Massachusetts, USA.

27. «The Look of Luggage», *The Times,* 17 de mayo de 1956, pág. 15.

28. *Trinity Mirror,* 19 de noviembre de 1967.

29. Terry P. Wilson, *The Cart that Changed the World.*

30. Descrito por Sylvan Goldman.

31. Richard Bulliet, *The Wheel,* págs. 131–2.

32. El tipo de carro en el que el enano se ofrece a llevar a Lanzarote también se utilizaba para transportar a asesinos y ladrones. Todo para degradarlos.

33. En una entrevista con el autor del 11 de agosto de 2020, Joe Sharkey, que era el corresponsal de viajes del *New York Times* en esa época, explicó el enorme cambio que supuso esto para los viajes de negocios y lo repentino de su aparición.

34. Los inventores fueron Helga Helene Foge y Hans Thomas Thomsen. Gracias a Roger Ekelund, quien me proporcionó más información sobre esta cuestión por correo electrónico.

35. La maleta se llegó a conocer en inglés como la *Rollaboard* y Robert Plath fundó la empresa Travelpro, que llegaría a dominar la industria. Y todo gracias a su invención.

Capítulo 2

1. La historia de Bertha Benz se ha contado en innumerables ocasiones, véase por ejemplo Barbara Leisner, *Bertha Benz: Eine starke Frau am Steuer des ersten Automobils;* o Angela Elis, *Mein Traum ist länger als die Nacht.* Esta última obra usa elementos de ficción para dar vida a la historia. Este es, evidentemente, uno de los problemas: que no sabemos con exactitud lo que ocurrió durante ese viaje. Me gustaría señalar que en una fuente anterior como es St. John C. Nixon, *The Invention of the Automobile (Karl Benz and Gottlieb Daimler)* (1936), cuya nueva edición digital es a cargo de Edizioni Savine, 2016, el viaje se describe de forma distinta. La versión de Nixon del trayecto hasta Pforzheim parece asumir que fueron principalmente los hijos de Bertha Benz quienes condujeron y no la propia Bertha Benz. Es de suponer que refleja los valores de la época. Si nos basamos en lo que ahora sabemos de la implicación de Bertha Benz en la empresa de su marido, parece menos probable que esta, a efectos prácticos, adoptara la posición de una pasajera pasiva. Sin embargo, he tratado de dar una versión equilibrada en la presente obra y describirlo como una colaboración entre Bertha Benz y sus dos hijos adolescentes.

2. El 2 de noviembre de 1886, Karl Benz recibió su patente de la Oficina Imperial de Patentes por su *Fahrzeug mit Gasmotorenbetrieb* (vehículo impulsado por un motor a gas). Número específico de patente: 37435.

3. Fue el primer coche del mundo construido específicamente como un vehículo de motor autopropulsado. Los intentos anteriores habían consistido más o menos en motorizar carruajes de caballos antiguos. Benz construyó su coche con tan solo una rueda delantera, lo que lo convertía en un vehículo más fácil de maniobrar.

4. En la obra de Angela Elis, *Mein Traum ist länger als die Nacht,* se le describía como alguien a quien le gustaba «inventar» pero no «haber inventado».

5. Kenneth Matthews Jr., «The Embattled Driver in Ancient Rome».

6. Véase Virginia Scharff, *Taking the Wheel,* págs. 22–3.

7. Para profundizar sobre esta cuestión, véase, por ejemplo, Gijs Mom, *The Electric Vehicle,* págs. 276–84 o Virginia Scharff, *Taking the Wheel,* págs. 35–50.

8. Citado en inglés en Virginia Scharff, «Femininity and The Electric Car», pág. 79.

9. En 1899 el belga Camille Jenatzy condujo el coche eléctrico belga llamado La Jamais Contente a esta velocidad.

10. Anuncio para Pope-Waverley. Véase Virginia Scharff, *Taking the Wheel*, pág. 35

11. Anuncio para Anderson Electric Car Company, citado en Virginia Scharff, *Taking the Wheel*, pág. 38.

12. Montgomery Rollins, citado en Virginia Scharff, *Taking the Wheel*, pág. 42.

13. Carl H. Claudy, columnista automovilístico para la publicación estadounidense *Women's Home Companion*, citado en Virginia Scharff, *Taking the Wheel*, pág. 41.

14. Véase Virginia Scharff, *Taking the Wheel*, pág. 53.

15. También llamadas en inglés *push-pull tiller*, es decir, «caña de empuja y tira».

16. «El Detroit Electric ejerce una atracción particular en las mujeres distinguidas. Con él, la señora podrá conservar su pulcritud inmaculada y mantener su peinado intacto». Anuncio del Detroit Electric citado en Virginia Scharff, *Taking the Wheel*, pág. 38.

17. E. P. Chalfant lo escribió en 1916. Aparece citado en Gijs Mom, *The Electric Vehicle*, pág. 279.

18. «Era considerado un coche para ancianas, se decía que no podía subir las colinas rápido, se decía que no cogía la velocidad suficiente». FM Feiker, citado en Gijs Mom, *The Electric Vehicle*, pág. 280.

19. «Lo que es afeminado o tiene esa reputación no encuentra el favor del hombre americano. Sea o no "de sangre roja" y "viril" en el estricto sentido físico, al menos sus ideales sí que lo son. El hecho de que cualquier cosa, desde un coche a un color, sea del gusto de las mujeres es suficiente para hacer cambiar su interés a una mera tolerancia divertida. Todo esto, por supuesto, es absurdo aplicarlo al coche eléctrico. Se trata de un coche tanto para hombres como para mujeres». De la editorial «The Kind of a Car a Man Wants» («El tipo de coche que quiere un hombre»), dentro de *Electric Vehicles* de 1916. Citado en Gijs Mom, *The Electric Vehicle*, pág. 281.

20. Existe mucha incertidumbre alrededor de esta historia. Se narra en Thomas Alvin Boyd, *Charles F. Kettering: A Biography*, pág. 68. Sin embargo, se escribió cuando habían pasado muchas décadas de la muerte de Byron Carter. También se le describe como un hombre mayor, aunque, en realidad, Carter tenía cuarenta y cuatro años cuando murió. No obstante, sí que parece haber un consenso sobre el hecho de que su muerte está relacionada con una manivela para arrancar el coche.

21. Thomas Alvin Boyd, *Charles F. Kettering*, pág. 54.

22. Charles Duryea, un ingeniero estadounidense, citado en Virginia Scharff, *Taking the Wheel*.

23. Robert Casey, *The Model T,* pág. 101.
24. Anuncios citados en Virginia Scharff, *Taking the Wheel,* pág. 63.
25. «Debemos concluir que la influencia femenina es, en gran medida, responsable de los cambios más evidentes que se han operado en el diseño de coches de gasolina de un año a otro». «Los elementos de tapizado más suave y profundo, los resortes más suaves, las líneas más bonitas y gráciles, los controles más simples, una ejecución más automática del arranque, el hinchamiento de los neumáticos, etc. son pruebas de las concesiones realizadas para el sexo débil». «Con cada año que pasa, el coche de gasolina se vuelve más eléctrico». Fragmentos de un editorial publicado en *Electric Vehicles,* citado en Gijs Mom, *The Electric Vehicle,* pág. 282.
26. Gijs Mom, *The Electric Vehicle,* pág. 293.
27. Es mi propia interpretación de lo que Gijs Mom, por ejemplo, aborda como «factores culturales», que en su mayoría están relacionados con el género y las ideas afines.
28. Véase Alexis C. Madrigal, «The Electric Taxi Company You Could Have Called In 1900», *The Atlantic,* 15 de marzo de 2011.
29. Esta idea volvió a surgir un siglo más tarde, cuando el emprendedor Shai Agassi, en Israel, defendió que, si las baterías de los coches eléctricos eran el problema, entonces debía construirse una infraestructura para que cambiarlas fuera fácil y rápido. Este intento usaba robots para intercambiar la vieja batería por una recién cargada en unos cinco minutos. El proyecto necesitó mil millones de dólares de financiación, pero enseguida se fue a pique cuando todo salió mal.

Capítulo 3

1. Nicholas de Monchaux, *Spacesuit,* págs. 118–24.
2. Warren Dean, *Brazil and the Struggle for Rubber,* págs. 7–23.
3. Nicholas de Monchaux, *Spacesuit,* págs. 123–4.
4. Para más detalles sobre las dificultades que presentaba vestirse en el espacio, véase Kassia St Clair, *The Golden Thread,* págs. 223–46.
5. Nicholas de Monchaux, *Spacesuit,* págs. 198–9.
6. Citado en Buzz Aldrin, *Magnificent Desolation,* pág. 44.
7. Nicholas de Monchaux, *Spacesuit,* págs. 209–24.
8. Winston Churchill, *The Gathering Storm,* pág. 645.
9. Antony Beevor, *Stalingrad,* pág. 28.
10. El importe se ha extraído de Stephen Schwartz, «The U.S. Nuclear Weapons Cost Study Project», Brookings Institute, disponible en https://www.brookings.edu/the-costs-of-the-manhattan-project/.

11. Todas las bombas, minas y granadas que Estados Unidos usó en la Segunda Guerra Mundial entre 1942 y 1945 costaron 31 500 millones de dólares. Para consultar la fuente de estos importes, véase Stephen Schwartz, «The U.S. Nuclear Weapons Cost Study Project». Todos los tanques costaron 64 miles de millones. Todo calculado con el valor del dólar de 1996.

12. La productividad estadounidense se redujo. Véase Alexander J Field, «World War II and the Growth of US Potential Output», documento de trabajo, mayo de 2018, Department of Economics, Santa Clara University, https://www.scu.edu/business/economics/research/working-papers/field-wwii/. En lo que respecta al impacto negativo que la Segunda Guerra Mundial tuvo en el ámbito de la innovación, véase también Michelle Alexopoulos, «Read All about It!! What Happens Following a Technology Shock?», págs. 1144–79.

13. Con esto no queremos decir en absoluto que la tecnología no desempeña un papel en la guerra, pero sí que la tecnología inventada por el ejército casi nunca es el elemento más decisivo. Sin embargo, la habilidad del estado para usar esa tecnología es crucial. Véase, por ejemplo, Max Boot, *War Made New*, en la que el autor describe, entre muchos otros ejemplos, el papel de la pólvora en las victorias suecas en Breitenfeld y Lützen en la Guerra de los Treinta Años. Esta guerra se produjo en el siglo XVII, pero la pólvora, es evidente, existía como tecnología desde mucho antes. La clave fue cómo se usó, no en que se inventara.

14. «Es un error suponer que la ciencia avanza rápidamente en tiempo de guerra. Ciertas ramas de la ciencia tal vez reciban un estímulo especial, pero en conjunto, el avance del conocimiento se ralentiza». Cita original en inglés extraída del discurso presidencial a la Asociación Británica para el Avance de la Ciencia, en septiembre de 1948. Citado en David Edgerton, *Warfare State: Britain, 1920–1970*, p. 215.

15. Véase Autumn Stanley, *Mothers and Daughters of Invention,* págs. 9–10.

16. «Female hunters of the early Americas», escrito por Randall Haas, James Watwon, Tammy Buonasera, John Southon, Jennifer C Chen, Sarah Noe, Kevin Smith, Carlos Viviano Llave, Jelmer Eerkens, Glendon Parker dentro de *Science Advances*, 4 de noviembre de 2020, disponible en https://advances.sciencemag.org/content/6/45/eabd0310.

17. Citado originalmente del inglés en Ann-Christin Nyberg, *Making Ideas Matter*, tesis doctoral, 2009, Luleå University of Technology, disponible en https://www.diva-portal.org/smash/get/diva2:999200/FULLTEXT01.pdf.

18. Se llamaba Émilie du Châtelet e inventó un tipo de instrumento financiero como un derivado moderno, un valor financiero ante futuros ingresos. Ganó mucho dinero con su invención y con los beneficios consiguió liberar a Voltaire.

19. Kassia St Clair, *The Golden Thread*, págs. 29–34.
20. Lisa Öberg, *Barnmorskan och läkaren*, págs. 285–9.
21. Véase Lena Sommestad, *Från mejerska till mejerist*.
22. Esta afirmación se basa en un ejemplo real que se aborda en Lizzy Pook, «Why the Art World is Finally Waking up to the Power of Female Craft Skills», en *Stylist*, 2019, disponible en https://www.stylist.co.uk/life/womens-textiles-crafts-female-skills-sexism-not-seen-as-art-anni-albers-tate/233457.
23. Véase, por ejemplo, Deborah J. Merritt, «Hypatia in the Patent Office: Women Inventors and the Law, 1865–1900», págs. 235–306.
24. Anne Cooper Funderburg, «Making Teflon Stick», disponible en https://www.inventionandtech.com/content/making-teflon-stick-1.
25. Nicholas de Monchaux, *Spacesuit*, págs. 211–12.

Capítulo 4

1. La descripción de la clase que impartió George Stibitz se basa en la transcripción de dicha clase publicada en «The Moore School Lectures: Theory and Techniques for Design of Electronic Digital Computers», ed. Martin Campbell-Kelly y Michael R Williams.
2. «[...] y para daros mi opinión sobre el valor que los ordenadores automáticos tendrán en el futuro y la razón por la que hay que construir dichas máquinas». Cita original en inglés extraída de «The Moore School Lectures», pág. 4.
3. «The Moore School Lectures», pág. 11.
4. «The Moore School Lectures», pág. 13.
5. Véase «James Watt (1736–1819)», Scottish Science Hall of Fame, en la galería digital de la National Library of Scotland, disponible en https://digital.nls.uk/scientists/index.html.
6. «Fråga Gösta: hur många hästkrafter har en häst?» («Pregúntale a Gösta: ¿Cuántos caballo de potencia tiene un caballo?»), *Allehanda.se*, 27 de octubre de 2005.
7. Véase David Allen Grier, *When Computers Were Human*.
8. Leslie Comrie, «Careers for Girls», págs. 90–95.
9. Se afirma que Gaspard de Prony se dio cuenta de que el trabajo podía dividirse de esta forma después de leer sobre la división del trabajo en la obra de Adam Smith *La riqueza de las naciones*, véase, por ejemplo, David Allen Grier, *When Computers Were Human*, pág. 36.
10. Michael Kwass, «Big Hair: A Wig History of Consumption in Eighteenth Century France», págs. 631–59.

11. Véase Grattan-Guinness, «Work for the Hairdressers: The Production of de Prony's Logarithmic and Trigonometric Tables», págs. 177–85.

12. David Allen Grier, *When Computers Were Human*, págs. 112–13.

13. «Las mujeres conformaban, probablemente, el mayor número de computadoras, pero también había afroamericanos, judíos, irlandeses, personas con discapacidad y los que eran muy pobres». Cita original en inglés extraída de David Allen Grier, *When Computers Were Human*, pág. 276.

14. David Allen Grier, *When Computers Were Human*, pág. 214.

15. David Allen Grier, *When Computers Were Human*, pág. 276.

16. Ronald Lewin, *Ultra Goes to War: The Secret Story*, pág. 76.

17. Michael Smith, *Station X*, pág. 7.

18. Michael Smith, *Station X*, págs. 25–6.

19. Originalmente citado en inglés en Eugene Tarlé, *Bonaparte*, pág. 66.

20. Jane Abbate, *Recoding Gender*, pág. 21.

21. Existe la mala manía de considerar que el estadounidense ENIAC fue el primer ordenador electrónico del mundo. Se debe al hecho de que el británico Colossus, que se creó dos años antes, fue confidencial y secreto durante años. Véase Jack Copeland, «Colossus and the Rise of the Modern Computer», pág. 101.

22. «[…] Así que la máquina no era sino el mismo tipo de alumno […]. Por esta razón, y lo digo sin ningún reparo, soy la mejor programadora del mundo». Citada originalmente en inglés en Jack Copeland, «Colossus and the Rise of the Modern Computer», pág. 70.

23. Mar Hicks, *Programmed Inequality*, pág. 21.

24. Mar Hicks, *Programmed Inequality*, págs. 93–4.

25. Harriet Bradley, «Frames of Reference: Skill, Gender and New Technology in the Hosiery Industry», págs. 17–33.

26. Mar Hicks, «When Winning Is Losing: Why the Nation that Invented the Computer Lost its Lead», págs. 48–57.

27. Entrevista con la autora con fecha del 7 de abril de 2020.

28. El catedrático Jack Copeland, experto en Alan Turing, ha cuestionado si su muerte fue realmente un suicidio. La policía nunca analizó la manzana a medio comer en busca de rastros del veneno. Copeland cree que es posible que la muerte de Turing fuera accidental.

29. Véase, por ejemplo, Donald Hoke, «The Woman and the Typewriter: A Case Study in Technological Innovation and Social Change», págs. 76–88.

30. Véase, por ejemplo, Meta Zimmeck, «The Mysteries of the Typewriter: Technology and Gender in the British Civil Service, 1870–1914», págs. 52–66.

31. Su memorándum está disponible en inglés en https://gizmodo.com/exclusive-heres-the-full-10-page-anti-diversity-screed-1797564320.

Capítulo 5

1. La descripción de la enfermedad de Aina Wifalk se basa en su historial clínico de cuando la trataron de polio en Lund en 1949. Quiero agradecerle a Annike Pedersen, administradora jefa del archivo regional de Skåne, que me ayudara a obtener el acceso a este.
2. De acuerdo con Axelsson, *Höstens spöke,* pág. 68.
3. Muchas gracias a Kerstin Rännar y a Margareta Machl por su enorme generosidad y por darme acceso al material que emplearon para escribir *Aina Wifalk och rollatorn (Aina Wifalk y el andador),* publicado por Medicinhistoriska Sällskapet Westmannia.
4. Muchas gracias a Margareta Machl y a Kerstin Rännar por proporcionarme copias del primer esbozo del andador de Gunnar Ekman.
5. Véase Göran Willis, *Charter till solen.*
6. Hay distintas versiones sobre cómo ocurrió. He confiado en la versión que Margareta Machl y Kerstin Rännar descubrieron a partir de su investigación de la vida de Aina Wifalk. Los detalles proceden de una entrevista con los autores en Västerås, el 14 de enero de 2020.
7. Véase Michael H Adler, *The Writing Machine,* pág. 162. En 2010, Carey Wallace escribió una novela sobre este suceso: *The Blind Contessa's New Machine*, Pamela Dorman Books: Nueva York, 2010.
8. «Vint Cerf on Accessibility, the Cello and Noisy Hearing Aids», *Googlers*, 4 de octubre de 2018, disponible en https://www.blog.google/inside-google/googlers/vint-cerf-accessibility-cello-and-noisy-hearing-aids/.
9. Véase Sally McGrane, «No Stress, No Press: When Fingers Fly».
10. Nils Levsen, *Lead Markets in Age-Based Innovations,* págs. 69–78.
11. Elisabeth Jansson, «Ainas idé blir exportprodukt».
12. UNSGSA, 2018, informe anual al secretario general (Annual Report to the Secretary-General en inglés original), pág. 12, disponible en https://www.unsgsa.org/files/1715/3790/0214/_AR_2018_web.pdf. Datos extraídos de: Global Banking Alliance for Women 2017, Women's World Banking/Cambridge Associates, 2017.
13. Sin embargo, hay unos pocos países en los que las mujeres sin hijos ganan más dinero que los hombres sin hijos.
14. Nathan Heller, «Is Venture Capital Worth the Risk?», y véase también Ross Baird, *The Innovation Blind Spot,* págs. 11–14.
15. Tom Nicholas, *VC: An American History.*
16. Pero, tal como Ross Baird y otros señalan, hoy en día cazamos «unicornios», por ejemplo, empresas que pueden llegar a tener un valor de más de mil millones de dólares, y no ballenas.

17. Informe de 2019 del British Business Bank, «UK Venture Capital and Female Founders», disponible en https://www.british-business-bank.co.uk/wp-content/uploads/2019/02/British-Business-Bank-UK-Venture-Capital-and-Female-Founders-Report.pdf.

18. Miriam Olsson Jeffery, «Nya siffror».

19. Véase, por ejemplo, Agnieszka Skonieczna y Letizia Castellano, «Gender Smart Financing: Investing In & With Women: Opportunities for Europe», European Commission Discussion Paper 129, julio de 2020, disponible en https://ec.europa.eu/info/sites/info/files/economy-finance/dp129_en.pdf, p. 5.

20. Véase, por ejemplo, Kate Clark, «US VC Investment in Female Founders Hits All-time High», dentro de *TechCrunch*, 9 de diciembre de 2019, disponible en https://techcrunch.com/2019/12/09/us-vc-investment-in-female-founders-hits-all-time-high/?guccounter=1.

21. Datos de la Asociación Nacional de Mujeres Propietarias de Negocios (National Association of Women Business Owners' Women Business Owner Statistics), disponible en https://www.nawbo.org/resources/women-business-owner-statistics.

22. Leonard Sherman, «"Blitzscaling" Is Choking Innovation – and Wasting Money».

23. Google recibió treinta y seis millones de dólares. Voi recibió ochenta y cinco millones en 2019. Fuentes: Leonard Sherman, «"Blitzscaling" Is Choking Innovation – and Wasting Money» y Steve O'Hear, «Voi Raises Another $85M for its European E-scooter Service».

24. Véase Emma Hinchliffe, «Funding for Female Founders Increased in 2019 – but only to 2.7%», *Fortune*, 2 de marzo de 2020, disponible en https://fortune.com/2020/03/02/female-founders-funding-2019/.

25. Este debate se desarrolla en Jennifer Brandel y Mara Zepada, «Zebras Fix What Unicorns Break», *Medium*, 8 de marzo de 2017, disponible en https://medium.com/zebras-unite/zebrasfix-c467e55f9d96.

26. Fue la boda de la princesa Alexandra de Sayn-Wittgenstein-Berleburg, celebrada en el palacio Gråsten en Jutland, en 1998.

Capítulo 6

1. Natalie Robehmed, «How 20-Year-Old Kylie Jenner Built a $900 Million Fortune in Less than 3 Years», publicado en *Forbes*, 11 de julio de 2018, disponible en https://www.forbes.com/sites/forbesdigitalcovers/2018/07/11/how-20-year-old-kylie-jenner-built-a-900-million-fortune-in-less-than-3-years/#696d992daa62.

2. En 2020, *Forbes* revocó el nombramiento de Kylie Jenner como «multi-millonaria». Véase Chase Peterson-Whithorn y Madeline Berg, «Inside Kylie Jenner's Web of Lies – And Why She is no Longer a Billionaire», publicado en *Forbes*, 1 de junio de 2020, disponible en https://www.forbes.com/sites/chasewithorn/2020/05/29/inside-kylie-jennerss-web-of-lies-and-why-shes-no-longer-a-billionaire/#46ab247d25f7.

3. Su madre, Kris Jenner, estuvo casada con Robert Kardashian, quien se labró fama como abogado defensor del futbolista estadounidense O. J. Simpson. Tuvo cuatro hijos con él: Kourtney, Kim, Khloé y Rob. Más tarde, Kris Jenner se casó con el atleta olímpico Bruce Jenner, quien se declaró transgénero en 2017 y ahora se llama Caitlyn Jenner. Tienen dos hijas: Kendall y Kylie.

4. Cuenta de twitter, @KylieJenner, del 21 de febrero de 2018.

5. Mamta Badkar, «Snap slips after Kylie Jenner tweet».

6. Citado dentro de George Packer, «No Death, No Taxes: The Libertarian Futurism of a Silicon Valley Billionaire».

7. Apple es la única de estas empresas con un veinte por ciento de mujeres en plantilla, la mayoría de ellas blancas.

8. Véase mi libro anterior, Katrine Marçal, *Who Cooked Adam Smith's Dinner?*

9. L. Zhang, «Fashioning the Feminine Self in "Prosumer Capitalism": Women's Work and the Transnational Reselling of Western Luxury Online», págs. 184–204.

10. El término se define en Elizabeth A. Wissinger, *This Year's Model: Fashion, Media, and the Making of Glamour.*

11. Citado en Brooke Erin Duffy, *(Not) Getting Paid to Do What You Love: Gender, Social Media and Aspirational Work,* pág. 19.

12. Eva Kaijser y Monica Björk, *Svenska Hem.*

13. Para profundizar en este tema, véase Charlotte Sussman, *Consuming Anxieties.*

14. Me estoy refiriendo a la marcha de las mujeres en Versalles, también conocida como la Marcha de Octubre. Ocurrió el 5 de octubre de 1978, cuando más de seis mil personas, sobre todo mujeres, marcharon desde París hacia el palacio real de Versalles. El rey cedió: abrió los almacenes reales para la masa hambrienta y se lo llevaron de vuelta a la capital, donde permaneció bajo arresto domiciliario en el palacio de las Tullerías.

15. El 8 de marzo de 1917, las mujeres se manifestaron pidiendo pan en las calles de San Petersburgo. Se convirtió en la llama que encendió la Revolución de Febrero de Rusia y también es la razón por la que el Día Internacional de la Mujer se celebra el 8 de marzo.

16. Le Bon Marché se fundó en 1838 y lo reformó Aristide Boucicaut en 1852. Se considera uno de los primeros grandes almacenes del mundo y todavía existe en la actualidad.

17. El sistema de precios fijos ya existía en algunas tiendas de París. Véase Robert Tamilia, «World's Fairs and the Department Store 1800s to 1930s», pág. 229.

18. «Mientras las iglesias se iban vaciando debido al flaqueo de la fe, las almas que ahora estaban vacías las fueron reemplazando por este emporio. Las mujeres se acercaban para pasar sus horas de ociosidad, las horas intranquilas y temblorosas que otrora habrían transcurrido en la capilla: era una válvula de escape necesaria para su pasión nerviosa, la lucha resurgida de un dios contra el marido, un culto del cuerpo en constante renovación, con la divina vida después de la muerte centrada en la belleza». De la versión en inglés, Émile Zola, *The Ladies' Delight*, trad. al inglés por Robin Buss, Penguin Classics: Londres, 2001, pág. 415.

19. «Llegué justo cuando las mujeres querían salir solas. Venían a la tienda y cumplían algunos de sus sueños». Citado en Jackie Willson, *Being Gorgeous,* pág. 109.

20. Emily Hund y Lee McGuigan, «A Shoppable Life: Performance, Selfhood, and Influence in the Social Media Storefront», págs. 18–35.

21. Un ejemplo sería Slyce.

22. Véase George Ritzer y Nathan Jurgenson, «Production, Consumption, Prosumption: The Nature of Capitalism in the Age of the Digital "Prosumer"», págs. 13–36.

23. En la Inglaterra victoriana, que solemos asociar con el ideal del ama de casa, las mujeres de la clase trabajadora, por ejemplo, tenían que trabajar. Solían ser empleos de entre diez y quince horas diarias, en cualquier ámbito, desde la agricultura hasta la confección de camisas. Las mujeres hacían este trabajo además de sus tareas del hogar.

24. Véase, por ejemplo, Kara Van Cleaf, «"Of Woman Born" to Mommy Blogged: The Journey from the Personal as Political to the Personal as Commodity», págs. 247–64.

25. Winston Churchill repetiría esta frase aquel mismo día en la Cámara de los Comunes del Reino Unido.

26. «Islam is Peace», discurso del presidente George W. Bush en el Islamic Center de Washington, DC, 17 de septiembre de 2001, disponible en https.//georgewbush-whitehouse.archives.gov/news/releases/2001/09/20010917-11.html.

27. Guy Standing, «Global Feminization Through Flexible Labor: A Theme Revisited», págs. 583–602.

28. Barry Lord, *Art & Energy: How Culture Changes.*

Capítulo 7

1. George Zarkadakis, *In Our Own Image,* págs. 28–47.
2. La Biblia, *Génesis,* 2:7.
3. Jessica Riskin, *The Restless Clock,* págs. 44–61.
4. Matthew Cobb, *The Idea of the Brain,* págs. 145–56.
5. L. Ron Hubbard, *Dianetics,* pág. 41.
6. «[…] y lo he usado para ayudar a otros en la vida también». Citado originalmente en inglés en «Celebrity Scientologists and Stars Who Have Left the Church», *US Weekly,* 18 de junio de 2020, disponible en https://www.usmagazine.com/celebrity-news/pictures/celebrity-scientologists-2012107/23623-2/.
7. Max Tegmark lo abordó en el World Science Festival del 22 de noviembre de 2019 en el seminario «To Be or Not to Be Bionic: On Immortality and Superhumanism». Para consultar la opinión de Stephen Hawking, véase, por ejemplo, Meghan Neal, «Scientists Are Convinced Mind Transfer is the Key to Immortality», *Tech By Vice,* 26 de septiembre de 2013, disponible en https://www.vice.com/en_us/article/ezzj8z/scientists-are-convinced-mind-transfer-is-the-key-to-immortality.
8. Nassim Nicholas Taleb, *The Black Swan,* págs. xxi–xxii.
9. Abordado en una entrevista con el autor, del 5 de abril de 2020.
10. Véase, por ejemplo, Alex Rosenblat, *Uberland.*
11. Noam Scheiber, «Inside an Amazon Warehouse, Robots' Ways Rub Off on Humans», publicado en *New York Times,* 3 de julio de 2019.
12. Se basa en Åsa Plesner, *Budget ur balans,* págs. 23–4.
13. Johan Nilsson, «500 svenskar döda efter att ha smittats inom hemtjänsten».
14. James Temperton, «The Gig Economy is Being Fuelled by Exploitation, Not Innovation».
15. El servicio de entrega de paquetes DPD es propiedad del gobierno de Francia. El artículo de James Temperton citado en la nota anterior aporta un ejemplo de un trabajador de DPD que murió por ser incapaz de encontrar un sustituto y, por tanto, acudir al trabajo.
16. Thor Berger, Carl Benedikt Frey, Guy Levin, Santosh Rao Danda, «Uber Happy? Work and Well-being in the "Gig Economy"», págs. 429–77.

Capítulo 8

1. Serena Williams (con Daniel Paisner), *My Life,* págs. 38–41.
2. Nick Stockton, «The Mind-Bending Physics of a Tennis Ball's Spin», *Wired,* 9 de diciembre de 2015, disponible en https://www.wired.com/2015/09/mind-bending-physics-tennis-balls-spin/.

3. James Gleick, *Isaac Newton,* págs. 81–2.

4. La paradoja de Polanyi se aborda de esta forma desde una perspectiva económica en David Autor, «Polanyi's Paradox and the Shape of Employment Growth», NBER Working Papers 20485, 2014, National Bureau of Economic Research, Inc.

5. Missy Cummings, «Rethinking the Maturity of Artificial Intelligence in Safety-critical Settings», publicado en *AI Magazine,* 2020, disponible en http://hal.pratt.duke.edu/sites/hal.pratt.duke.edu/files/u39/2020-min.pdf.

6. La descripción de la partida de Garri Kaspárov en Hamburgo está basada en Garri Kaspárov (y Mig Greengard), *Deep Thinking,* págs. 1–5.

7. Garri Kaspárov, *Deep Thinking,* pág. 2.

8. «Los algoritmos pueden derrotar a los humanos en lo que se refiere a elaborar predicciones basadas en datos, pero los robots siguen sin poder realizar las labores de limpieza de una camarera de hotel. En esencia, a la inteligencia artificial se le da muy bien pensar, pero a los robots se les da muy mal mover los dedos». Cita original en inglés de Kai-Fu Lee, *AI Superpowers,* pág. 166.

9. Esta cuestión la señaló el investigador en robótica Hans Moravec y se denomina «la paradoja de Moravec». Plantea que las cosas que nos parecen difíciles y necesitan muchos años de dedicación para que los humanos las aprendamos, como las matemáticas avanzadas o el ajedrez, son simples para los robots. Las cosas que a las personas nos parecen sencillas, en cambio, a los robots les suelen resultar complicadas, como caminar, abrir una puerta, ir en bicicleta o jugar a la rayuela. Todo esto es inteligencia corporal: las cosas que aprendemos mediante la interacción del cuerpo con nuestro alrededor a través de la evolución. «Pero, tal como se ha demostrado en múltiples ocasiones, se ha evidenciado que es más fácil hacer que los ordenadores muestren una capacidad equiparable a la de un humano para solventar problemas de tests de inteligencia o para jugar a las damas mientras que es difícil o casi imposible proporcionarles las habilidades de un niño de un año en lo que atañe a percepción y movilidad». Hans Moravec, *Mind Children,* pág. 15. No obstante, deberíamos añadir que Hans Moravec estaba convencido de que las máquinas serían capaces, poco a poco, de tomar el poder casi por completo. Creía que la paradoja que formuló en 1988 iba a superarse tarde o temprano.

10. Carl Benedikt Frey y Michael A Osborne, «The Future of Employment: How Susceptible are Jobs to Computerisation?», págs. 254–80.

11. Se señala en Roger Bootle, *The AI Economy.*

12. «A juzgar por los proyectos elegidos en la primera época de la inteligencia artificial, se creía que la inteligencia se caracterizaba más por

las cosas que los científicos masculinos con un alto nivel educativo consideraban que eran complicadas». Rodney A. Brooks, *Flesh and Machines,* pág. 36.

13. Rodney Brooks, «Elephants Don't Play Chess», págs. 3–15.
14. Marilyn Yalom, *The Birth of the Chess Queen.*
15. David Foster Wallace, «Roger Federer as Religious Experience».
16. «Racist Serena Williams cartoon "nothing to do with race," paper says», CNN, 2018, disponible en https://www.kjrh.com/news/national/serena-williams-cartoon-racist.

Capítulo 9

1. En octubre de 1842, Friedrich Engels acababa de terminar el servicio militar en Berlín.
2. Tristram Hunt, *Marx's General,* págs. 63–4.
3. Joseph A Schumpeter, *Capitalism, Socialism and Democracy,* pág. 76.
4. Friedrich Engels, *The Condition of the Working Class in England.*
5. Véase, por ejemplo, Erik Brynjolfsson y Andrew McAfee, *The Second Machine Age.*
6. Véase, por ejemplo, Martin Ford, *The Rise of the Robots.*
7. Carl Benedikt Frey, *The Technology Trap,* pág. 11.
8. Carl Benedikt Frey, Thor Berger y Chinchih Chen, «Political Machinery: Did Robots Swing the 2016 US Presidential Election?», págs. 418–42.
9. Yuval Noah Harari, *Homo Deus,* págs. 369–81.
10. La entrada de una charla TED cuesta diez mil dólares, pero también es posible encontrarla por cinco mil dólares.
11. Entre este grupo, Mark Zuckerberg y Elon Musk son los más famosos.
12. El pasaje que sigue está basado en la obra en inglés, Friedrich Engels, *The Condition of the Working Class in England,* págs. 154–7.
13. «Men Still Pick "Blue" Jobs and Women "Pink" Jobs», publicado en *The Economist,* 16 de febrero de 2019.
14. Smita Das y Aphichoke Kotikula, *Gender-based Employment Segregation: Understanding Causes and Policy Interventions,* 2019, International Bank for Reconstruction and Development/World Bank.
15. Las mujeres predominan en el sector terciario en todas las regiones del mundo (excepto en el sudeste asiático) y los hombres predominan en el sector industrial de todo el mundo.
16. Véase Robert Allen, «Engels' Pause: Technical Change, Capital Accumulation, and Inequality in the British Industrial Revolution», págs. 418–35.

17. Jay L Zagorsky, «Do You Have to be Smart to be Rich? The Impact of IQ on Wealth, Income and Financial Distress», págs. 489–501.

18. Véase, por ejemplo, K. Richardson y S. H. Norgate, «Does IQ Really Predict Job Performance?», págs. 153–69.

19. Carl Benedikt Frey y Michael A. Osborne, *The Future of Employment: How Susceptible are Jobs to Computerisation?*

20. Melanie Arntz, Terry Gregory y Ulrich Zierahn, «The Risk of Automation for Jobs in OECD Countries: A Comparative Analysis».

21. Son cifras relacionadas con el mercado laboral de Estados Unidos.

22. Frey y Osborne (2013) hablan de tres tipos de cuello de botella: la habilidad de realizar tareas físicas en un entorno desestructurado; la inteligencia cognitiva, por ejemplo, la creatividad y la habilidad del raciocinio complejo; y la inteligencia social. Otra obra que aborda cuellos de botella muy similares es Ljubica Nedelkoska and Glenda Quintini, «Automation, Skills Use and Training».

23. Otro artículo que demuestra que los ámbitos dominados por mujeres suelen correr un riesgo mucho menor de ser automatizados es Michael Webb, «The Impact of Artificial Intelligence on the Labor Market».

24. Michael Webb, «The Impact of Artificial Intelligence on the Labor Market». Webb (2019) divide el riesgo de automatización en tres categorías: trabajos que serán automatizados por robots; trabajos que desaparecerán debido a un nuevo programa, y trabajos que desaparecerán debido a la inteligencia artificial. En todas estas categorías, el riesgo/posibilidad sería mucho menor en sectores en los que predominaban las mujeres.

25. Paula Asaf Levanon y Paul Allison England, «Occupational Feminization and Pay: Assessing Causal Dynamics Using 1950–2000 U.S. Census Data», págs. 865–91.

26. Ariane Hegewisch, Chandra Childers y Heidi Hartmann, *Women, Automation and the Future of Work*, Institute For Women's Policy Research, 2019, disponible en https://www.researchgate.net/profile/Ariane_Hegewisch/publication/333517425_Women_Automation_and_the_Future_of_Work/links/5cf15aca4585153c3daa1709/Women-Automation-and-the-Future-of-Work.pdf.

27. Véase, por ejemplo, Sara Reardon, «Rise of Robot Radiologists», publicado en *Nature*, 18 de diciembre de 2019, disponible en https://www.nature.com/articles/d41586-019-03847-z.

28. Me parece que las cifras estadounidenses son relevantes en este caso, puesto que los sueldos del sistema sanitario estadounidense están «orientados al mercado» mientras que en Europa no se da el mismo caso. Véase Michael Walter, «Radiologists Earn $419K per Year, up 4% from 2018».

29. A los economistas les encanta contar esta historia. Véase, por ejemplo, World Bank Group, «The Changing Nature of Work», pág. 18.
30. Carl Benedikt Frey trata la cuestión de la intervención del estado en *The Technology Trap*.
31. Véase Eric J. Hobsbawm, «The Machine Breakers», págs. 57–70.

Capítulo 10

1. Véase, por ejemplo, Cynthia Barnett, *Rain*, págs. 46–8.
2. El libro se titulaba *Daemonologie* y se publicó en 1597.
3. Tal como se afirmó en 1484 en *Summis desiderantes affectibus*, publicado por el papa Inocencio VII.
4. Véase, por ejemplo, Brian Fagan, *The Little Ice Age*.
5. Emily F. Oster, «Witchcraft, Weather and Economic Growth in Renaissance Europe», págs. 215–28.
6. John Swain, «Witchcraft, Economy and Society in the Forest of Pendle», págs. 73–88.
7. Edward Miguel, «Poverty and Witch Killings», publicado en *Review of Economic Studies*, vol. 72, núm. 4, 1153–1172, 2005, disponible en http://emiguel.econ.berkeley.edu/assets/assets/miguel_research/44/_Paper__Poverty_and_Witch_Killing.pdf.
8. Según sostiene Chelsea Follett en «How Economic Prosperity Spared Witches».
9. Soma Chaudhuri, «Women as Easy Scapegoats: Witchcraft Accusations and Women as Targets in Tea Plantations of India».
10. Viudas que no tienen pelos en la lengua o mujeres que se han quedado embarazadas fuera del matrimonio, por ejemplo. Un mecanismo similar se observó en zonas de Ghana en la década de 1990, donde acusaron a muchas mujeres de brujería porque la sociedad necesitaba una cabeza de turco para las enfermedades y accidentes. Entonces acusaron a las mujeres que no tenían pelos en la lengua, que solían vivir en las afueras de la aldea, y las tildaron de brujas. Kati Whitaker, «Ghana Witch Camps: Widows' Lives in Exile».
11. Obra escrita en conjunto con Jakob Sprenger.
12. Véase Walter Stephens, *Demon Lovers*, págs. 36–7.
13. En 1538, la Inquisición española advirtió que no se había de creer todo lo que aparecía en el libro.
14. Silvia Federici, *Caliban and the Witch*, págs. 186–7.
15. Cornelius Christian, «Elites, Weather Shocks, and Witchcraft Trials in Scotland».
16. Peter T Leeson y Jacob W Russ, «Witch Trials», págs. 2066–2105.

17. El texto feminista más conocido sobre este tema seguramente sea Carolyn Merchant, *The Death of Nature*.

18. El término en inglés *petro-masculinity* (petromasculinidad) condensa esta idea. Véase, por ejemplo, Cara Daggett, «Petro-masculinity: Fossil Fuels and Authoritarian Desire», págs. 25–44.

19. Mark Muro, Adie Tomer, Ranjitha Shivaram y Joseph Kane, «Advancing Inclusion Through Clean Energy Jobs».

20. Daniel Kuehn, «Keynes, Newton and the Royal Society: the Events of 1942 and 1943», reg. notas 6725–36, 2013.

21. John Maynard Keynes, citado originalmente en inglés en Richard Davenport-Hines, *Universal Man,* pág. 138.

22. Richard Conniff, «Alchemy May Not Have Been the Pseudoscience We All Thought It Was», publicado en *Smithsonian Magazine*, febrero de 2014, disponible en https://www.smithsonianmag.com/history/alchemy-may-not-been-pseudoscience-we-thought-it-was-180949430/.

23. Greta Thunberg, 25 de septiembre de 2019 en las Naciones Unidas en Nueva York.

24. Charles C Mann, *The Wizard and the Prophet*.

25. Charles C Mann, *The Wizard and the Prophet*, pág. 8.

26. Albert A Michelson, en un discurso de 1894 en el laboratorio de física Ryerson en la universidad de Chicago.

Bibliografía

Abbate, Jane. *Recoding Gender: Women's Changing Participation in Computing*. MIT Press: Cambridge, Massachusetts, 2012.

Adler, Michael H. *The Writing Machine*. George Allen & Unwin: Londres, 1973.

Aldrin, Buzz. *Magnificent Desolation: The Long Journey Home from the Moon*. Bloomsbury Publishing: Londres, 2009.

Alexopoulos, Michelle. «Read All about It!! What Happens Following a Technology Shock?». *American Economic Review*, vol. 101, núm. 4, junio 2011.

Allan May, John, «Come What May: A Wheel of an Idea», *Christian Science Monitor*, 4 de octubre de 1951.

Allehanda.se. «Fråga Gösta: hur många hästkrafter har en häst?» («Pregúntale a Gösta: ¿Cuántos caballos de potencia tiene un caballo?»), 27 de octubre de 2005.

Allen, Robert. «Engels' Pause: Technical Change, Capital Accumulation, and Inequality in the British Industrial Revolution», *Explorations in Economic History*, vol. 46, núm. 4, 2009.

Arntz, Melanie; Gregory, Terry; and Zierahn, Ulrich. «The Risk of Automation for Jobs in OECD Countries: A Comparative Analysis», *OECD Social, Employment and Migration Working Papers*, núm. 189, OECD Publishing: París, 2016.

Asaf Levanon, Paula and England, Paul Allison. «Occupational Feminization and Pay: Assessing Causal Dynamics Using 1950–2000 U.S. Census Data», *Social Forces*, vol. 88, núm. 2, diciembre de 2009.

Autor, David. «Polanyi's Paradox and the Shape of Employment Growth». NBER Working Papers 20485, National Bureau of Economic Research, Inc., 2014.

Axelsson, Per. *Höstens spöke: De svenska polioepidemiernas historia (El fantasma del otoño: la historia de las epidemias de polio suecas),* tesis doctoral, Umeå University, Carlsson, Estocolmo, 2004.

Badkar, Mamta. «Snap slips after Kylie Jenner tweet», *Financial Times,* 22 de febrero de 2018.

Baird, Ross. *The Innovation Blind Spot: Why We Back the Wrong Ideas and What To Do About It.* Benbella Books: Texas, 2017.

Barnett, Cynthia. *Rain: A Natural and Cultural History.* Crown Publishing: Nueva York, 2015.

Beevor, Antony. *Stalingrad.* Viking: Londres, 1998.

Berger, Thor; Frey, Carl Benedikt; Levin, Guy; y Rao Danda, Santosh. «Uber Happy? Work and Well-being in the "Gig Economy"», *Economic Policy,* vol. 34, núm. 99, julio de 2019.

Biblia, *Génesis.*

Boot, Max. *War Made New: Technology, Warfare, and the Course of History – 1500 to Today.* Gotham Books: Nueva York, 2006.

Bootle, Roger. *The AI Economy: Work, Wealth and Welfare in the Robot Age.* Nicholas Brealey Publishing: Londres, 2019.

Boyd, Thomas Alvin. *Charles F Kettering: A Biography.* Beard Books: Washington, 1957.

Bradley, Harriet. «Frames of Reference: Skill, Gender and New Technology in the Hosiery Industry», *Women Workers and the Technological Change in Europe in the Nineteenth and Twentieth Centuries,* eds. Gertjan Groot y Marlou Schrover. Taylor & Francis: Londres, 1995.

Brandel, Jennifer y Zepada, Mara. «Zebras Fix What Unicorns Break», *Medium,* 8 de marzo de 2017, www.medium.com.

British Business Bank. «UK Venture Capital and Female Founders», informe, 2019.

Brooks, Rodney. «Elephants Don't Play Chess». *Robotics and Autonomous Systems*, vol. 6, núm. 1–2, 1990.

—. *Flesh and Machines: How Robots Will Change Us*. Vintage: Londres, 2003.

Brynjolfsson, Erik y McAfee, Andrew. *The Second Machine Age: Work, Progress, and Prosperity in a Time of Brilliant Technologies*. Norton & Company: Nueva York, 2014.

Bulliet, Richard W. *The Camel and the Wheel*. Columbia University Press: Nueva York, 1990.

—. *The Wheel: Inventions and Reinventions*. Columbia University Press: Nueva York, 2016.

Campbell-Kelly, Martin y Williams, Michael R (eds.). «The Moore School Lectures: Theory and Techniques for Design of Electronic Digital Computers», *The Moore School Lectures* (reimpresión de Charles Babbage Institute), MIT Press: Cambridge, Massachusetts; Tomash Publishers: Los Angeles, 1985.

Casey, Robert. *The Model T: A Centennial History*. Johns Hopkins Press: Baltimore, 2008.

Chaudhuri, S. «Women as Easy Scapegoats: Witchcraft Accusations and Women as Targets in Tea Plantations of India», *Violence Against Women*, vol. 18, núm. 10, págs. 1213–1234, 2012.

Christian, Cornelius. «Elites, Weather Shocks, and Witchcraft Trials in Scotland». Working Papers 1704, Brock University, Department of Economics, 2017.

Churchill, Winston. *The Gathering Storm*. Penguin Classics: Londres, 2005.

Clark, Kate. «US VC Investment in Female Founders Hits All-time High», *TechCrunch*, 9 de diciembre de 2019.

Cobb, Matthew. *The Idea of the Brain: A History*. Profile Books: Londres, 2020.

Comrie, Leslie. «Careers for Girls», *The Mathematical Gazette*, vol. 28, núm. 28, 1944.

Conniff, Richard. «Alchemy May Not Have Been the Pseudoscience We All Thought It Was», *Smithsonian Magazine*, febrero de 2014.

Copeland, Jack. «Colossus and the Rise of the Modern Computer», *Colossus: The Secrets of Bletchley Park's Codebreaking Computers*. Oxford University Press: Nueva York, 2006.

Cummings, Missy. «Rethinking the Maturity of Artificial Intelligence in Safety-critical Settings». *AI Magazine*, 2020. http://hal.pratt.duke.edu/sites/hal.pratt.duke.edu/files/u39/2020-min.pdf.

Daggett, Cara. «Petro-masculinity: Fossil Fuels and Authoritarian Desire», *Millennium*, vol. 47, núm. 1, 2018.

Das, Smita y Kotikula, Aphichoke. *Gender-based Employment Segregation: Understanding Causes and Policy Interventions*. International Bank for Reconstruction and Development/ The World Bank, 2019.

Davenport-Hines, Richard. *Universal Man: The Lives of John Maynard Keynes*. Basic Books: Nueva York, 2015.

Dean, Warren. *Brazil and the Struggle for Rubber: A Study in Environmental History*. Cambridge University Press: Cambridge, 1987.

Duffy, Brooke Erin. *(Not) Getting Paid to Do What You Love: Gender, Social Media and Aspirational Work*. Yale University Press: New Haven/Londres, 2017.

The Economist. «Men Still Pick "Blue" Jobs and Women "Pink" Jobs», 16 de febrero de 2019.

Edgerton, David. *Warfare State: Britain, 1920–1970*. Cambridge University Press: Cambridge, 2006.

Elis, Angela. *Mein Traum ist länger als die Nacht (Mi sueño es más largo que la noche)*. Hoffmann und Campe Verlag: Hamburgo, 2010.

Engels, Friedrich. *The Condition of the Working Class in England*. Oxford University Press: Oxford, 1993.

Fagan, Brian. *The Little Ice Age*. Basic Books: Nueva York, 2000.

Federici, Silvia. *Caliban and the Witch: Women, the Body and Primitive Accumulation*. Autonomedia: Nueva York, 2004.

Field, Alexander J. «World War II and the Growth of US Potential Output», documento de trabajo, Department of Economics, Santa Clara University, mayo de 2018.

Follett, Chelsea. «How Economic Prosperity Spared Witches». *USA Today*, 28 de octubre de 2017.

Ford, Martin. *The Rise of the Robots: Technology and the Threat of Mass Unemployment*. Basic Books: Nueva York, 2016.

Frey, Carl Benedikt y Osborne, Michael. *The Future of Employment: How Susceptible are Jobs to Computerisation?* Oxford Martin School: Oxford, 2013.

Frey, Carl Benedikt, Berger, Thor y Chen, Chinchih. «Political Machinery: Did Robots Swing the 2016 US Presidential Election?». Oxford Review of Economic Policy, vol. 34, núm. 3, 2018.

Frey, Carl Benedikt. *The Technology Trap: Capital, Labor, and Power in the Age of Automation*. Princeton University Press, Oxford, 2019.

Funderburg, Anne Cooper. «Making Teflon Stick», *Invention and Technology Magazine*, vol. 16, núm. 1, verano de 2000.

Gasser, Aleksander. «World's Oldest Wheel Found in Slovenia». Gabinete de comunicación del Gobierno de la República de Eslovenia, marzo de 2003, www.ukom.gov.si

Gladwell, Malcolm. «Creation Myth», *The New Yorker*, 9 de mayo de 2011.

Gleick, James. *Isaac Newton*. HarperCollins: Londres, 2004.

Googlers, «Vint Cerf on Accessibility, the Cello and Noisy Hearing Aids», 4 de octubre de 2018, www.blog.google/inside-google/googlers.

Grattan-Guinness, I. «Work for the Hairdressers: The Production of de Prony's Logarithmic and Trigonometric Tables», *Annals of the History of Computing*, vol. 12, núm. 3, verano de 1990.

Grier, David Allen. *When Computers Were Human*. Princeton University Press: Princeton/Oxford, 2005.

Harari, Yuval Noah. *Homo Deus: A Brief History of Tomorrow*. Vintage: Londres, 2016.

Hegewisch, Ariane; Childers, Chandra y Hartmann, Heidi. *Women, Automation and the Future of Work*. Institute For Women's Policy Research, 2019.

Heller, Nathan. «Is Venture Capital Worth the Risk?», *The New Yorker*, 20 de enero de 2020

Hicks, Mar. *Programmed Inequality: How Britain Discarded Women Technologists and Lost Its Edge in Computing*. MIT Press: Londres, 2017.

—. «When Winning Is Losing: Why the Nation that Invented the Computer Lost its Lead», *Computer*, vol. 51, núm. 10, 2018.

Hinchliffe, Emma. «Funding for Female Founders Increased in 2019 – but only to 2.7 %», *Fortune*, 2 de marzo de 2020.

Hobsbawm, E J. «The Machine Breakers», *Past & Present*, núm. 1, 1952.

Hoke, Donald. «The Woman and the Typewriter: A Case Study in Technological Innovation and Social Change», *Business and Economic History*, vol. 8, 1979.

Hubbard, L Ron. *Dianetics: The Modern Science Of Mental Health*. Hermitage House, 1950.

Hund, Emily y McGuigan, Lee. «A Shoppable Life: Performance, Selfhood, and Influence in the Social Media Storefront», *Communication, Culture and Critique*, vol. 12, núm. 1, marzo de 2019.

Hunt, Tristram. *Marx's General: The Revolutionary Life of Friedrich Engels*. Holt Paperbacks: Nueva York, 2009.

Jansson, Elisabeth. «Ainas idé blir exportprodukt» («La idea de Aina se convierte en un producto de exportación»), *Metallarbetaren*, núm. 35, 1981.

Kaijser, Eva y Björk, Monica. *Svenska Hem: den sanna historien om Fröken Frimans krig (Casas suecas: la verdadera historia de la guerra de la señorita Friman)*. Latona Ord & Ton: Estocolmo, 2014.

Kaspárov, Garri (con Mig Greengard). *Deep Thinking: Where Artificial Intelligence Ends... and Human Creativity Begins*. John Murray Press: Londres, 2017.

Kuehn, Daniel. «Keynes, Newton and the Royal Society: the Events of 1942 and 1943», Notas Reg. 6725–36, 2013.

Kwass, Michael. «Big Hair: A Wig History of Consumption in Eighteenth Century France», *The American Historical Review*, vol. 111, núm. 3, 2006.

Lee, Kai-Fu. *AI Superpowers: China, Silicon Valley and the New World Order*. Houghton Mifflin Harcourt: Boston, 2018.

Leeson, Peter T y Russ, Jacob W. «Witch Trials», *The Economic Journal*, vol. 128, núm. 613, 2018.

Leisner, Barbara. *Bertha Benz: Eine starke Frau am Steuer des ersten Automobils (Bertha Benz: una mujer fuerte al volante del primer automóvil)*. Katz Casimir Verlag: Gernsbach, 2014.

Levsen, Nils. *Lead Markets in Age-Based Innovations: Demographic Change and Internationally Successful Innovations*. Springer Gabler: Hamburgo, 2014.

Lewin, Ronald. *Ultra Goes to War: The Secret Story*. Penguin Classic Military History: Londres, 2001, publicada por primera vez por Hutchinson & Co.: Londres, 1987.

Lord, Barry. *Art & Energy: How Culture Changes*, American Alliance of Museums Press: Washington, DC, 2014.

Madrigal, Alexis C. «The Electric Taxi Company You Could Have Called In 1900», *The Atlantic*, 15 de marzo de 2011.

Mann, Charles C. *The Wizard and the Prophet: Science and the Future of Our Planet*. Picador: Nueva York, 2018.

Marçal, Katrine. *Who Cooked Adam Smith's Dinner?*, trad. al inglés de Saskia Vogel. Portobello Books: Londres, 2015.

Matthews, Kenneth Jr. «The Embattled Driver in Ancient Rome», *Expedition Magazine*, vol. 2, núm. 3, 1960.

McGrane, Sally. «No Stress, No Press: When Fingers Fly». Dentro de *New York Times*, 24 de enero de 2002.

Merchant, Carolyn. *The Death of Nature: Women, Ecology, and the Scientific Revolution*. HarperCollins: Nueva York, 1983.

Merritt, Deborah J. «Hypatia in the Patent Office: Women Inventors and the Law, 1865–1900», *The American Journal of Legal History*, vol. 35, núm. 3, julio de 1991.

Miguel, Edward. «Poverty and Witch Killings», *Review of Economic Studies*, vol. 72, núm. 4, 1153–1172, 2005.

Mom, Gijs. *The Electric Vehicle: Technology and Expectations in the Automobile Age*. Johns Hopkins University Press: Baltimore, 2004.

de Monchaux, Nicholas. *Spacesuit: Fashioning Apollo*. MIT Press: Cambridge, Massachusetts, 2011.

Moravec, Hans. *Mind Children: The Future of Robot and Human Intelligence*. Harvard University Press: Londres, 1998.

Muro, Mark; Tomer, Adie; Shivaram, Ranjitha y Kane, Joseph. «Advancing Inclusion Through Clean Energy Jobs», *Metropolitan Policy Program*. Brookings, abril de 2019.

Neal, Meghan. «Scientists Are Convinced Mind Transfer is the Key to Immortality», *Tech By Vice*, 26 de septiembre de 2013.

Nedelkoska, Ljubica y Quintini, Glenda. «Automation, Skills Use and Training», *OECD Social, Employment and Migration Working Papers*, núm. 202, 2018, OECD Publishing: París.

Nelson, Libby. «The US Once Had More than 130 Hijackings in 4 Years. Here's Why They Finally Stopped», *Vox*, 29 de marzo de 2016.

Nicholas, Tom. *VC: An American History*. Harvard University Press: Nueva York, 2019.

Nilsson, Johan. «500 svenskar döda efter att ha smittats inom hemtjänsten» («500 suecos muertos tras infecciones en el hogar»), *TT*, 6 de mayo de 2020.

Nixon, St John C. *The Invention of the Automobile: Karl Benz and Gottlieb Daimler* (1936), nueva edición digital a cargo de Edizioni Savine, 2016.

Nyberg, Ann-Christin. *Making Ideas Matter: Gender, Technology and Women's Invention*. Tesis doctoral, Luleå Tekniska Universitet, 2009.

Öberg, Lisa. *Barnmorskan och läkaren (La comadrona y el médico)*. Ordfront: Estocolmo, 1996.

O'Hear, Steve. «Voi Raises Another \$85M for its European E-scooter Service», *TechCrunch*, 19 de noviembre de 2011.

Olsson Jeffery, Miriam. «Nya siffror: Så lite riskkapital går till kvinnor – medan miljarderna rullar till män» («Nuevos importes: El poco capital de riesgo que se destina a las mujeres – mientras que a los hombres les llueven miles de millones»), *DI Digital*, 9 de julio de 2020.

Oster, Emily F. «Witchcraft, Weather and Economic Growth in Renaissance Europe», *Journal of Economic Perspectives*, vol. 18, núm. 1, 2004.

Packer, George. «No Death, No Taxes: The Libertarian Futurism of a Silicon Valley Billionaire», *The New Yorker*, 21 de noviembre de 2011.

Peterson-Whithorn, Chase y Berg, Madeline. «Inside Kylie Jenner's Web of Lies – and Why She is no Longer a Billionaire», *Forbes*, 1 de junio de 2020.

Plesner, Åsa. *Budget ur balans: En granskning av äldreomsorgens ekonomi and arbetsmiljö (Presupuesto desequilibrado: un análisis de la economía y el entorno laboral del cuidado de personas mayores)*. Arena Idé: Estocolmo, 2020.

Pook, Lizzy. «Why the Art World is Finally Waking Up to the Power of Female Craft Skills». *Stylist*, 2019, www.stylist.co.uk.

Reardon, Sara. «Rise of Robot Radiologists». *Nature*, 18 de diciembre de 2019.

Richardson, Ken y Norgate, Sarah H. «Does IQ Really Predict Job Performance?», *Applied Developmental Science*, vol. 19, núm. 3, 2015.

Ridley, Matt. *How Innovation Works*. 4th Estate Books: Londres, 2020.

Riskin, Jessica. *The Restless Clock: A History of the Centuries-Long Argument Over What Makes Living Things Tick*. University of Chicago Press: Chicago y Londres, 2017.

Ritzer, George y Jurgenson, Nathan. «Production, Consumption, Prosumption: The Nature of Capitalism in the Age of the Digital "Prosumer"», *Journal of Consumer Culture*, vol. 10, núm. 1, 2010.

Robehmed, Natalie. «How 20-Year-Old Kylie Jenner Built a $900 Million Fortune in Less than 3 Years», *Forbes*, 11 de julio de 2018.

Rosenblat, Alex. *Uberland: How Algorithms Are Rewriting the Rules of Work*. University of California Press: Oakland, 2018.

Scharff, Virginia. *Taking the Wheel: Women and the Coming of the Motor Age*. University of New Mexico Press: Nueva York, 1992.

—. «Femininity and the Electric Car». *Sex/Machine: Readings in Culture, Gender, and Technology*, ed. Patrick D. Hopkins, Indiana University Press: Bloomington/Indianapolis, 1998.

Scheiber, Noam. «Inside an Amazon Warehouse, Robots' Ways Rub Off on Humans», *New York Times*, 3 de julio de 2019.

Schumpeter, Joseph A. *Capitalism, Socialism and Democracy*. Harper Torchbooks: Nueva York, 1976.

Schwartz, Stephen. «The U.S. Nuclear Weapons Cost Study Project». Brookings Institute, 1 de agosto de 1998, www.brookings.edu.

Sharkey, Joe. «Reinventing the Suitcase by Adding the Wheel», *New York Times*, 4 de octubre de 2010.

Sherman, Leonard. «"Blitzscaling" Is Choking Innovation – and Wasting Money». *Wired*, 7 de noviembre de 2019.

Shiller, Robert. *The New Financial Order*. Princeton University Press: Nueva Jersey, 2003.

—. *Narrative Economics: How Stories Go Viral and Drive Major Economic Events*. Princeton University Press: Princeton/Oxford, 2019.

Skonieczna, Agnieszka y Castellano, Letizia. «Gender Smart Financing: Investing In & With Women: Opportunities for Europe», European Commission Discussion Paper 129, julio de 2020.

Smith, Michael. *Station X: The Codebreakers of Bletchley Park*. Channel 4 Books: Londres, 1998.

Sommestad, Lena. *Från mejerska till mejerist: En studie av mejeriyrkets maskuliniseringsprocess* (*De la lechera al lechero: un análisis de la masculinización de la industria láctea*). Arkiv Förlag: Estocolmo, 1992.

Standing, Guy. «Global Feminization Through Flexible Labor: A Theme Revisited», *World Development*, vol. 27, núm. 3, Elsevier, 1999.

Stanley, Autumn. *Mothers and Daughters of Invention: Notes for a Revised History of Technology*. Scarecrow Press: Londres, 1993.

St Clair, Kassia. *The Golden Thread: How Fabric Changed History*. John Murray Press: Londres, 2018.

Stephens, Walter. *Demon Lovers: Witchcraft, Sex, and the Crisis of Beliefs*. University of Chicago Press: Chicago, 2002.

Stockton, Nick. «The Mind-Bending Physics of a Tennis Ball's Spin», *Wired*, 9 de diciembre de 2015.

Sussman, Charlotte. *Consuming Anxieties: Consumer Protest, Gender & British Slavery, 1713–1833*. Stanford University Press: Stanford, 2000.

Swain, John. «Witchcraft, Economy and Society in the Forest of Pendle», *The Lancashire Witches: Histories and Stories*, ed. Robert Poole, Manchester University Press: Manchester, 2002.

Syed, Matthew. *Rebel Ideas: The Power of Diverse Thinking*. John Murray Press: Londres, 2019.

Taleb, Nassim Nicholas. *The Black Swan: The Impact of the Highly Improbable*. Allen Lane: Londres, 2007.

—. *Antifragile: Things that Gain from Disorder*. Penguin Books: Londres, 2012.

Tamilia, Robert. «World's Fairs and the Department Store 1800s to 1930s», *Marketing History at the Center*, vol. 13, 2007.

Tarlé, Eugene. *Bonaparte*. Knight Publications: Nueva York, 1937.

Tatler. «Looking at Luggage», 25 de enero de 1961.

Temperton, James. «The Gig Economy is Being Fuelled by Exploitation, Not Innovation», *Wired Opinion*, 8 de febrero de 2018.

The Times. «The Look of Luggage», 17 de mayo de 1956.

UNSGSA, 2018. *Annual Report to the Secretary-General*, www.unsgsa.org.

Van Cleaf, Kara. «"Of Woman Born" to Mommy Blogged: The Journey from the Personal as Political to the Personal as Commodity», *Women's Studies Quarterly*, vol. 43, núm. 3/4, 2015.

Vogel, Steven. *Why the Wheel is Round: Muscles, Technology and How We Make Things Move.* University of Chicago Press: Chicago, 2016.

Wallace, David Foster. «Roger Federer as Religious Experience», *String Theory: David Foster Wallace on Tennis*, Library of America: Nueva York, 2016.

Walter, Michael. «Radiologists Earn $419K per Year, up 4% from 2018», *Radiology Business*, 11 de abril de 2019.

Webb, Michael. «The Impact of Artificial Intelligence on the Labor Market», artículo, Stanford University, 6 de noviembre de 2019.

Whitaker, Kati, «Ghana Witch Camps: Widows' Lives in Exile». BBC News, 1 de septiembre de 2012.

Williams, Serena (con Daniel Paisner). *My Life: Queen of the Court.* Simon & Schuster: Nueva York, 2009.

Willis, Göran. *Charter till solen: När utlandssemestern blev ett folknöje (Vuelo al sol: cuando ir de vacaciones al extranjero se convirtió en un deseo popular),* Trafik-Nostalgiska Förlaget: Estocolmo, 2015.

Willson, Jackie. *Being Gorgeous: Feminism, Sexuality and the Pleasures of the Visual.* I B Tauris: Londres, 2014.

Wilson, Terry P. *The Cart that Changed the World.* University of Oklahoma Press: Norman, 1978.

Wissinger, Elizabeth A. *This Year's Model: Fashion, Media, and the Making of Glamour.* NYU Press: Nueva York, 2015.

World Bank Group, «The Changing Nature of Work», World Development Report 2019.

Yalom, Marilyn. *The Birth of the Chess Queen: A History*. Harper Perennial: Nueva York, 2005.

Zagorsky, Jay L. «Do You Have to be Smart to be Rich? The Impact of IQ on Wealth, Income and Financial Distress», *Intelligence*, vol. 35, núm. 5, 2007.

Zarkadakis, George. *In Our Own Image: Will Artificial Intelligence Save or Destroy Us?* Rider: Londres, 2015.

Zhang, L. «Fashioning the Feminine Self in "Prosumer Capitalism": Women's Work and the Transnational Reselling of Western Luxury Online», *Journal of Consumer Culture*, vol. 17, núm. 2, 2017.

Zimmeck, Meta. «The Mysteries of the Typewriter: Technology and Gender in the British Civil Service, 1870–1914». *Women Workers and the Technological Change in Europe in the Nineteenth and Twentieth Centuries*, ed. Gertjan Groot y Marlou Schrover, Taylor & Francis: Londres, 1995.

Zola, Émile. *Au Bonheur des Dames*, trad. al inglés por Robin Buss. Penguin Classics: Londres, 2001.

Agradecimientos

En primer lugar, me gustaría dar las gracias a mi traductor anglosajón, Alex Fleming, por realizar la difícil labor de encontrar mi voz en inglés. Traducir ya debe de ser un trabajo muy complicado por sí mismo, así que solo puedo suponer que es aún más arduo con una escritora como yo, que habla con fluidez tanto inglés como sueco y, por tanto, opina sobre todo.

Me gustaría dar las gracias a mi agente, Tracy Bohan, de Wylie Agency, por ser tan buena en su trabajo: es un placer ser testigo de ello. También quiero agradecerle a Caroline Criado-Perez que me presentara a Tracy.

Me gustaría dar las gracias a Arabella Pike, de Williams Collins, por creer en el proyecto en su fase inicial, y a Grace Pengelly, por todo su esfuerzo en mejorar tantísimo el libro.

Me gustaría agradecer a Emma Ulvaeus, Simon Browers y Olle Grundin de Mondial, en Estocolmo, todo lo que han hecho por el libro. Torbjörn Nilsson ha trabajado (como siempre) entre bambalinas como editor no oficial y ha sido muy importante para el proyecto.

También estoy muy agradecida a Kerstin Rännar y a Margareta Machl, por toda vuestra ayuda en Västerås y por compartir conmigo los documentos de vuestra investigación sobre Aina Wifalk. Gracias a Alexander Rath y Annika Pedersen del archivo regional de Skåne y a Sara Kagergen, de la biblioteca y el archivo sobre el movimiento sindical de Suecia. Me gustaría dar las gracias a Juan Salinas, por tener la paciencia de explicarme cómo funcionaban los motores de coche cuando necesitaba saber más cosas sobre las manivelas, y a Cecily Motley, por ayudarme a encontrar el título del libro en inglés. También me gustaría dar las gracias a Mats Persson.

Joe Sharkley, muy generosamente, accedió a responder mis preguntas sobre los viajes y las maletas de ruedas, y mi padre, Waldemar Kielos, hizo el gran esfuerzo de leerse documentación sobre obstetricia cuando no pude lograr que llegara a Reino Unido durante el caos de la pandemia. Gracias a Elise Kielos por su ayuda legal y sobre todo, gracias a mi madre, Maria Kielos.

También me gustaría dar las gracias a las personas con las que trabajo en el periódico *Dagens Nyheter,* sobre todo a Pia Skagermark, Björn Wiman y Peter Wolodarski.

Y, finalmente, gracias a mi familia, que lo es todo para mí.

Principal de los Libros le agradece la atención
dedicada a *La madre del ingenio,*
de Katrine Marçal.
Esperamos que haya disfrutado de la lectura
y le invitamos a visitarnos
en www.principaldeloslibros.com,
donde encontrará más información
sobre nuestras publicaciones.

Si lo desea, también puede seguirnos
a través de Facebook, Twitter o Instagram
utilizando su teléfono móvil
para leer los siguientes códigos QR: